인문경영의 이해

루체테
인문학사업단
인문융합
시리즈

인문경영의 이해

이현주 · 장정은 · 정예지 · 홍계훈 지음

이화여자대학교출판문화원

이 저서는 교육부와 한국연구재단이 시행하는 이화여자대학교
대학인문역량강화사업(CORE)의 지원을 받아 출간되었음.

| 서문 |

인문과 경영의 만남, 인문경영

융합이 대세인 시대를 살고 있지만 '융합전공'은 아직 많은 사람들에게 생소하게 다가오는 개념일 것이다. 이러한 생소함과 이질감의 벽을 낮추고, 인문학적 역량을 갖춘 인재가 분명 미래 사회의 인재상에 부합할 것이라는 확신과 사회적 요구에 발맞추어 루체테인문학사업단이 설립되었다. 그리고 루체테인문학사업단의 융합전공 모델 중 하나인 인문경영 전공은 '인문학적 사고를 할 수 있는 경영자'를 길러내는 것을 그 목표로 한다. 효율, 단기적 목표, 기존 자원의 활용만을 강조하던 시각에서 벗어나 보다 긴 호흡으로 효과와 장기적 비전, 창발적 탐색, 비가시적이지만 중요한 것들을 다시 한번 생각하고, 이것이 경영 현장에서도 통용될 수 있다는 '믿음'을 바탕으로 한 전공인 것이다.

그 어느 때보다 변화의 속도가 빠른 4차 산업혁명 시대에 우리는 역설적이게도 '레트로'와 '인문', '아날로그'의 중요성을 여실히 깨닫고 있으며 인문학적 사고(인문학 전공을 뜻하는 것은 아니다!)의 가치는 경영 현장뿐만 아니라 삶에서도 필수적으로 요구된다. 지속 가능성과 혁신주도형 경제의 정착을 위해서는 기존의 효율주도형 경제의 한계를 돌아봐야 하며, 사람 중심의 리더십과 기업가 정신이 필요하다.

현재를 성실하게 희생해서 보다 찬란한 미래를 맞이하는 것, 졸업하자마자 입사한 기업에서 소위 뼈를 묻겠다는 노력으로 직급을 찬찬히 올려가는 것이 20세기에는 당연한 수순이자 성공의 왕도였다. 그러나 21세기는 안타깝게도 노력과 성실이 모든 것을 보장하는 시대가 아니다. 취업문은 점점 좁아지고 있으며 below API의 직군들이 대부분 AI에 의해 대체될 것이라는 것은 통계적으로도 자명하다. 2015년, TEA Total Entrepreneurial Activities에 의하면 한국은 투자가 없다기보다는 혁신이 없어서 문제가 되고 있다는 평가를 받았다. 그렇다면 모두가 강조하는 혁신이란 도대체 무엇인가? 구조적 타성을 어떻게 벗어나야 하는가?

이러한 시기에 우리 인간에게 필요한 것은 AI와 로봇이 대체하지 못할 '그 무엇'이다. 여기서 '그 무엇'은 무엇을 가리키는가? 창의성이나 특이성, 혹은 집착에 가깝지만 생산적인 열정인가? 아니면 융합인의 전형인 스티브 잡스가 중시한 융합이나 유니크함 등을 말하는가? 이 책은 학생들이 이 질문들에 대한 정답을 찾아가는 과정에서 최소한의 가이드라인을 제시하고자 기획되었다.

이 책에서 다루는 내용은 루체테인문학사업단이 출범한 이후, 인문경영 융합전공에서 개발 및 개설된 여러 수업 중 전공에 대한 이해를 심화하고 최신 트렌드를 통해 미래 상황을 예측하려는 목적으로 활용된 콘텐츠들이다. 이 책은 추후 인문경영 융합전공 수업에서 실질적으로 활용될 것이며, 전공의 영속성을 유지하고 아직은 생소한 인문경영이라는 전공에 대한 이해를 돕는 것을 그 목표로 한다. 1장 '인문경영개론'은 이화여자대학교 인문경영 융합전공 정예지 특임교수가 집필했으며, 인문경영의 정의와 의미, 인문경영에서 최근 화두가 되고 있는 다양한 요소 및 이론들을 살펴본다. 2장 '인문학도를 위한 기초통계학'은 홍계훈 박사가 집필했으며, 사실상 문과생들에게 심리적 장벽이 높은 통계 이론과 원리, 그리고 통계 기법의 분석 및 결과 해석 방법에 대해 쉽고 흥미롭게 서술한다. 3장 '소비자 행동의 정신분석적 이해'는 이화여자대학교 기독교학과 장정은 교수가 집필했으며, 소비자의 행동을 정신분석적 관점에서 새롭게 조명하고 분석함으로써 소비자, 나아가 인간 행동에 대한 통찰력 있는 설명을 제시한다. 마지막으로 4장 '한류 문화와 글로벌 시장'은 이현주 박사가 집필했으며, 아시아를 넘어 세계로 향해가고 있는 문화 현상인 '한류'를 문화적·경영학적 관점으로 살펴보고, 이러한 현상과 관련된 여러 이론을 이해하기 쉽게 설명한다.

이 책은 루체테인문학사업단의 지원으로 제작되었으며, 기획부터 출간까지 사업단 내 많은 분들의 노고가 담겼다. 오정화, 함동주, 조윤경, 이형숙, 연남경 교수님께 감사의 말씀을 드린다. 더불어 루체테인문학사업단 행정실의 선생님들, 항상 연구실에서 큰 도움을 주신 김동성, 김해원 특임교수님, 이 책의 저자로 함께해주신 장정은 교수님과 홍계훈, 이현주 박사님, 출판문화원의 선생님들과 지도교수이신 이화여자대학교 김성국, 윤정구 교수님께도 깊이 감사드린다.

무엇보다도 아직은 시작 단계에 있는 인문경영 융합전공의 가치를 알아봐준 학부 학생들이 없었다면 이 책의 발간은 어려웠을 것이라고 생각한다. 인문학적 가치를 실무에 적용하기 위한 방법과 과정을 함께 이야기해준 많은 학부 학생들, 마지막으로 가족들에게 감사함을 전한다.

2019년 2월

저자들을 대표하여

정예지

| 차례 |

제1장

인문경영개론

1. 인문경영이란 무엇인가

1) 인문경영의 정의

인문 그리고 경영

경영의 주체는 가계, 기업, 정부, NGO, 심지어 교회나 학교의 동아리가 될 수도 있으나 이 장에서는 주로 영리적 활동을 목표로 하는 사기업enterprise의 경영 활동을 살펴보고자 한다. 경영management이란 특정 조직의 목표를 설정한 후, 조직 내 자원을 효율적efficient·효과적effective으로 활용함으로써 이 목표를 달성하려는 일련의 의사결정과 행동을 뜻한다. 즉 최소한의 자원을 투입하여 효율성을 추구하면서 목표를 가져오는 것으로 볼 수 있다. 한편 인문humanities 또는 arts이란 인간 그 자체, 인간의 근원적 문제와 사상, 문화를 뜻한다(「인문학 및 인문정신문화의 진흥에 관한 법률」 제3조 제1호). 따라서 인문학이란 근본적인 인간다움의 특징과 삶에 대해 탐구하는 학문이며 인간의 본질에 비판적이고 분석적으로 접근하는 학문이다.

그렇다면 과연 인문경영humanistic business이란 무엇인가? 인간의 본질을 탐구하는 경영, 혹은 영리적 목표를 최대화할 수 있는 인문학이라는 것인가? 기존의 전략과 성공 공식들이 더 이상 고성과를 창출하지 못하는 4차 산업혁명 시대가 도래하면서 그 어느 때보다도 창발적 사고divergent thinking와 창의성creativity, 혁신성innovativeness이 중요해지고 있다. 그리고 창의성과 혁신적 아이디어의 원천으로서 다름 아닌 '인문학'과 '인문학적 사고'가 각광받고 있다.

인문경영

인간의 깊은 본질을 탐구하는 '인문'과 최소 투입을 통한 이윤 창출을 추구하는 '경영'은 결합시키기엔 너무나 먼 양극단의 요소이다. 하지만 최근 기업과 국가 차원에서 인문학의 중요성을 강조하는 경우가 늘어나고, 출판 및 방송 산업에서는 인문학 과열 현상까지도 빚어지고 있다. 이러한 현상은 취업 현장이 아니더라도 현실의 많은 분야에서 인문학이 필요하다는 방증일 것이다.

언뜻 보기에는 너무나 이질적인 두 분야이지만 실제 경영 현장에서는 인문학적 경영의 중요성과 필요성이 큰 문제로 대두되고 있다. 스피첵 등(Spitzeck, Pirson, Amann, Khan & von Kimakowitz, 2009)에 의하면 인문경영이란 재무적 성공과 사회적 가치 창출을 결합한 경영business uniting social value generation with financial success으로, 재무적 성공과 이윤 극대화라는 유일한 목표로부터의 해방을 뜻한다. 중요한 점은 인문경영이 이윤 추구와 효율성의 극대화를 거부하거나 반대하는 것은 결코 아니라는 점이다. 물론 사기업의 0순위 목표는 이윤 추구일 수밖에 없으나, 이를 위해 인간과 조직이 이윤 극대화에 굴복하거나 인간다움을 포기하는 것에는 반기를 드는 것이다. 이러한 학구적 정의에 앞서 경영에도 인문학적 마인드가 반드시 필요하다고 주장한 이들이 있으니 바로 그 유명한 피터 드러커Peter Drucker와 스티브 잡스Steve Jobs이다.

구루Guru를 통해 살펴보는 인문경영

먼저 인문경영학의 아버지로 불리는 피터 드러커는 오스트리아 출신의 경영학자이나, 그는 스스로를 '사회생태학자social ecologist'라고 불렀다. 드러커의 대답을 듣기 전 먼저 생각해보자. '기업은 무엇인가?'

경영학이라는 학문이 본격적으로 태동하던 20세기 초, 대부분의 경영자는 기업이 무엇이냐는 질문에 '영리를 추구하는 조직'이라고 대답했다. 우리의 대답도 크게 다르지 않았을 것이다. 그러나 드러커는 기업이란 '고객을 위해 존재하며, 그 목적이 시장인 조직'이라고 주장했다. 그는 근로자를 비용이 아닌 자산으로 인식했으며, 이러한 인식은 현대 경영학에 그가 남긴 가장 큰 업적 중 하나일 것이다. 드러커의 저서 『새로운 현실The New Realities』(2003)에 실린 글을 잠시 살펴보자.

> 경영은 사람과 그들의 가치, 그들의 성장과 발전을 다루며 이것이 경영을 인간답게 만든다. 따라서 기업은 그들이 속한 사회 구조와 지역사회에 영향을 미친다. 경영이란 단순히 재무적인 것을 넘어서서 인간의 본성과도 깊은 연관성을 지닌다. (Management deals with people, their values, their growth and development and this makes it a humanity. So does its concern

with, and impact on, social structure and the community. Indeed, management is deeply involved in spiritual concerns, the nature of man, good and evil.)

경영은 우리가 전통적으로 다루는 '인문학liberal art'과 같다. 이는 경영이 우리가 지닌 지식, 자의식, 지혜, 리더십의 기본을 다루기 때문이다. 경영은 또한 '예술art'이기도 하며, 이는 경영이 실천과 응용을 요하기 때문이다. 경영가라면 인문학, 사회과학, 심리학, 철학, 경제학과 사학, 더 나아가 자연과학과 윤리학에서 다루는 지식과 통찰력을 모두 흡수해야 한다. 그러나 단순히 지식을 흡수하는 것을 넘어서, 그 지식이 조직의 성과로 이어지고 효과성을 창출할 수 있도록 해야 한다. 환자를 어떻게 치료할 것인지, 학생을 어떻게 제대로 교육시킬 것인지, 다리를 어떻게 건설하고, 소프트웨어 프로그램을 얼마나 '사용자 친화적'으로 만들 것인지에 적용하고 실천해야 한다. (Management is what tradition used to call a liberal art—"liberal" because it deals with the fundamentals of knowledge, self-knowledge, wisdom, and leadership; "art" because it deals with practice and application. Managers draw upon all of the knowledges and insights of the humanities and social sciences—on psychology and philosophy, on economics and history, on the physical sciences and ethics. But they have to focus this knowledge on effectiveness and results—on healing a sick patient, teaching a student, building a bridge, designing and selling a "user-friendly" software program.)

취업과 사기업 운영이 아닌, 일상생활에서도 (자기) 경영은 가장 중요한 요소가 되었다. 그러나 오로지 자신만을 위한 경영, 혹은 단순한 스펙 쌓기와 지식 흡수의 효용성은 얼마나 크고 장기적일까? '가장 중요한 것은 경영이며, 좋은 경영은 경제적 발전은 물론 사회적 화합까지 가져온다.' 이것이 바로 드러커의 핵심 사상이며 그의 모든 주장을 관통한다. 그는 전술했듯이 자신을 경영학자가 아닌 사회생태학자라고 밝힌다. 그의 사상은 다름 아닌 '실천'에 근본을 두고 있다. 드러커는 개인과 기업의 사명mission이 무엇인지, 기업이 아닌 고객이 중시하는 가치란 무엇인지를 끊임없이 고민하고, 이윤 추구를 넘어선 개인과 기업, 사회와 인류에 공헌하는 활동으로 경영의 전 과정을 승화시킨 장본인이다.

드러커가 사상적·이론적으로 인문과 경영의 접목, 혹은 경영의 올바른 길을 제시했다면 한국에서 인문학의 실용적 측면에 불을 붙인 이는 바로 글로벌 IT 기업 '애플Apple'의 창업주인 스티브 잡스이다. 태블릿 PC '아이패드 2'를 출시하며 그는 다음과 같은 명연설을 남긴다.

> 애플에는 '기술만으로는 충분하지 않다'는 DNA가 있는 것 같습니다. 이 애플의 DNA는 우리의 가슴이 노래하게 하는 기술과 예술, 그리고 기술과 인문의 결합입니다. (It is in Apple's DNA that technology alone is not enough—it's technology married with liberal arts, married with the humanities, that yields us the results that make our heart sing.)

잡스에 의하면 애플은 언제나 인문학liberal arts과 기술technology의 교차점에 존재해왔다. 어쩌면 애플이 시대의 아이콘으로 떠오를 수 있었던 것은 잡스 스스로가 항상 테크놀로지와 인문학의 갈림길에서 고민해왔기 때문일 것이다. 그동안 실리콘밸리의 많은 이들이 오로지 서로의 첨단 기술만을 따라잡기 위해 애썼지만, 이제는 사람 속으로 스며드는 기술이 필요한 때라고 그는 주장한다.

생전 잡스의 인문학에 대한 사랑과 관심은 유명하다. 애플을 시기한 많은 이들이 애플과 그를 비판하자 잡스는 문학적으로 "훌륭한 예술가는 베끼고, 위대한 예술가는 훔친다."는 피카소의 말을 인용했다. "어설픈 시인은 흉내만 내지만 원숙한 시인은 훔친다."라는 T. S. 엘리엇T. S. Eliot의 말을 인용한 파블로 피카소Pablo Picasso를 재인용한 것이다. 이외에도 잡스의 스탠퍼드대학교 연설에 의하면 그는 대학을 중퇴한 이후 서예calligraphy 수업을 청강하면서 활판술과 다양한 글씨체를 익히고, 이 과정에서 과학이 포착하지 못하는 아름다움과 역사성을 배웠다.

2) 진정한 의미의 융합

드러커와 잡스가 그토록 강조했던 인문이란 무엇인가? 인문과 경영, 인문과 기술, 혹은 인문과 여타 개념은 융합이 가능한 것일까? 이에 대해 모두의 생각이 다르겠지만 적어도 잡스는 드러커의 주장을 어느 정도 실현한 것으로 보인다. 잡스 이후 많은 이들이 인문학의 중요성을 이야기하지만, 인문학이 트렌드를 위해 소비되고 있는 현실 역시 존재하고 있기 때문에 진정한 인문학 기반의 융합이 무엇인가에 대해 깊이 생각해보아야 할 것이다.

융합convergence이란 다른 종류의 것들이 녹아서 서로 구별이 없게 하나로 합해지는 것, 즉 둘 이상의 것이 조화롭게 섞여 하나가 되는 것을 뜻한다. 이러한 의미에서 융합적 인물이란 '융합적 사고를 하고 여러 분야의 지식을 자유자재로 다루는 인물' 정도로 정의할 수 있을 것이다. 융합의 개념은, 과거와 달리 복잡한 사회화로 인한 문제들, 직관적으로 알 수 없으나 연관지어 일어나는 사회 현상들, 삶의 방식과 인간

욕망의 다양화를 충족시키기 위해서는 기존의 지식만으로는 해결하기 어렵기 때문에 다른 분야와의 '섞임mash'을 통해 기존과는 다른 방식으로 문제를 해결하려는 목적으로 생겨났다(신동희, 2014).

문제는 한국의 많은 이들이 '2인분 인물' 혹은 '3인분 인물'을 융합적 인물과 착각한다는 점에 있다. 지식과 경험, 기술이 완전히 체화되고 배태embedded되어 하나의 인물을 이루는 것이 현 시대가 요하는 융합적 인물일 것이다. 그러나 현재 많은 이들은 스펙과 특정 지식을 쌓고 있음에도, 이것이 완전히 하나가 된 융합에 미치지 못한 N인분 인재에 지나지 않는다(박상욱, 2011).

한 예로, 취업이라는 관문에서(물론 취업이 인생의 목표는 아니다!) 고배를 마신 학부생들이 저자에게 와서 하는 대표적인 말들을 뽑아보면 "선생님, 전 영어도 잘하고 인턴십도 대기업에서 했는데 왜 취업이 안 될까요?", "외국인 특례자이고 공모전 수상 경력도 많은데 왜 탈락할까요?" 정도이다. 너무나 훌륭한 스펙(주로 외국어 능력, 인턴십 경험, 교외 공모전 수상 경력 등)을 쌓은 학생들과 상담을 하다 보면 그들의 노력에 비례하지 않는 결과에 마음이 무너진다. 그럼에도 불구하고 조언을 해야 한다면 그것은 바로 '융합적 인물'이 되어야 한다는 점이다.

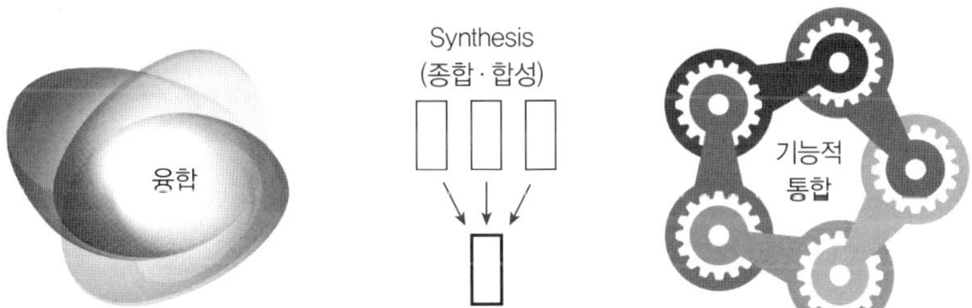

[그림 1-1] 융합convergence과 기능적 통합integration

영어는 기본이고 중국어에 스페인어, 일본어까지, 이제는 외국어에 능통한 구직자가 너무나 많은 세상이다. 어학연수를 다녀오고 교환학생 프로그램을 이수하는 것이 더는 핵심 역량core competence이 아닌 세상이 되었다. 특정 기업은 더 이상 신입 정규직을 뽑지 않는다고 포고했으며 대기업 인턴십도 그 기업의 정규직이 되는 지름길이 아니게 됐다.

이러한 시점에서는 자신의 외국어 실력과 모든 경험이 '하나의 스토리'가 되도록 만드는 것이 중요하다. 영어를 잘한다, 외국에 나갔다 왔다, 대기업 인턴을 했다는 사실들이 단순히 열거되는 것이 아니라, 타지에서의 '나만의 생활'과, 그 나라의 문화가 나란 사람에게 어떠한 영향을 미치고 내가 어떠한 변화를 일으켰는가, 내가 어떤 사람으로 거듭날 수 있었는가, 그렇기에 나는 얼마나 '다른가'를 강조할 수 있어야 한다. 결국 여러 분야의 지식을 자유자재로 다루며 이 지식의 융합을 통해 창발적 결과물을 만들어낼 수 있어야 한다는 것이다.

이는 결코 취업 시장에 국한된 이야기가 아니다. N수의 크고 작음에 대해 말하는 것도 아니다. 나의 스토리, 나의 사고와 삶을 만들어나가는 데 특정한 자격증이 필요하다면 두 말 할 필요 없이 해당 분야의 다양한 자격증을 취득해야 할 것이고, 필요하다면 외국어 실력과 공모전 실적도 갖추어야 할 것이다. 문제는 '남들이 다 하니 나도 해야 한다'는 생각이다. 다시 본론으로 돌아가, 우리는 빛의 여러 색이 합쳐질 때 하나의 백색광이 나오는, 그러한 융합인의 양성에 힘써야 할 시점에 도달했다. 여러 색과 기능이 모여 있되 기능적 통합만을 이루는 N인분 인물이 아닌 진정한 융합인이 필요한 시대이다.

2. 인문경영의 3요소

전술한 바와 같이 인문경영이란 재무적 성공과 사회적 가치 창출을 결합한 경영이다. 즉 사회적 가치 창출을 위해 인간의 존엄성을 지켜야 하며, 필요하다면 보다 나은 사회를 위한 비판과 개선 활동에 힘쓰는 것이 인문경영인 것이다.

2018년 현재 각광받고 있는 '워라밸work-life balance(일과 삶의 균형)', '소확행小確幸(일상에서 느낄 수 있는 작지만 확실하게 실현 가능한 행복)', '가심비價心比(가격 대비 마음의 만족을 추구하는 소비 형태)' 등의 용어는 개개인의 라이프스타일에 대한 존중, 작지만 확실한 행복을 강조하고 있다. 이는 현 시대의 구성원들을 둘러싼 조직과 사회가 사람에게 보다 집중하고 관심을 가질 때라야 지속 가능한 가치를 창출할 수 있고, 구성원의 감성과 가치를 소중히 여길 때라야 고성과 창출이 가능함을 간접적으로 시사하는 현상이라고 할 수 있다. 4차 산업혁명 시대를 살아가는 조직은 양quantity과 투입 중심의 방식이 아니라 창의성과creativeness와 업무의 질quality을 중시하는 방식으로 운영되어야 할 것이다.

궁극적으로, 조직이 구성원을 대하는 방식과 일하는 방식이 근본적으로 바뀌어야 한다. 과거에 중시했던 단 하나의 정답인 이윤 극대화라는 경영 패러다임에서 다차원적이고 가치 통합적인 경영의 패러다임으로 전환해야만 하는 시대가 임박했다고 볼 수 있다. 이처럼 과거에 비해 구성원의 삶의 질을 강조하는 경영, 이윤 추구와 함께 사회적 가치 창출이 중요한 경영, 다시 말해 인문경영을 구성하는 대표적인 요소 세 가지를 통해 인문경영이 무엇인지 좀 더 자세히 살펴보도록 하자.

1) 모든 인간의 존엄성에 대한 무조건적인 존중

인문경영의 기본은 인간에 대한 무조건적 존중과 배려unconditional respect for the dignity of every person이다. 모든 인간의 존엄성은 존중받아야 한다는 주장에 반대하는 기업과 CEO가 있을까? 너무나 당연한 이야기이지만 현재의 한국 사회에서 인본주의적 경영이 '온전히' 지켜지는 기업은 사실상 많지 않을 것이다. 그리고 현 기업이 인적 자원을 단순히 활용 및 통제의 대상으로 보는 관리자의 역할'만'을 계속하는 한 인본주의적 인적 관리는 불가능하다(Spitzeck et al., 2009). 결과적으로 존중과 배려의 조직 문화를 위해서는 조직 관리를 강조하는 관리자, 즉 매니저manager와 함께 리더가 필요할 것이다(Zaleznik, 2004). 물론 단 한 명의 리더가 조직의 모든 것을 바꿀 수는 없다. 그러나 조직과 팀의 수장으로서의 리더는 분명 하강 효과cascading effect를 통해 구성원에게 영향을 미치고, 역할 모델이 됨으로써 구성원의 행태에 영향을 미친다. 매니저와 진정한 리더는 크게 다음의 네 영역에서 차이를 나타낸다(Zaleznik, 2004).

목표를 향한 태도attitudes toward goals

먼저 매니저는 목표에 대해 매우 객관적이고 감정이 배제된 태도를 보인다. 왜냐하면 매니저는 조직의 역사와 문화에 배태된 필요적 목표 달성을 중시하기 때문이다. 반면 리더는 보다 능동적으로 행동하며 조직 목표에 대한 개인적 정서와 열정을 나타냄으로써 조직과 팀의 분위기 쇄신까지도 이루어낸다. 다시 말해 매니저가 주어진 맥락에서의 효율적 목표 달성을 더 강조하는 반면, 리더는 주어진 맥락의 바운더리를 넓히고 구성원의 기대 수준, 조직이 나아가야 할 방향까지도 강조한다.

일에 대한 신념과 이해conceptions of work

매니저는 일을 일련의 지원 프로세스로 간주한다. 전략을 세우고 효율적인 의사결정을 내리기 위해 적절한 인물을 투입하고, 아이디어를 교류함으로써 가능한 몇몇의 문제 해결 방안을 짜고 업무 과정에 도움을 준다. 모든 옵션을 시도해볼 수 없기에 어떤 것이 가능하고 불가능한지 선택의 폭을 제한한다. 반면 리더는 문제를 해결하기 위한 다양하고 새로운 접근 방식을 제안한다. 위험 요소가 많다 하더라도 이것이 기회이고 보다 나은 보상으로 이어질 것이라는 확신을 줌으로써 구성원들에게 일에 대한 확신을 지니게 한다.

인간관계relations with others

매니저는 다른 사람들과 일하는 것을 선호하고 독단적 행동을 피한다. 의외이지 않은가? 이는 독립적 행동이 매니저 자신에게 미칠 부정적 영향력을 피하기 위함이다. 또한 매니저들은 구성원과의 대화에서 직접적인 메시지를 사용하기보다는 시그널을 활용하는 경향이 있다. 직접적인 메시지를 사용하는 경우 구성원 중 누군가는 이를 싫어할 수도 있다는 생각에 애매모호한 시그널을 선호하는 것이다. 반면 리더는 특정 사람이 아닌 아이디어에 관심을 가지며, 보다 직관적이고 직접적인 방법을 선호한다.

자의식senses of self

매니저는 기존의 제도를 지속하고 강화함으로써 자의식을 공고히 하며, 책임과 의무를 조화시키는 역할을 한다. 반면 리더는 조직 내에서 일하지만 조직에 완전히 소속되어 있지 않으며, 다른 구성원의 업무

꼰대란 누구인가

2018년 5월 〈동아 비즈니스 리뷰〉는 스페셜 리포트로 '꼰대'를 다루었다. 꼰대란 후배 직원들의 역량이 무조건 자신보다 떨어진다고 생각하는 상사, 혹은 자신은 정답을 알고 있다고 믿는 상사를 뜻한다. 상명하복의 문화가 팽배하고 효율과 통제의 관리가 강조되던 시절이라면 이러한 '꼰대적 리더십'이 생산성 향상에 도움을 주었을 것이다. 하지만 시대가 변했다.

- 여러분이 생각하는 '꼰대'란 어떤 사람인가?
- 꼰대가 불편하게 된 사회적·경제적 배경은 무엇일까?
- 소위 '꼰대'에게서도 장점을 찾아볼 수 있을까?

출처: 김남국(2018. 5. 15).

역할과 사회적 지표에 쉽게 의존하지 않는다. 즉 매니저가 기존의 사회적 관계와 관습을 통해 사회화되는 과정을 따른다면 리더는 개인의 학습과 숙련을 통해 심리사회적 변화를 이끄는 과정을 따른다.

2) 윤리적 비즈니스 의사결정

모든 비즈니스의 의사결정은 윤리적이어야 한다. 인도주의적이고 윤리적인 경영은 이익 극대화만이 전부라는 일차원적인 경영 목표를 지양해야 한다. 과거처럼 주주의 이익만을 극대화한다면 이는 주주 이외의 다른 이해관계자에 대한 동등한 존중을 배제하는 결과를 낳는다. 물론 사기업에서 주주는 매우 중요한 이해관계자 중의 하나이다. 그러나 주주만이 유일무이한 이해관계자는 아니며 이해관계자 관점

stakeholder perspective에 대한 이해가 필수적이다. 그런데, 사기업의 목표는 누가 뭐래도 이윤의 창출이다. 왜 '주주' 이외의 다른 이해관계자를 이해하고 의사결정에 이들을 포함시켜야 할까?

먼저 이해관계자란 기업의 경영 활동에 영향을 끼치고, 또한 그에 영향을 받는 사람이나 단체를 의미한다. 현재 이해관계자는 기업의 지배구조, 전략, 기업의 사회적 책임corporate social responsibility: CSR 등 경영 전반에서 핵심적인 고려 요소가 되었다. 따라서 21세기 현 상황에서 기업 경영 활동이 적법한 절차를 거쳐 정당성을 확보하기 위해서는 이들이 재무적·경제적 이익을 창출하는 것과 함께 회사 자원의 투명하고 적절한 배분에 대한 감사, 지속 가능한 성장을 통한 환경보호 등에 대한 사항을 평가 및 감시받아야 한다. 즉 주주뿐만이 아니라 다양한 이해관계자의 상호작용 관계를 바탕으로 하는 시스템을 구축해야 지속 가능 기업으로 나아갈 수 있는 것이다.

주주를 비롯한 대표적 이해관계자를 정리해보면 [그림 1-2]와 같다. 모든 이해관계자가 중요하겠으나 최근에 명실공히 주요한 이해관계자로 부상하고 있는 부류가 바로 소비자와 내부 이해관계자인 구성원(종업원)이다. 이들에 대해 좀 더 자세히 알아보겠다.

소비자

우리 모두는 소비자이다. 우리는 자신이 지불한 대가만큼의 상품 및 서비스를 이용할 권리를 지니며, 이러한 권리를 지닌 존재가 바로 소비자이다. 특정 제품 및 서비스의 품질과 성과는 그에 대한 소비자의 의견과 만족도에 의해 판정된다. 그러므로 조직은 모든 제품과 서비스가 소비자에게 가치를 제공하고, 고객의 만족, 충성도, 더 나아가 고객 감

[그림 1-2] 기업의 다양한 이해관계자

동이라는 결과를 낳을 수 있도록 해야 하며, 소비자와의 유대 관계를 유지하고 관리해야 한다.

이처럼 소비자는 원래부터 기업의 주요 이해관계자 중 하나였으나, 닷컴기업의 등장, IT 기술의 발전으로 인한 각종 장비 가격의 하락 및 정보 확보의 용이, SNS의 생활화 등과 함께 소비자가 생비자(생산과 소비를 함께하는 사람, 이하 프로슈머)가 되면서 이들에 대한 이해와 중요성이 어느 때보다 커지고 있다. 프로슈머prosumer란 producer(생산자) 또는 professional(전문가)과 consumer(소비자)가 결합되어 만들어진 단어이며, 1972년 마셜 매클루언Marshall McLuhan과 베링턴 네빗Barrington Nevitt이 쓴 『현대를 이해하다Take Today: The Executive as Dropout』에서 "전기 기술의 발달로 소비자는 생산자가 될 수 있다That with electric technology, the consumer would become a producer."라는 말로 처음 등장했으나, 프로슈머라는 단어 그 자체는 1980년 앨빈 토플러Alvin Toffler가 『제3의 물결The Third Wave』에서 최초로 사용했다. 생산자와 소비자가 결합되었다는 것은 소비자이기는 하지만 제품 생산에도 기여한다는 의미이며, 전문가와 소비자가 결합되어 비전문가이지만 타 전문가의 분야에 기여한다는 의미이다.

프로슈머는 기존 소비자와는 달리 생산 활동의 일부에도 참여할 수 있는데, 이는 각종 셀프 서비스나 DIYdo it yourself 등의 유행을 통해서도 확인할 수 있다. 또한 이들은 인터넷의 여러 사이트에서 자신이 구매한 물건의 장단점, 구매 가격 등을 비교하고 비판함으로써 제품 개발과 유통 과정에 직간접적으로 참여한다. 특히 최근에는 소위 인플루언서influencer나 파워블로거power blogger들의 제품 및 서비스 이용 후기가 판매량과 브랜드 인지도에 지대한 영향을 미치면서 이들을 따라하는 트윈슈머twinsumer(타인의 소비 행태를 따라하는 소비자)가 많아지고 있다. 따라서 인플루언서나 파워블로거들을 상품의 체험단이나 기업에서 모집하는 마케팅 단원으로 활용하는 경우가 늘고 있다. 이처럼 소비자와 프로슈머는 제품 및 서비스에 대한 후기를 작성하는 것을 넘어서서 타인의 소비 및 소비 행태에까지 영향을 미침으로써 기업 이익 창출의 주요한 이해관계자로 자리 잡았다.

앞서 살펴봤듯이, 소비자가 주도해 제품과 서비스의 품질을 높이고 피드백을 주고받는 것은 단순히 제품의 불량률을 줄인다거나 불만을 감소시키는 것 그 이상을 뜻할 것이다. 특정 기업이 소비자의 목소리를 듣는다는 시그널, 고객과의 유대 관계를 유지하기 위해 노력한다는 것이 기업의 이미지에 긍정적인 영향을 미치고, 이러한 기업의 태도 및 이미지가 경쟁 상품들과의 차별성으로까지 인식된다.

그러므로 소비자를 주요한 이해관계자로 고려하고, 소비자 주도의 제품 및 서비스를 실현하는 것은 현대 조직에게 있어 생존과 지속 가능성을 위한 전략적인 개념이기도 하다. 변화하거나 새롭게 나타나는 소비자 및 새로운 형태의 시장과 요구 사항, 소비자의 만족 및 지속적 구입을 좌우하는 요소들에 민감해야만 살아남을 수 있다. 따라서 기업은 기술의 발전과 경쟁자의 제품·서비스는 물론 프로슈머들의 의견과 피드백에 신속하고 유연하게 대응해야만 한다.

다양한 형태의 소비자들

경기도시공사 블로그의 글에 의하면 최근에는 컨슈머, 프로슈머, 트윈슈머를 넘어 더욱 다양한 형태의 소비자들이 생겨나고 있다. 우리는 어떠한 형태의 소비자일까? 또 다른 형태의 소비자가 존재한다면 생각해보자.

- **프리슈머**PREsumer: 제품이나 서비스가 나오기 이전부터 참여해 자금을 지원하고 제품 생산에 관여하는 소비자. 최근 소셜미디어나 인터넷을 활용해 자금을 동원하는 투자 방식, 즉 클라우드 펀딩이 활성화되면서 큰 폭으로 증가하고 있는 소비자 형태를 이름.
- **모디슈머**MODIsumer: 수정modify하는 소비자로, 제조 업체에서 제시하는 방식이 아닌 소비자가 직접 개발한 방식으로 제품을 활용하는 소비자. 대표적으로, 소비자들 가운데 자신만의 기호에 맞춰 조리법을 바꿔 즐기는 경우가 있음.
- **큐레이슈머**CURAsumer: 큐레이터curator와 소비자의 합성어. 큐레이터처럼 제품을 다양하게 활용해 꾸미고 연출하고 편집함으로써 자신만의 스타일을 주도적으로 창출하는 소비자를 이름.
- **그린슈머**GREENsumer: 자연을 상징하는 그린green과 소비자의 합성어로 친환경적인 제품을 사용하고 환경 문제는 물론 환경보호를 실천하려는 의지가 매우 강한 소비자. 따라서 식품, 의류, 생활용품 등을 구매할 때 제품의 친환경성 여부를 중요하게 생각함.

출처: 다양한 소비자의 형태 〈컨슈머의 변신〉(https:blog.naver.com/gico12/220930185067).

종업원

조직의 구성원인 종업원은 대표적이고 핵심적인 내부 이해관계자이다. 수직적 조직 문화가 수평적 조직 문화로 전환되어가고 팀 제도와 셀프 리더십 등이 중요해지면서 조직의 성공 여부가 소수의 리더가 아닌, 종업원들의 협력, 지식, 숙련, 혁신성과 동기 부여의 영향을 받는 정도가 커지고 있으며, 따라서 이들의 가치를 제고해야 한다는 주장이 힘을 얻고 있다. 종업원의 가치를 제고한다는 것은 그들의 만족, 발전, 복지를 위해 조직이 노력한다는 것을 의미하며, 이를 위해 종업원의 다양한 요구 사항에 맞춰 유연한 업무 방식을 만들어야 할 것이다. 따라서 종업원을 위하겠다는 경영진의 의지를 보여주고, 당연하고 일상적인 보상 시스템 외에 별도의 인정 기회를 제공하며, 조직 내에서 개발과 성장의 기회를 제공하는 등의 노력을 기울여야 한다.

과거에는 '고객이 왕'이라는 슬로건이 대유행을 했고 전술한 바와 같이 고객으로서의 소비자는 여전히 기업의 중요한 이해관계자이다. 그러나 소비자의 만족 및 재구입율과 높은 연관성을 지니는 요소는 바로 소비자를 응대하는 조직의 종업원이다. 이러한 점을 간파해 조직의 고성과를 창출한 대표적 인물이 바로 미국 사우스웨스트 항공의 전 CEO 허브 켈러허Herb Kellerher이다.

1981년 최고경영자 자리에 올라 2001년 물러날 때까지 30년간 유머와 펀 경영fun management은 그의 트레이드 마크였다. 사우스웨스트 항공사의 펀 경영이 성과를 거둘 수 있었던 주요한 원인 중 하나는 켈러허가 조직 내의 긍정적 에너지를 중시했고, 이러한 긍정 에너지가 구성원의 애사심과 자부심으로 이어졌기 때문이다. 유머를 중시하는 그는 고객이 아닌 '종업원'을 왕으로 모시는 문화를 만들었다. 조직이 종업원을

출처: 사우스웨스트 항공 홈페이지 사진첩(https://www.swamedia.com/photos/).

왕처럼 대해야 종업원이 소비자에게 최상의 서비스를 제공할 수 있다는 그의 믿음 때문이었다.

종업원은 기업의 핵심 이해관계자이자 내부 이해관계자이다. 따라서 종업원은 기업의 목표와 강약점, 장단점을 외부 이해관계자에 비해 잘 알고 있으며, 조직의 목표 추구를 위한 경영 파트너로서의 역할을 하기에 이들에 대한 조직의 배려와 이해는 필수적이라 할 수 있다. 따라서 기업과 종업원은 노동력과 임금을 교환하는 관계, 혹은 고용과 피고용이라는 계약적 관계를 넘어 상호 호혜적인 가치를 창출함으로써 경제적·심리적 파트너십을 구축해야 할 것이다.

3) 규범적 정당성의 추구

기업 활동을 위해 규범적 정당성normative legitimacy을 추구하는 것은 기업의 책임을 다함에 있어 매우 중요한 요소이다. 먼저 정당성이란 사회적으로 공유되고 받아들여지는 준거 및 기준에 행태가 일치하는 정도를 뜻하며, 규범적 정당성이란 옳은 일을 하고자 하는 가치이다. 기업들이 기존에는 자신의 이익에 보다 중점을 둔 실용적이고 계산적인 정당성에 초점을 두었다면, 이제는 계산과 효율, 사익을 넘어선 규범적으로 옳고 바른 기업 운영에도 관심을 기울여야 할 것이다.

실용적 정당성은 조직의 자기이해에 따른 계산에 바탕을 둔다. 물론 그 이해는 관련 당사자들의 즉각적인 이해이기도 하지만 정치적·경제적·사회적으로 조직과 관련을 맺고 그 조직의 영향을 받는 자들의 복리와도 관련되는 이해이다. 따라서 실용적 정당성에서는 조직의 활동이 이들 이해관계인에게 가져오는 실용적 결과를 중요시한다. 실용적 정당성은 그 하위 유형으로 교환적 정당성을 보유하는데, 이때 교환의 의미는 조직의 활동에 지지를 보내는 이해관계인이 그 조직의 활동으로부터 실용적 이익을 기대하고 획득할 경우 실용적 정당성을 부여한다는 것이다.

반면 규범적이고 도덕적인 정당성은 조직과 그 활동에 대한 긍정적인 규범적 평가를 반영하는 개념이다. 규범적 정당성은 평가자의 이익에 기초하지 않고, 전술한 바와 같이 조직의 활동이 옳은 일을 하는 것인가에 관한 판단에 기초한다. 그리고 그 판단은, 조직의 활동이 사회적으로 구성된 바람직한 가치 체계로서의 사회복지를 증진하는지에 관한 것이다. 따라서 규범적 정당성은 좁은 범위의 자기 이익보다는 사회 전체의 이익 논리에 가까우며, 인문경영의 정신에도 부합한다고 볼 수 있다. 이에 따라 조직은 사회의 도덕적 규율과 규범에 일치하는 행동을 할 경우 규범적 정당성을 확보할 수 있다.

문제는 규범적 정당성이 실용적 정당성을 포함하지 않을 경우가 있으므로 이 둘이 구별되고 때로는 상충될 수도 있다는 점이다. 예를 들어 조직이 효율성만을 크게 강조하다 보면 실용적 정당성은 충족시키지만, 그 결과 구성원의 복지나 노동 조건에는 소홀하게 되어 규범적 정당성을 충분히 충족시키지 못하게 된다. 효율과 효과, 생산과 복지 두 가지 토끼를 잡는 일이 쉽지 않겠으나, 현 시대에서의 조직 운용은 옳은 일을 효율적으로 하는 것, 즉 규범적 정당성의 확보를 위해 노력하는 방향으로 나아가야 할 것이다.

3. 인문경영의 최근 이슈들

1) 자본주의 4.0[1]

자본주의 4.0capitalism 4.0과 4차 산업혁명은 인문경영이 대두된 배경이자 인문경영을 지속시키는 핵심적 사안이다. 2011년 〈타임TIME〉지는 '시위자들protesters'을 올해의 인물로 선정했다. 역대 올해의 인물로 선정된 이들이 존 F. 케네디, 빌 클린턴, 버락 오바마, 요한 바오로 2세, 빌 게이츠와 마크 저커버그 등 우리에게 친숙한 유명 인사이기에 이러한 선정은 눈길을 끌기에 충분했다. 이들은 바로 뉴욕 월 스트리트의 부도덕성과 리더들의 비윤리성을 비판하는 월가 점령occupying wall street 시위에 앞장선 시위자들이었다.

월가 점령 시위는 물론 아랍권의 민주화 시위인 '아랍의 봄' 등 세계 각지에서 일어나는 많은 시위의 공통적 구호는 '탐욕과 부패의 추방'이

---

1 이 절의 내용은 정예지의 논문 「변혁적 리더십과 진성 리더십이 팀 성과에 미치는 차별적 효과에 관한 연구」(2014)를 편집·발췌하여 수정했음.

며, 이는 진정성이 넘치는 사회에 대한 염원의 방증이다(윤정구, 2012). 한국에서도 경영, 경제, 정치 등 다양한 분야 리더들에게 진정성이 요구되고 있으며, 자본주의 4.0은 이처럼 소위 착한 자본주의로의 회귀를 강조하는 주요 개념이다.

자본주의는 애덤 스미스Adam Smith가 주창한 그 유명한 '보이지 않는 손invisible hand'으로 대표되는 자유방임형 고전자본주의(자본주의 1.0)와, 1920년대 대공황을 거치면서 존 메이너드 케인스John Maynard Keynes가 강조한, 정부가 경제를 책임지는 정부 중심의 수정자본주의(자본주의 2.0), 1970년대 말 시장의 자율을 강조하면서 최근까지 그 위세를 떨친 신자유주의(자본주의 3.0)에 이어 이제는 사회적 책임을 강조하는 따뜻한 자본주의(자본주의 4.0)로 변화하고 있다.

1970년 밀턴 프리드먼Milton Friedman이 제시한 기업 이익 중심의 자본주의 1.0은 사실상 18세기 후반의 산업혁명으로 인해 발전했으며, 그

〈표 1-1〉 자본주의의 변화 과정

자본주의 변화 과정	특징
자본주의 1.0	• 자유방임 고전자본주의 • 약한 정부 지향 • 빈곤의 악순환을 가져온다는 한계
자본주의 2.0	• 정부중심 수정자본주의 • 강한 정부 지향 • 프랭클린 루스벨트Franklin D. Roosevelt의 뉴딜정책이 대표적
자본주의 3.0	• 시장자율중심 신자유주의 • 규제 완화 지향
자본주의 4.0	• 지속 가능 경제 성책 • 사회적 책임 및 책임 의식의 강조 • 정부와 시장의 유기적 상호작용을 강조

기반은 전술한 바와 같이 애덤 스미스의 국부론이다. 방임 경제에서 국가는 시장에 간섭하지 않고 치안이나 국방을 담당하는 야경 국가의 역할을 맡는 것으로 충분하며, 시장은 보이지 않는 손으로서의 가격에 의해 자동으로 효율성을 유지한다. 그러나 자본주의 1.0은 1990년대, 기업이 다양한 이해관계자를 고려해야 한다고 주장하는 에드워드 프리먼Edward Freeman의 자본주의 2.0으로부터 도전을 받는다. 프리먼은 기업이 사회적 권한을 지니는 만큼 사회적 책임도 져야 한다는 비즈니스 윤리를 강조하며, 전술한 이해관계자의 개념을 본격적인 경영의 관심 분야로 끌어들여 주목받게 만든 장본인이다. 그는 기업이 이해관계자들과 항상 상충관계에 있는 것은 아니라고 보았다. 즉 그는 고객이 원하는 제품을 생산하면서도 조직 구성원에게 적절한 대우를 하고, 사회에 공헌하면서도 기업의 이익을 창출하는 방법을 간구할 수 있다고 주장했다.

이어 1998년, 앤서니 기든스Anthony Giddens가 주창한 '제3의 길The third way'이 등장했다. 진보 진영에서 추구하는 복지사회를 보수 진영에서 추구하는 시장자본주의로 구현하자는 것이 그의 주장이었다. 자본주의 3.0으로 명명된 이 주장은 초기에 '천사의 모습을 가진 새로운 자본주의'라고 묘사되었으나 궁극에는 자본주의의 처참한 모습을 나타나게 했다. 세계화의 물결과 더불어 거대한 자본주의 세력, 지나친 시장주의와 규제 완화로 인한 악의적인 이익 추구가 엄청난 폐해를 가져온 것이다. 이러한 부작용은 모두가 선의를 가지고 경쟁하는 것이 아니며, 모두가 관대하게 공익정신을 지닌 것도 아니기 때문에 발생한 것이다. 급기야 미국의 모기지론 사태와 리먼 브라더스 파산 사건이 발생했고, 이는 결국 월가 점령 운동으로까지 이어졌다. 미국에서 촉발된 글로벌 금융 위기 속에서 금융권 지배 세력에 불만을 품은 군중이 벌인 이 운동은 대중으로부터 폭발적인 지지를 끌어냈다. 대중은 자본주의 3.0의 시장 논리에 근거해 고삐가 풀어졌던 금융 산업에 대한 규제를 강화하는 동시에, 대기업의 탐욕을 억제하는 적극적인 정책의 수립을 정부에 요구했다.

이러한 움직임을 바탕으로 등장한 것이 바로 착한 자본주의 혹은 인간적 자본주의로 해석되는 자본주의 4.0이다. 아나톨 칼레츠키Anatole Kaletsky의 책 『자본주의 4.0Capitalism 4.0』(2010)에 의하면 현 사회는 대기업이 마지못해 수행하는 사회적 책임으로는 더 이상 만족하지 못하게 되었다. 따라서 기업은 사회적 가치를 구현하는 기관으로서 그 역할을 다해야 한다. 기업이 주주의 이익에만 치우친 정책을 펼쳤던 자본주의 3.0 시대를 지나 이제는 광범위한 이해관계자들을 모두 만족시켜야 할 시기가 도래한 것이다.

자본주의 4.0과 그 이전 자본주의와의 핵심적인 차이는 이 세상이 우리가 생각하는 것보다 훨씬 복잡하고 예측 불가능한 곳이라는 사실에 대한 인식 여부이다. AI, IoT 등 이 세상은 이해하기에도 너무 복잡하고 새로운 기술을 따라가기에도 벅차다. 과거처럼 시장 메커니즘만을 무조건적으로 신뢰하거나 정부의 능력만 믿어서도 안 된다. 경제를 이해하는 방식 그 자체에 대한 근본적인 변화와 시스템의 구조적 전환을 이루어야 한다. 결국 자본주의 4.0에서는 유능하고 적극적인 정부가 있어야만 시장경제가 존재할 수 있다. 이런 점에서 자본주의 4.0은 정부와 시장의 역할 가운데 하나만 강조했던 이전 시대의 경제 인식과 달리, 정부와 시장이 모두 잘못될 수 있다는 사실에 기초해 서로의 협력을 강조하고 있다.

2) 동적 역량과 양손잡이 조직[2]

융합 시대의 특징을 가장 잘 보여주는 개념이 바로 '양손잡이ambidexterity'와 '동적 역량dynamic capability'일 것이다. 전통적으로 연구자들은 자원기반이론resource based view: RBV에 근거해, 조직들의 성과 차이가 발생하는 원인을 조직 내부의 고유 자원의 측면으로 설명했다. 소위 VRINvaluable, rare, inimitable and non-substitutable한 자원을 기반으로 경쟁우위를 창출할 수 있다는 주장이다. 하지만 21세기의 극심한 환경 변화에 기민하게 대응하면서 지속적인 고성과를 창출하려면 기존의 내부 자원을 보유하는 것만으로는 힘들다는 비판이 나오기 시작했다. 동적 역량 관점이 이러한 자원기반이론에 대한 비판을 이끌고 있는데, 이 관점에 따르면 변화하는 환경에서는 '어떻게' 환경에 맞게 자원을 새로이 변환시키고 활용하는가, 혹은 특정 시점에서 VRIN한 자원을 지니고 있지 않더라도 '어떻게' 새로운 자원과 기술을 창출해내는가의 문제가 보다 중요한 요소이다. 다시 말해 기존의 자원 준거 관점이 '어떤' 자본을 보유하고 있는가를 강조했다면, '어떻게' 자원과 역량을 창조하는가의 프로세스를 보다 강조한 관점이 바로 동적 역량 관점이다.

동적 역량이란 조직 내에 자본을 축적·보유하는 것을 넘어서서 자본을 환경적 요구에 맞도록 이용하고 창조적으로 확장하는 조직만의 특수한 자원 활용 프로세스를 의미한다. 조직이 지속적인 고성과를 창출하는 자본을 '보유하는 상태'와 그것을 환경적 요구에 맞게 '활용하고

---

2 이 절의 내용은 정예지·윤정구의 논문 「팀 자본인가, 팀 동적 역량인가?」(2013)를 편집·발췌하여 수정했음.

탐색하는 프로세스'는 구분되는 개념으로, 조직 특유의 자원 사용 능력을 제시해주는 것이 바로 동적 역량이다. 이처럼 동적 역량은 크게 기존 자원의 이용 측면을 강조하는 활용과 새로운 자원의 개발 측면을 강조하는 탐색의 두 요소로 구성된다. 특정 집단이 동적인 역량을 지니고 있다는 것은 기존에 보유한 자원인 기술과 자본을 효율적으로 활용하는 측면과, 새로운 자원과 지식을 혁신적으로 탐색하는 측면 모두에서 탁월한 능력을 지니고 있음을 의미한다. 활용과 탐색의 동시 추구가 강조되는 것은 변화와 경쟁이 극도로 치열해지는 현 상황에서 활용과 탐색의 상반되는 능력을 동시에 지닌 집단만이 지속 가능한 고성과를 창출할 수 있기 때문이다.

실제로 최근에는 한 팀 혹은 한 사업부 단위에서 활용과 탐색을 동시에 추구하는 것이 가능함을 강조하는 학자들이 늘어나고 있는데, 이는 활용 혹은 탐색만을 추구하는 조직이나 팀의 경우 단기적 이익 추구에는 별 문제가 없을 수도 있으나 장기적으로는 성공의 함정success trap과 실패의 함정failure trap에 빠질 개연성이 매우 높기 때문이다(Levinthal & March, 1993). 먼저 성공의 함정이란 변화하는 환경을 인식하지 못하고 기존의 성공을 보장해주었던 주요한 자본의 '활용'만을 과도하게 추구하는 경우를 의미한다. 성공의 함정을 극복하기 위해서는 환경의 변화와 경쟁 조직의 움직임을 끊임없이 분석함과 동시에 팀의 자원을 지속적으로 혁신하고 탐색해야 할 것이다. 반면 실패의 함정이란 자본에 대한 '탐색'에만 집중해서 다양하고 획기적인 시도를 하지만, 이런 활동이 가시적 성과로는 이어지지 못하는 경우를 뜻한다. 끊임없이 새로운 자원을 탐색하지만 이러한 노력을 성과로 연결시키지 못해 팀 차원의 비용이 과다하게 발생하고, 종국에는 팀을 무너뜨릴 수도 있다. 결과적으로 팀 내 자본의 활용과 탐색이 동시에 이루어진다는 것은 성공 및 실패의 함정에 빠질 개연성을 낮추고 궁극적으로는 성과가 개선될 개연성을 높인다. 실제로 활용과 탐색의 능력을 모두 지니는 것은 현 상황에서의 효율적 경영 능력(활용)과 미래 상황에 대한 유연한 적응력(탐색)을 보유했음을 의미하며, 성과에도 긍정적 영향을 미치는 것으로 밝혀지고 있다.

그렇다면 이러한 동적 역량을 어떻게 구축할 수 있을까? 활용과 탐색을 관장하는 기제가 상반된다고 주장하는 학자들은 미래에 대한 투자와 현재 가치의 고수, 기존 자본의 활용과 새로운 역량 구축 등이 대립되는 개념이자 양자택일의 개념이라고 주장하며 이를 '구조적 양면성structural ambidexterity'이라 한다. 조직 차원에서의 구조적 양면성은 활용과 탐색의 운용 매커니즘이 다르기 때문에 효율성을 관장하는 부서와 효과성을 관장하는 부서를 물리적으로 양립시켜 말 그대로 '구조적으로 양면성을 구축하는 것'을 의미한다.

성공의 함정

과거에 별 탈 없이 쓰던 전략을 계속 유지하려는 우리의 보수적 관성은 급변하는 환경에서 실패를 부채질하는 요인으로 작용하는 경우가 많다. 과거의 성공을 불러온 관성이 지나치면 '성공의 함정'에 스스로 빠져버리는 상황이 발생하기 때문이다. 성공의 함정이란 어떤 일에서 성공을 거두면 그 일을 수행했던 방법이나 절차에 대한 수정 및 재고 없이 미래에도 그대로 적용하려는 사고의 관성을 말한다. 여러분은 성공의 함정에 빠졌던 경험이 있는가? 성공의 함정에서 빠져나오기 위해서 우리는 어떠한 노력을 해야 하는가?

하지만 최근의 연구들은 활용 및 탐색과 관련된 조직의 물리적인 시스템을 이분하는 구조적 양면성을 구축하기보다, 활용(효율성)과 탐색(효과성) 관련 업무 모두에 투자하는 시간을 팀 내 구성원 스스로가 결정하게 하는 환경과 맥락을 조직이 만들어주는 것이 중요함을 강조하고 있다. 즉 효율성과 효과성, 활용과 탐색 간 균형을 이룰 수 있는 지원적 구조를 조성해주는 것이 중요하다고 보는 것으로, 이를 '맥락적 양면성contextual ambidexterity'이라고 한다. 맥락적 양면성을 주장하는 학자들은 얼핏 보기에는 상반된 능력이지만 구성원들이 과업을 수행하는 과정에서 효율성과 효과성, 활용과 탐색에 투자하는 그들 자신의 시간과 에너지 등을 자율적으로 결정할 수 있게 하는 '맥락을 구축해주는 것'의 중요성을 강조한다. 구조적 양면성과 맥락적 양면성의 특성을 정리하면 〈표 1-2〉와 같다.

상호 모순되어 보이는 활용과 탐색의 두 가지 요소가 한 체계, 가령 팀이라는 체계 내에 공존할 수 있음을 강조하는 것이 맥락적 양면성에서 강조하고 주장하는 내용이다. 저자는 최근의 '맥락적 양면성' 접근법

〈표 1-2〉 구조적 양면성과 맥락적 양면성의 특성

	구조적 양면성	맥락적 양면성
양면성 달성 방법	활용 및 탐색에 초점을 둔 사업부를 명백하게 분리해서 유지	구성원이 과업 진행에 필요한 활용 및 탐색에 투여하는 시간을 자율적으로 결정
양면성 결정 주체	조직의 최고경영자층	과업을 진행하는 구성원 개인
과업 명확성 정도	명확하게 정의됨	비교적 유연하게 정의됨
최고경영자 역할	활용 및 탐색을 요하는 개별 구조에 대한 명확한 정의	구성원이 자유로이 활동할 수 있는 조직 맥락과 상황의 개발

출처: Birkinshaw & Gibson(2004), p. 50을 정리함.

을 따라 기존 자본의 활용 능력과 새로운 역량 구축 능력은 조직과 팀 내에서 동시에 추구될 수 있다고 본다. 특히 기존에 주로 거시 조직 차원에서 분권화된 사업부 및 구조적으로 분리된 상황을 강조했던 구조적 양면성 연구와는 달리, 맥락적 양면성의 경우 팀 레벨에서 팀 구성원들의 자유재량적 측면을 강조하기 때문이다.

3) 새로운 형태의 리더십

윤리적 리더십[3]

2000년대 초반부터 세계적인 불황이 시작되면서 가장 부각되고 있는 큰 이슈는 바로 윤리성과 진정성으로의 회귀이다. 이윤만 올릴 수 있다면 모든 행위를 용서받을 수 있다는 식의 가짜 리더십pseudo leadership이 만연하면서 이로 인한 문제점과 한계점이 연구되기 시작했고, 이를 대체할 수 있는 도덕적이고 윤리적이며 진정성을 갖춘 리더의 필요성이 커졌다. 과거 리더십의 한계를 논함과 동시에 리더들의 윤리성과 진정성 등에 대한 관심이 증폭된 결정적 사건은 2001년 미국의 거대 기업 '엔론Enron'의 파산과 2008년 '리먼 브라더스Lehman Brothers'의 파산이었다. 특히 비윤리적 기업, 부패 리더십의 상징으로 여겨지는 '엔론 사태'는 리더들의 도덕적 해이, 탐욕과 오만, 비뚤어지고 진정성 없는 리더십이 글로벌 거대 조직을 한 순간에 파산에 이르게 할 수 있음을 보여주었다. 이처럼 엔론의 파산에서부터 월가 점령 시위까지 일련의

---

3 이 절의 내용은 정예지·김문주·이수정의 논문 「윤리적 리더십과 진성 리더십에 대한 이론적 고찰」(2012)을 편집·발췌하여 수정했음.

사건·사고를 겪으며 리더의 도덕성과 진정성에 가치를 둔 새로운 개념의 리더십인 윤리적 리더십ethical leadership과 진성 리더십authentic leadership이 각광을 받게 되었다.

먼저 윤리적 리더십 개념은 일반적으로 규범적 측면normative perspective에서 제시되어왔다. 즉 윤리적 리더가 왜 필요한지, 어떠한 행동을 해야 하는지에 대한 당위성과 원칙들을 설명하는 데 집중했다. 그러나 이러한 규범적 측면 이외에도 실제 조직원들이 생각하는 윤리적 리더의 개념과 특성에 대한 기술적 연구도 중요할 것이다. 따라서 기업 내 윤리적 행동을 장려하기 위해서는 규범적 측면의 연구와 함께 기술적 측면에서 실제로 조직원들이 경험하고 느끼는 윤리적 리더십의 개념이 무엇인지, 그리고 이러한 지각의 선행 요인과 결과 요인은 무엇인지 이해하는 것이 중요하다.

트레비노 등(Trevino, Hartman & Brown, 2000)은 실제 기업의 윤리 담당 책임자와 임원들을 대상으로 윤리적 리더십의 특성, 행동, 동기 등에 대해 연구했다. 그 결과, 이들은 윤리적 리더십이 도덕적 인간moral person과 도덕적 관리자moral manager의 측면으로 구분되는 개념이라 보았다. 윤리적 리더는 개인적 삶뿐 아니라 직장에서의 생활에서도 윤리적으로 행동하고자 하는 도덕적 인간의 모습을 가지고 있다. 이러한 도덕적 인간의 모습에 더해 조직원과 윤리나 가치에 대해 지속적으로 의사소통하고, 조직의 보상 시스템을 사용해 구성원의 윤리적 행동을 장려하는 등 공정하고 원칙에 입각한 의사결정을 내리는 도덕적 관리자로서의 모습도 지닌다.

즉, 리더가 어떤 사람인지에 대한 지각(도덕적 인간 측면)과 리더가 어떠한 방식으로 경영을 하는지에 대한 지각(도덕적 관리자 측면)에 의해 윤리적 리더십에 대한 구성원들의 판단이 결정된다. 리더가 도덕적 관리자의 모습은 강하게 보이나 도덕적 인간의 모습을 보이지 않을 경우, 이러한 리더는 자신이 이야기하는 바를 실천하는 데 실패한 사람이기 때문에 구성원들에게 위선자로 인식될 개연성이 높으며, 도덕적 관리자의 모습은 약하나 도덕적 인간으로의 모습이 강하면 윤리적 이슈에 대해 침묵하는 리더이기 때문에 윤리에 진정으로 관심을 갖지 못하는 리더라는 인상을 준다.

한편 브라운 등(Brown, Trevino & Harrison, 2005)은 윤리적 리더십의 개념을 보다 구체적으로 제시하고 있다. 윤리적 리더십이란 리더가 조직 구성원들에게 자신의 행동과 대인관계를 통해 규범적으로 적절한 행동을 보여주고, 쌍방향 의사소통, 강화reinforcement, 의사결정 등을 통해 조직 구성원들에게 윤리적 행동을 장려하는 리더십이다. 이는 윤리적 리더십에 대한 대표적 정의로서, 이후 대다수의 윤리적 리더십 연구가 이에 기반하고 있다. 이들이 제시한 윤리적 리더십의 개념에서 몇 가지 중요한 요소를 보다 자세히 살펴보면, 첫째, 적절한 행동을 윤리적 리더가 먼저 보여주어야 한다. 이는 도덕적 인간의 측면을 반영하는 것으로 정직이나 신뢰, 공정 등과 같이 규범적으로 적절하다고 간주되는 행동을 윤리적 리더가 보여주어야 정당하고 신뢰할 만한 역할 모델로 인식될 수 있다는 의미이다. 그러나 규범적으로 적절한 행동에 대한 정의는 문화권에 따라, 산업에 따라, 조직에 따라 달라질 수 있기 때문에 윤리적 리더의 규범적으로 적절한 행동은 상황과 맥락에 따라서 다르게 해석될 소지가 있다.

둘째, 윤리적 리더가 쌍방향 의사소통, 강화, 의사결정 등을 통해 조직 구성원들에게 규범적으로 적절한 행동을 장려한다는 것은 윤리적 리더십 개념에서 도덕적 관리자의 측면을 보여주는 것이다. 다시 말하면 리더가 구성원들에게 규범적으로 적절한 행동들에 대해 이야기하는 것뿐 아니라, 절차상으로도 구성원들에게 공정한 프로세스를 제공하는 것을 의미한다.

셋째, 호흐와 하르토그(Hoogh & Hartog, 2008)에 따르면 윤리적 리더십은 도덕과 공정에 대한 관심, 윤리적 역할 명확성, 권력 공유의 요소로 구성되는 다차원의 개념이다. 구체적으로 보면, 윤리적 리더가 정직, 신뢰, 공정 등과 같은 특성을 가지고 원칙에 근거한 의사결정을 내리며 작업 환경을 공정하게 조정하고자 하는 것은 윤리적 리더십의 도덕과 공정에 대한 관심concern for morality and fairness을 보여주는 것이다. 또한 윤리적 리더는 투명하고, 쌍방향 의사소통을 추구하며, 구성원의 윤리적 행동을 장려하고자 그들의 책임과 의무에 대해 명확하게 하는 측면이 있는데, 이는 윤리적 리더십의 윤리적 역할 명확성ethical role clarification이라는 요인을 보여주는 것이다.

진성 리더십[4]

진성 리더십의 개념은 2004년 네브라스카-링컨대학교의 갤럽 리더십 연구소에서 브루스 아보리오Bruce Avolio, 윌리엄 가드너William L. Gardner, 프레드 왈룸부아Fred Walumbwa 그리고 프레드 루선스Fred Luthans와 같은 리더십 학자들이 리더의 스타일과 스킬을 강조하던 기존의 리더십을 비판하고, 윤리적이고 도덕적인 관점을 수용하는 이론적 논의

4 이 절의 내용은 정예지·이수정·김문주의 논문 「변혁적 리더 대 진성 리더: 변혁적 리더십의 재조명」(2012)을 편집·발췌하여 수정했음.

들을 전개하면서 도출되었다. 그동안 자본주의는 자유로운 경쟁과 공평한 기회를 기반으로 순항하는 것처럼 보였다. 하지만 미국발 경제 위기에서 시작된 전 세계적 경제 침체는 그동안 많은 조직이 단기 성과와 일부 리더층의 이익을 위해 비윤리적 모습을 보여왔다는 것을 깨닫게 하는 계기가 되었다.

이는 비단 서구 기업만의 문제는 아니었다. 대한민국의 경우에도 지난 40여 년간 경제 발전에 일조했던 성장 주도의 리더십이 경제 양극화라고 하는 구조적인 문제점을 드러냈으며, 초유의 국정농단 사태를 발생시킨 단초가 됐다. 이에 경제적·정치적 성장을 이끈 기존의 리더십 스타일이 앞으로도 계속해서 유효할 것인지 고민하는 움직임이 나타났다. 기존 리더십의 근본에 진정성에 대한 고려가 결여되어 있다는 믿음 때문이었다. 이러한 점에서 진성 리더십은 리더십의 근본을 강조하면서 기존 리더십들과 이론적 논의를 통합하려는 노력의 결과로 등장하게 되었다.

진성 리더란 자기 스스로에 대해 인지하고, 자신이 지닌 가치와 감정 등에 일치되도록 행동하며, 윤리적이고 투명한 의사결정에 따라 행동하는 리더이다. 특히 리더의 긍정적인 측면이 부하 직원들에게도 역할 모델링을 통해 전이될 수 있다는 점에서 다른 리더십들과 구별된다. 리더가 지닌 공식적인 영향력을 통한 구성원들의 변화를 강조하던 기존 리더십들과 달리 리더 자신의 신념과 가치를 중시하고, 이러한 모습이 모델링을 통해 직원들에게 영향을 미친다고 설명하기 때문이다. 결국 진성 리더는 조직 공동의 가치와 목적을 중심으로 구성원들을 한 방향으로 모으고, 그들 스스로 목표를 달성할 수 있도록 진정성을 갖고 이끌어주는 사람이다. 이러한 의미에서, 자신이 발휘하는 스타일이나 스킬,

제스처가 아닌 개인과 조직의 사명을 중시하는 참된眞 품성性을 지닌 진정성 있는 리더, 즉 진성 리더라 명명하게 되었다.

이러한 진성 리더십을 구성하는 하위 요소에 대해서는 학자마다 조금씩 다르게 구분하지만 일반적으로 자아인식과 자기규제를 대표적인 속성으로 보고 있다. 진성 리더는 자아인식self-awareness을 통해 자신의 가치, 정체성, 감정, 동기, 목표 등을 정확히 인지하고 부하 직원들의 피드백을 기꺼이 받아들임으로써 그들에게 영향력을 행사한다. 또한 자신의 신념과 일관된 행동을 보임으로써 현재의 자아와 미래의 자아 사이의 간극을 줄이도록 노력하는 자기규제self-regulation의 속성을 지닌다. 이를 바탕으로 윤리적인 기준에 따라 소신 있는 의사결정을 내리고 부하 직원들의 의사결정도 함께 유도한다.

특히 자기규제의 속성을 내재화된 도덕적 관점, 관계적 투명성, 그리고 균형 있는 정보처리로 분류해 별도 측정한 연구도 있다. 이에 따르면 진성 리더는 내재화된 도덕적 관점internalized moral perspective에 따라 자신의 신념과 일관된 행동을 보이고 윤리적인 기준에 따라 행동한다. 그

플라톤의 동굴의 비유

동굴에 사는 속박된 사람들이 보고 있는 것은 실체가 아닌 실체의 '그림자'에 불과하다. 하지만 이들은 그것을 실체라고 인식하며, 이 인식은 확신으로 바뀐다. 이처럼 우리가 현실에서 보고 있는 것은 이데아의 '그림자'에 지나지 않는다고 플라톤은 말한다. 세상 만물 역시 동굴 벽에 비친 그림자에 불과하고, 동굴 밖에 실체가 존재하며 우리는 그 실체를 보아야 한다. 그렇다면 우리는 우리 자신에 대해 얼마나 제대로, 또 적확하게 인식하고 있을까?

리고 부하 직원들도 소신 있는 의사결정을 할 수 있도록 유도한다. 이와 더불어 관계적 투명성relational transparency을 기반으로 자신의 실수를 기꺼이 받아들이고 부하 직원들의 이야기를 솔직하게 이끌어내며 자신의 감정 표현에도 매우 솔직하다. 또한 균형 있는 정보처리balanced processing를 통해 자신과 다른 부하 직원들의 견해도 주의 깊게 받아들이면서 이를 최종 의사결정에 반영하는 특징을 갖는다.

공유 리더십[5]

지금까지 일반적으로 알려져 있던 전통적인 리더십은 조직을 통해 공식적으로 임명된 한 명의 리더가 부서 전체를 이끌어가면서 부하 직원들에게 일정한 업무를 부여하고, 지시하고, 감시하는 수직적 리더십vertical leadership이었다. 구성원 각자가 지니고 있는 역량이나 능력과는 상관없이 정해진 업무를 빠르고 정확하게 달성하는 것이 과거 리더십의 목적이었다고 할 수 있다. 즉 라인 계통의 일사분란한 명령과 통제를 중심으로 조직의 경쟁우위를 높이고, 이를 통해 높은 성과를 가져왔던 것이다.

하지만 현대 조직의 구성원들은 과거에 비해 상대적으로 높은 교육수준을 바탕으로 고유의 기술과 역량을 빠른 속도로 향상시키고 있다. 또한 조직 차원에서도 급격한 환경 변화에 유연하게 대응하기 위해 그 어느 때보다도 구성원들에 대한 임파워먼트가 활발하게 이루어지고 있다. 이러한 상황에 맞게 뛰어난 한 명의 개인이 발휘하는 리더십을 보

5 이 절의 내용은 정예지·김문주의 논문 「팀 내 공유리더십이 팀 효능감과 팀 혁신 성향에 미치는 영향에 관한 연구」(2014)와 김문주·정예지의 논문 「공유 리더십의 선행요인과 그 효과성에 관한 연구」(2016)를 편집·발췌하여 수정했음.

완하기 위해 등장한 것이 바로 팀 수준의 리더십인 공유 리더십이다. 공유 리더십shared leadership은 조직의 목표 달성을 위해 팀원 각자가 서로에게 리더십을 행사하는 집단적 리더십collective leadership이자 분산된 리더십distributive leadership, 보완적 리더십complementary leadership이다. 이러한 공유 리더십은 팀원 간의 역동적인 상호작용을 거쳐 서로에게 영향력을 행사하는 과정에서 조직의 목적을 달성한다는 점이 전통적인 수직적 리더십과 다르다. 전통적 리더십이 리더가 수직적으로 부하들에게 영향력을 행사하는 과정을 중시했다면, 공유 리더십은 초점이 리더에게 있는 것이 아니라 집단을 구성하고 있는 구성원들 모두에게 있다는 점에서 수평적 리더십horizontal leadership이라고도 볼 수 있다. 전통적인 수직적 리더십과 수평적 리더십을 그림으로 나타내면 [그림 1-3]과 같다.

공유 리더십은 기존의 전통적이고 수직적인 리더십에 비해 더 높은 성과를 보이는 것으로 나타나고 있다. 비록 공유 리더십이 어떤 메커니즘을 통해 긍정적인 영향을 가져오는지 분석한 실증 연구가 많지는 않지만, 최근에 진행된 메타분석을 보면 공유 리더십이 성과에 긍정적인

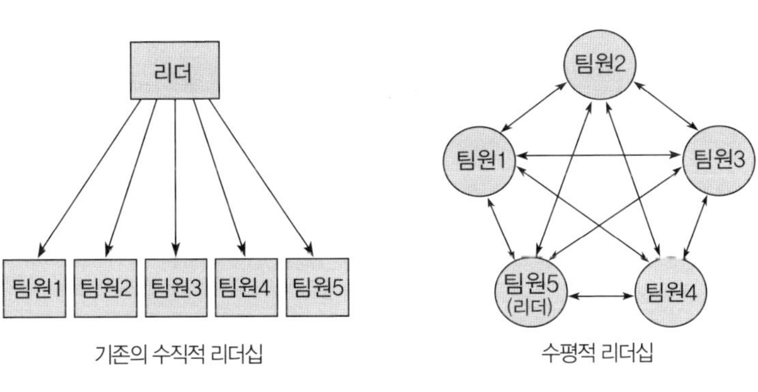

[그림 1-3] 기존의 수직적 리더십과 수평적 리더십

공유의 시대

그 어느 때보다 공유가 필요한 시대임이 강조되고 있다. 이에 따라 지식의 공유, 리더십의 공유, 공유 경제와 협력적 소비 플랫폼까지 공유의 개념이 급성장하고 있다. 굳이 이론적인 개념이 아니더라도 '에어비앤비'(집의 공유)와 '우버'(차의 공유)의 시장 가치가 천정부지로 오르고 있는 상황만 보더라도 공유의 위상이 어느 정도인지 가늠할 수 있다.
공유 경제에 대한 여러분의 생각은 어떠한가? 공유 경제는 경제학자들 사이에서도 시각이 다르다. 제러미 리프킨Jeremy Rifkin은 "소유의 시대는 끝났다. 이제는 협력의 공유 시대가 도래했다."고 주장하는 반면, 비판론자들은 공유 경제에 대해 "이름만 바뀐 신자유주의는 독점을 다시 불러일으킨다."고 주장한다.

효과를 미치는 것은 확실하다(Nicolaides et al., 2014). 팀 목표를 달성하기 위해 서로에게 리더십을 행사하는 과정에서 동료들로부터 얻은 기술과 지식이 서로에게 전달되고 공유됨으로써 팀 학습 프로세스에 통합되기 때문이다. 뿐만 아니라 공유 리더십을 행사하는 팀에서는 구성원들이 단순히 팀 리더의 지시와 명령에 따르는 업무만 수행하는 것이 아니라, 최적의 업무 성과와 건설적인 해결책을 찾기 위해 팀 동료들의 다양한 견해를 적극적으로 받아들이고 활용·응용하면서 업무를 수행하게 된다. 현재와 같이 팀의 과업이 나날이 복잡해지고 개인 혼자 모든 것을 해결하기 어려워질 뿐 아니라 혁신적인 프로젝트를 수행해야 하는 시대에, 팀이 고성과를 창출할 수 있게 하는 요인 중 하나가 바로 공유 리더십인 것이다.

정서적 리더십[6]

인간의 모든 활동은 인지, 감정, 의도의 세 가지 측면을 지니고 있으며, 이 세 가지 요소는 인간이 어떠한 상황에 처해 있든 공존한다고 볼 수 있다. 그럼에도 불구하고 초기 조직 및 조직 행동 연구에서는 인간을 합리적 의사결정자로 규정함으로써 인지적 측면에서의 연구만을 강조하는 경향을 지녔던 것이 사실이다. 결과적으로 초기 인간 행동 연구에서 감정은 조직 내 의사결정 과정에서 중요한 요소로 인식되지 않았으며, 정서는 비이성적이고 조직 내에서 배척해야 할 요소이자 인간의 행동을 설명하는 부차적 요소로 간주되어왔다.

그러나 1980년대 이후 인지적으로만 인간의 행동을 설명하는 관점들이 한계에 부딪히면서 정서와 감정, 특히 긍정 정서의 유용성이 새롭게 주목받기 시작했다. 정서가 더 이상 인간 행동을 설명하는 부차적 변수가 아니며, 인간의 행동을 조정하고 동기화하는 주요 역할을 한다는 주장들이 힘을 얻기 시작한 것이다. 특히 긍정 정서가 효능감, 조직 및 업무 만족 등에 긍정적 영향을 미친다는 연구 결과가 지속적으로 나오면서 이제는 감정과 정서가 조직과 팀의 성과를 창출하는 새로운 자원이라고 보는 시각이 부각되고 있다.

이처럼 정서의 중요성이 부각되면서 리더십 연구자들 역시 과거의 도구적 리더십, 거래적 리더십 이론 등을 통해 적절히 설명되지 않았던 리더십의 정서적 측면에 주목하기 시작했으며, 카리스마적 리더십, 변혁적 리더십, 정서적 리더십 등 조직 내 정서적 자원의 동원을 중시하

6 이 절의 내용은 김문주·정예지의 논문 「정서적 리더십과 진성 리더십에 대한 이론적 비교」(2013)를 편집·발췌하여 수정했음.

는 리더십 이론들이 각광받기 시작했다. 이 중 정서적 리더emotional leader란 높은 정서 지능emotional intelligence: EI을 지닌 리더로서 자신과 타인의 감정을 잘 이해하고 조절하며 긍정적 조직 결과를 얻기 위해 노력하는 리더를 뜻한다.

정서 지능은 일반적으로 자신의 감정을 이해하는 자기 감정 이해, 타인의 감정을 이해하는 타인 감정 이해, 자신의 감정을 조절하는 감정 조절, 감정을 긍정적인 성과 도출을 위해 활용하는 감정 활용의 네 요소로 구성된다. 첫째, 자기 감정 이해appraisal of emotion in the self란 자기 스스로의 감정을 이해하고 이를 자연스럽게 표출할 수 있는 능력이다. 자기 감정 이해가 뛰어난 이들은 그렇지 않은 사람들보다 자신의 감정을 더 잘 인식하고 감지할 수 있다. 둘째, 타인 감정 이해appraisal of emotion in the others는 타인의 감정을 인식하고 이해하는 능력이다. 타인 감정 이해의 정도가 높은 이들은 타인의 감정에 민감하며 타인의 감정적 반응을 보다 잘 예측할 수 있다. 셋째, 감정 조절regulation of emotion이란 감정을 조절할 수 있는 능력의 정도를 의미한다. 감정 조절 능력이 뛰어난 이들은 특히 심리적 좌절 상황에 직면했을 때 정상적인 상태로 보다 빠르게 회복되며 감정 통제 능력이 뛰어나다. 넷째, 감정 활용use of emotion to facilitate performance이란 건설적 활동과 성과 창출을 위해 감정을 활용할 수 있는 능력이다. 감정 활용 측면이 뛰어난 이들은 지속적으로 고성과를 도모하기 위해 자신을 격려하며 생산적 방식으로 자신의 감정을 통제한다.

최근의 연구들은 정서적 리더가 효과적인 리더십을 발휘할 것이라고 주장하며, 정서 지능의 네 가지 구성 요소가 효과성을 발휘하는 데 다양한 방식으로 공헌할 수 있음을 주장하고 있다. 이는 정서적 리더의 경우 구성원에 대한 공감력이 높으며, 구성원들과 보다 긍정적이고 건설적인 관계를 형성하기 때문이다. 정서적 리더는 자신의 감정 상태를 인식하고 조절함은 물론, 나아가 구성원의 감정을 예측하고 정확히 읽음으로써 이들에게 동기를 부여할 수 있다. 결과적으로 정서적 리더는 리더에게 있어 가장 원초적이며 주요한 과업인 '구성원의 긍정적 정서 촉진'을 위해 자신과 구성원의 감정을 관리·활용함으로써 성과에 기여한다.

정서적 리더십의 경우에도 진성 리더십과 마찬가지로 자신의 감정에 대한 인식과 통제라는 구성 요소가 포함되어 있으며, 두 리더십에는 유사한 요소들이 존재하는 것이 사실이다. 그러나 정서적 리더십과 진성 리더십은 긍정 조직을 만들어가는 과정에서 다소 차별적인 영향력을 행사한다. 먼저, 정서적 리더십은 말 그대로 조직의 긍정적 '정서'를 관리하고 이를 적극적으로 관리함으로써 구성원들의 동기 부여 정도를 높이고 궁극적으로 집단 수준의 정서를 조성하는 리더십이다. 정서 지능이 높은 리더의 경우 자신의 감정은 물론 타인의 감정을 정확히 평가하고 이를 효과적으로 설명할 수 있기 때문에 구성원과 정서적으로 긍정적이고 지지적인 관계를 형성하는 데 능하다. 결국 정서적으로 유능한 감성적 리더는 구성원들에게 높은 공감력을 발휘하며, 구성원들과 긍정적이고 감정적으로 건설적인 관계를 형성한다. 특히 정서적 리더는 구성원들에 대한 공감 능력을 통해 팀 내에서 유용한 사회적 지지와 긍정적인 대인관계를 형성하며, 이러한 공감 행동은 보다 긍정적이고 건설적인 상호작용을 유발시켜 우호적인 집단 정서를 유지하는 데도 중요한 역할을 수행한다. 결과적으로 정서적 리더는 구성원들의 감정에 대한 민감성과 공감력을 발휘하여 이들과 정서적 밀착과 연대를 이끌어내며, 집단의 긍정 정서 유발과 전이, 유지에 영향을 미친다.

반면 진성 리더는 집단의 인지 전이와 공유 인지의 유지에 상대적으로 더 큰 영향을 미친다. 진성 리더는 조직에 배태되어 있는 리더로서의 정체성과 역할에 대해 명확하게 인식하고 있을 뿐 아니라, 조직의 목표를 달성하기 위해 스스로를 규제하고 통제하는 리더이다. 따라서 언행일치, 솔선수범, 자기희생의 모습을 통해서 리더가 먼저 조직의 비전과 목적을 달성하기 위해 노력하고 희생한다면 구성원들에게도 조직의 목적을 달성한다는 것의 의미가 명확하게 전이되며, 이를 통해 정신 모형의 공유가 일어나게 될 것이다. 즉 구성원들은 진성 리더의 행동과 모습을 관찰하는 과정에서 리더를 긍정적인 역할 모델로 인지하고 리더가 지닌 비전과 목표 등을 공유하게 되는 것이다.

이러한 차이점은 정서적 리더십과 진성 리더십을 구성하는 하위 요소와 그 측정 도구를 통해서도 살펴볼 수 있다. 정서적 리더십을 측정하기 위한 정서 지능, 그리고 진성 리더십의 구성 요소들을 살펴보면 공히 자아인식, 자기규제의 요소들이 포함되어 있다. 그러나 정서적 리더십의 자아인식의 경우 정확하게는 자기 자신 및 타인의 감정을 이해하는 것을 의미하며, '나는 내가 경험하는 감정들을 정확하게 인식한다.', '나는 나의 감정을 타인들과 나누고자 노력한다.' 등의 항목으로 구성되어 있다. 반면 진성 리더십의 자아인식의 경우 '나는 삶의 목적과 사명을 정확하게 인지하고 있다.', '나는 나의 강점과 약점을 잘 알고 있다.', '나는 미래에 대한 비전을 분명하게 가지고 있다.' 등의 항목으로 구성되어, 개인의 감정이나 정서에 대한 이해 정도를 측정한다기보다는 자신의 취약점과 강점, 사명과 비전, 가치에 대한 인식 및 이해의 정도를 측정하고 있음을 알 수 있다.

〈표 1-3〉 정서적 리더십과 진성 리더십의 비교

	정서적 리더십	진성 리더십
등장 배경	긍정 조직학 및 긍정 심리 자본의 대두	
주요 관리 대상	조직 내 정서 및 감정	조직 내 인지 및 인지 공유
주요 과정	긍정 정서 관리 ⬇ 공감 능력을 통해 집단 수준의 정서를 조성 ⬇ 긍정 정서 전이	긍정적인 역할 모델 ⬇ 정신 모형 공유 ⬇ 인지 전이
주요 구성 요소	1. 자아인식 (자신뿐 아니라 부하 직원에 대한 정확한 평가와 이해) 2. 자기규제 (자신과 타인의 감정 조절)	1. 자아인식 (자신의 취약점과 강점, 사명과 비전, 가치에 대한 이해) 2. 자기규제 (현재 모습과 바람직한 미래의 모습 사이의 차이에 대한 파악과 그것을 줄여나가기 위한 실천)
주요 측정 문항	• 나는 내가 경험하는 감정들을 정확하게 인식한다. • 나는 나의 감정을 타인들과 나누고자 노력한다. • 나는 나의 감정을 통제할 수 있다. • 나는 행복함을 느끼기 위한 활동들을 찾아나서는 편이다. • 나는 긍정적 정서를 경험할 때 이를 유지시키기 위한 방법을 알고 있다.	• 나는 삶의 목적과 사명을 정확하게 인지하고 있다. • 나는 나의 강점과 약점을 잘 알고 있다. • 나는 미래에 대한 비전을 분명하게 가지고 있다. • 나는 나의 가치와 일관되게 행동한다. • 나는 나의 신념에 기초해서 의사결정을 한다.

자기규제의 경우에도 정서적 리더십은 '나는 나의 감정을 통제할 수 있다.', '나는 행복함을 느끼기 위한 활동들을 찾아나서는 편이다.', '나는 긍정적 정서를 경험할 때 이를 유지시키기 위한 방법을 알고 있다.' 등의 항목을 통해 감정과 정서에 대한 조절력을 지니고 있는지, 긍정 정서를 유지하기 위해 어떠한 노력을 하고 있는지 파악하는 것에 초점

을 맞춘다. 반면 진성 리더십에서 자기규제는 '나는 나의 가치와 일관되게 행동한다.', '나는 나의 비전을 달성하기 위해 꾸준히 노력한다.', '나는 나의 신념에 기초해서 의사결정을 한다.' 등 자기이해를 통해 파악한 현재의 자신의 모습과 바람직한 미래의 모습 간의 차이를 파악하고, 이 차이를 줄여나가기 위한 인식적·실천적 과정을 측정하는 데 중점을 둔다.

4) 워크 라이프 밸런스[7]

구성원의 삶과 조직 문화에 지각변동을 일으킬 것이라 예상되는 주 52시간 근무 제도가 2018년 7월 1일부터 시행되었다. 이른바 '워라밸'을 위한 노동 시간 단축은 2004년 도입한 주 5일제 못지않게 노동자의 삶에 거대한 변화를 가져올 전망이다. 주 노동 시간은 휴일을 포함한 7일 동안의 노동 시간으로, 법정 근로 시간인 40시간과 연장 근로(휴일 근로 포함)를 합해 52시간을 넘기면 안 된다.

연장 근로는 1일 기준 8시간, 1주 기준 40시간을 초과하는 노동을 가리킨다. 연장 근로 시간만 12시간을 초과하면 「근로기준법」 위반이다. 노동 시간 단축 대상 기업들은 주 최대 노동 시간을 52시간 이내로 줄이고자 회사 사정에 따라 인력 충원, 교대제 개편, 유연근로제 시행 등 다양한 방안을 도입하고 있다. 노동 시간 단축은 50~300인 사업장에서는 2020년 1월 1일부터, 5~50인 사업장에서는 2021년 7월 1일부

7 이 절의 내용은 정예지·윤정구·김세은의 논문 「일과 삶의 균형이 직무 성과와 혁신 행동에 미치는 영향: 직무 만족과 생활 만족 간 긍정적 교호작용효과를 중심으로」(2016)를 편집·발췌하여 수정했음.

터 적용된다. 노동 시간 단축의 예외로 인정되는 특례 업종에서 제외된 금융업, 방송업, 우편업 등 21개 업종 사업장에서는 2019년 7월 1일부터 노동시간 단축을 시행해야 한다.

이처럼 일과 삶의 균형, 듀얼 아젠다dual agenda, 가정친화적 정책work-friendly policy 등의 중요성과 필요성에 대한 언급은 오래전부터 지속되어 왔으며 현 시점에서는 가시적 정책과 법제들이 도입되고 있다. 그러나 일상화되어버린 불필요한 야근, 눈치 보며 써야 하는 출산 및 육아 휴직, 허울뿐인 스마트워크 등 일과 삶의 균형을 맞추는 것이 여전히 현실적으로는 어렵다는 인식이 대부분이다. 일과 삶의 균형 및 가정 친화적 제도를 정부 정책과 사회적 책임CSR의 일환으로 도입했으나, 여전히 비용의 측면에서 바라보는 국내 조직의 입장에서는 일과 삶의 균형이 실질적으로 조직 효과성에 도움이 될 것인가에 대한 의심이 많은 것이다.

이와 같은 우려를 반영해, 최근 일과 삶의 균형을 꾀하는 정책과 법이 반드시 필요한 이유와 함께 '일하는 방식과 문화의 변화'의 필요성이 제시되고 있다. 21세기에는 조직이 양과 투입 중심의 방식이 아니라 창의성과 성과 위주의 방식으로 운영되어야 하며, 이를 위해서는 일하는 방식과 더불어 조직이 구성원을 대하는 방식이 근본적으로 바뀌어야 할 것이다. 무조건 오랜 시간을 앉아 있는 것보다는 내재적인 동기 부여를 통한 창발적 사고divergent thinking와 창의성, 혁신성을 발휘하는 것이 지속적으로 고성과를 달성할 수 있게 하는 요소라는 인식이 확산하면서, 일과 삶의 균형이 몰입과 자발성을 유도하는 매우 강력한 수단으로 등장하고 있다.

최근 연구에 의하면 전술한 유연근로제, 근로시간단축제 등의 실질적 시행과 함께 일과 삶의 균형은 구성원의 직무 성과 및 최근 부각되고 있는 혁신적 행동에 긍정적 영향력을 행사하는 것으로 나타나고 있다. 여전히 국내외의 많은 연구들에서 직무 성과의 대체 변수로 이직 의도, 직무 만족도를 사용하고 있는 것이 일반적이나 몇몇 실증 연구에서는 보다 구체적으로, 일과 삶의 균형 정책이 은행 구성원들의 서비스 전달 성과를 높이고 배려와 안정의 인식을 심어줌으로써 자발적 행동과 창의적 행동을 유도할 수 있다는 결과를 제시하고 있다. 조직 구성원이 체감하는 시간 및 업무에 대한 압박은 성과는 물론이고 창발적 사고에도 부정적 영향을 미치는데, 이는 특정 아이디어가 혁신 성과로 발현되기 위해서는 어느 정도의 시간이 필요하고, 압박 상황에서는 긍정적인 결과를 얻기 힘들기 때문인 것으로 알려져 있다. 또한 1,677개의 일본 기업 패널 데이터를 사용해 진행된 게이오 대학 연구에 의하면 일과 삶의 균형 정책의 시행이 기업의 총요소생산성total factor productivity: TFP에 긍정적 영향을 미치는 것으로 나타났는데, 이러한 결과는 일과 삶의 균형에 대한 인식 및 정책이 실질적으로 조직의 고성과를 도모할 수 있음을 보여준다.

최근에는 단순히 여성뿐만이 아닌 모든 구성원의 삶을 대하는 가치관의 우선순위가 변화하고, 일하는 방식 역시 변화하면서 일과 삶의 균형이 다시 한번 중요한 사회적 쟁점으로 부상하고 있다. 가치관의 변화를 살펴보면, 일단 경제적으로 1990년대 중반 이후 외환위기를 타개하기 위한 글로벌 스탠다드 도입의 바람이 불면서 대규모 구조조정이 일어나고 대마불사大馬不死의 신화가 깨지기 시작했다. 이에 따라 조직에서는 혁신과 창의성을 발판으로 한 지속 가능한 경영의 중요성과 기업의 사회적 책임 실현에 대한 요구가 커졌다. 또한 소위 '젊은 구성원'들은 겸손함을 미덕으로 삼던 '구세대'와 달리 감성적 자기표현을 강화하고 자신만의 독창성으로 창의적 결과물을 내놓는 것을 조직 생활을 잘하는 것으로 간주하게 되었으며, 이러한 트렌드는 여전히 지속되고 있다.

이처럼 혁신과 탐험적 사고가 강조되는 현 상황에서는 국제화 및 개방적 네트워크에 익숙한 젊은 세대의 영향력이 강화되고 있으며, 중요한 점은 젊은 세대일수록 과거의 권위주의에 대해 비판적이고 개인과 가족의 행복을 중시함과 동시에 탈물질주의적 가치관을 추구하는 특성을 지닌다는 것이다. 개인의 행복이 중요하게 간주되면서 무조건 장시간을 버티며 일하는 비효율적 문화와 권위주의적 문화는 효율적이고도 평등한 조직 문화로 변화하고 있다. 또한 혁신 성과가 중요시되면서 개인의 창의성과 아이디어를 북돋아줄 수 있는 조직 분위기 및 시스템 구축의 필요성이 제기되고 있다. 이처럼 조직의 주요 이해관계자인 구성원의 가치관이 과거 일 중심에서 자아실현과 개인의 행복을 중시하는 탈물질주의적 방향으로 변화함에 따라, 현대의 기업들은 이들의 요구를 만족시킴과 동시에 혁신 성과 향상의 일환으로 일과 삶의 균형을 꾀하는 시스템을 설계하고 제도를 확충하기 위해 노력해야 할 것이다.

4. 인문경영이 나아갈 길

2018년 3월, 〈MBC 스페셜〉에서는 '10년 후의 세계'를 방송하며 현재 직업의 로봇 대체 확률을 알려주는 특별 홈페이지를 개설했다(로봇이 당신의 일자리를 빼앗을까요?: http://event.imbc.com/2025myjob/). 놀랍게도 유치원 교사 71.09%, 대학 교수 37.01%, 치과의사 47.47%, 전문의

42.51%, 제빵사 69.45%, 화물차 및 특수차 운전원은 무려 85.73%, 음식 배달원은 이보다도 높은 88.87%의 대체율이 나온다. 이것이 허황된 수치일까? 저자의 생각은 그렇지 않다.

미래의 이야기가 아니다. 실제로 중국의 최대 전자상거래 기업인 '알리바바'는 2018년 5월부터 드론으로 음식 배달을 시작했다. 국내의 경우, 여전히 법적 절차로 인해 상용화에는 시간이 걸릴 예정이나 드론 배달이 가능해진다면 30분 이상 걸리던 산간지방 배달·배송이 8분 미만으로 그 시간을 단축할 수 있을 것이라는 예상이 나오고 있다. 택시 배차 서비스 플랫폼 '우버'의 무인택시는 어떠한가? 최근의 인명 사고로 그 기술의 맹점들이 보이고는 있지만, 속도가 늦추어졌을 뿐 무인 자동차의 시대는 이미 도래했고 북미에서만 100만 명의 일자리가 위태로울 것이라는 통계 자료도 보도되었다.

로봇 수술은 어떠한가? 미래 공상과학 드라마나 소설 속 장면이 아니다. 이미 가톨릭대학교 서울성모병원의 경우, 2009년 다빈치 로봇 수술을 도입한 이후 2018년 4월 현재까지 총 수술 건수가 3천 건을 돌파했다. 연세대학교 신촌세브란스병원의 경우에도 2005년 처음 로봇 수술을 도입한 이후 의료진의 편리성에 환자 만족도까지 높이는 신 의료 기술이라는 평가를 받았다. 이제 로봇 수술은 국내에서는 물론 전 세계적으로 빠르게 확산되는 추세이다. 심지어 설거지까지 해주는 세계 최초의 로봇 요리사 '몰리Moley'도 상용 단계에 있다.

우리가 자괴감을 느껴야 하는가? 그래서 우리의 노동은 로봇에 의해 대체되는가? AI의 도래와 함께 '잉여 노동'에 대한 이야기들이 나오고 있는 것이 사실이다. 노동은 양극화되고, 심지어 최후의 직업으로 여겨지던 의사, 변호사, 회계사 등의 전문직마저도 인공지능과 로봇에 의해 일자리를 잃거나 부분 대체되는 현상을 직시해야 할 것이다.

2016년 세계경제포럼인 다보스포럼에서 나온 '4차 산업혁명'의 화두는 전 세계를 강타했다. 고용 없는 성장, 파괴적 기술의 발전으로 인한 일자리 소멸, 일자리의 양극화를 예고하는 4차 산업혁명은 앞서의 인간 노동 대체 분석에서처럼 인간 노동의 미래에 대해 매우 의미심장한 예측을 내놓고 있다.

2050년대가 되면 인력 구조는 크게 두 계층, 즉 알고리즘을 설계하고 창출할 수 있는 상위 계층above API과 타인에 의해 만들어진 알고리즘을 이해하고 사용만 하는 하위 계층below API으로 엄격히 구분될 것이라는 예측이 나오고 있다. 상위 계층에는 파격적 대우와 보상이 주어지고 이들은 최고 의사결정에 참여하는 특혜를 누리지만, 하위 계층은 단순 반복하는 업무를 수행하므로 인공지능과 로봇에 의해 일자리를 잃는 일이 다반사로 일어나게 된다는 것이다.

기술의 진보 앞에서 우리는 어디로 나아가야 할 것인가? 너무나 당위적인 결론이지만 궁극적으로 인문학적 상상력과 따뜻한 융합이야말로 지속 가능성의 기반이다. AI와 IT 기술의 발전이 완전히 노동을 대체하던가, 그렇지 않더라도 인간 노동을 보조하는 형태로까지는 진행될 것이 자명하기 때문이다. 그 어느 때보다도 노동의 형태는 다양화될 것이며, 로봇이 대체하기 어려운 아이디어 기반의 창업, 보다 유연한 시간제 근로자의 폭발적 증가가 예상된다. 그렇다면 AI가 대체하기 어려운 블루오션은 과연 어디일까? 알파고가 이세돌을 이기는 21세기에 우리가 맨부커 상을 받은 작가와 그의 책에, 예술로 승화된 서커스와 공연에, 심미적 작품과 아날로그 감성에 더 몰입하고 애정을 쏟게 되는 현상은 어떻게 설명할 수 있을까? 기계와 함께 생활인으로 살아가되 인간적 면모를 잃지 않게 해줄 '한 방'은 어디에서, 어떻게 창출할 것인가? 혁신과 아날로그, 효과와 효율, 정반합을 강조하는 인문경영에서 그 답을 찾을 수 있길 바란다.

◇ 생각해볼 문제 ◇

1. 인문경영이란 무엇인지 스스로 정의해보자.
2. 인문경영의 3요소를 복기해보고, 이외의 다른 요소들이 있다면 이야기해보자.
3. 윤리적 리더십을 구성하는 윤리적 인간과 윤리적 관리자의 모습을 떠올려보고, 어느 한 요소가 결여되어 있을 때의 문제점을 생각해보자.
4. 공유 리더십이 부각될 수밖에 없는 현 시대의 특징에 대해 토론해보자.
5. 진성 리더십과 정서적 리더십의 공통점과 차이점을 이야기해보자.

제2장

인문학도를 위한 기초통계학

1. 통계의 이해

1) 인문학에서의 통계

우리는 일상생활에서 많은 통계를 접한다. 하지만 대부분의 사람들은 통계라는 말에 겁부터 먹기 일쑤이고, 통계를 다루어야 하는 상황을 회피하려고 한다. 그 이유로 생각해볼 수 있는 것은 통계가 이루어지는 원리를 이해하려면 순열과 조합, 미적분, 확률 등 다양한 수학적 지식이 필요하기 때문일 것이다. 이와 같이 다양한 수학적 지식을 통해 접근해야 하는 어려움 때문에 문과뿐만 아니라 이과의 많은 고등학생들이 수학에서 통계 영역을 포기한다. 물론 대학에 진학한 후 이학 계열과 공학 계열, 사회학 계열의 학생들은 통계적 지식이 요구됨에 따라 통계를 학습하고 있으나, 인문학 계열의 학생들은 이러한 기회조차 없는 것도 사실이다. 이에 점점 더 통계를 멀리하는 지경에까지 이른 것으로 판단된다.

하지만 앞에서 밝힌 바와 같이 우리는 일상생활에서 다양한 통계를 접하고 있으며, 실제로도 그것을 활용하고 있다. 예를 들어 친구들과 가위바위보 게임을 할 때를 생각해보자. 아마도 여러분은 친구가 가위, 바위, 보 중에서 첫 번째로 어떠한 것을 자주 내는지 생각할 것이다. 이때 여러분은 확률과 통계를 활용하고 있는 것이다. 실제 인문학 분야에서도 통계는 다양하게 사용되고 있다. 정치학과 관련해 특정 정당 또는 후보에 대한 지지도를 파악하거나 특정 정책 사항에 대한 국민들의 찬성 및 반대 비율을 집계하는 등의 다양한 여론조사가 통계로 이루어져 있다. 또한 사학과 관련해 유물의 탄소연대를 측정할 때도 통계를 통해 추정하게 된다.

무엇보다 철학과 관련해 여러 철학자들의 다양한 개념과 이론이 심리학·사회학·경영학 분야에서 통계를 이용해 활발하게 연구되고 있다. 이들 분야에서는 철학 개념과 이론들을 설문지로 개발하고, 이를 이용해 다양한 데이터를 얻어서 그것이 실제 사회 현상으로 나타나는지를 실증적으로 검증하고 있다. 더불어 통계적인 접근을 통해 더 다양한 이론이 만들어지고 있으며, 학문적으로도 발전하고 있다. 예를 들어 '윤리'라는 개념은 철학에서 시작되었지만, 도넬슨 포사이스Donelson R. Forsyth는 윤리적 가치관ethical ideologies을 개념화하고 이에 대한 측정 문항을 개발했다(Forsyth, 1980). 이후 컬런 등(Cullen, Victor & Bronson, 1993)은 윤리적 풍토ethical climate라는 개념으로까지 확대했다. 이러한 노력들은 윤리적 가치관과 윤리적 풍토가 어떻게 형성되고 어떠한 결과들을 도출할 수 있는지에 대한 심도 있는 논의가 이루어질 수 있게 하는 기반이 된다.

더군다나 4차 산업혁명 시대에는 수많은 정보들이 양산되므로, 이러한 정보들 중 자신 또는 자신이 속한 조직에 필요한 정보를 선별하고 취합하는 과정에서 통계가 필수적일 수밖에 없다. 예를 들어 요즘 한창 이슈가 되고 있는 인공지능과 빅데이터 기술은 통계적인 접근이 없으면 불가능한 것들이다.

인문학의 발전과 더불어, 변화하는 환경 속에서는 인문학을 전공하는 학생들 역시 통계적인 지식 또는 접근 방법을 학습해야 할 필요가 있다 하겠다. 하지만 통계를 이해하기 위해서는 다양한 수학적 지식이 요구되며, 복잡한 계산 과정이 이루어져야 한다는 것이 통계에 대한 두려움을 가중시킨다. 물론 통계를 정확하게 이해하기 위해서는 다양한 수학적 지식과 복잡한 계산 과정이 필요한 것은 사실이다. 하지만 이러한 것들이 필수적이진 않다.

현재 많은 통계 프로그램을 통해 관련 지식과 계산 과정 없이 몇 번의 클릭 또는 몇 줄의 프로그램 명령문(Syntax)만으로 결과를 얻어낼 수 있다. 다양한 수학적 지식과 복잡한 계산 과정보다는 오히려 통계 프로그램을 다루는 방법과 그것을 통해서 얻어진 결과를 해석하는 방법이 더 중요하다고 볼 수 있다. 즉 통계는 다양한 사회 현상 또는 이론을 검증하기 위한 도구일 뿐이므로, 이 도구를 어떻게 활용해야 하는지 아는 것이 필요하다. 이에 이 장에서는 복잡한 계산 과정을 최소화하고, 실제 어떠한 원리에 의해서 분석이 이루어지는지, 결과는 어떻게 해석할 것인지에 중점을 두고자 한다.

2) 기술통계와 추론통계

통계는 크게 기술통계와 추론통계로 구분해볼 수 있다. 기술통계에는 빈도, 중심 경향값, 분산도, 상관관계, 회귀분석 등이 포함된다(성태제, 2014).[1] '빈도'는 각 항목 또는 범위에 따른 빈도를 표와 그래프로 나타낸 것을 말한다. 또한 많은 자료가 특정한 값으로 몰리는지를 알아보는 것이 '중심 경향값'이다. 중심 경향값은 가장 작은 수부터 가장 큰 수까지 일렬로 배열했을 때 가장 중앙에 위치한 수치인 '중앙값median', 가장 높은 빈도를 차지하는 수치인 '최빈값mode', 자료 값들을 크기순으로 배열하고 크기에 따라 사등분했을 때 각 점의 수치들을 나타내는 '사분위수'와 10등분했을 때 각 점의 수치들을 나타내는 '십분위수', 100등분했을 때 각 점의 수치들을 나타내는 '백분위수' 등이 있다. 하지만 가장 많이 사용하는 것이 '평균mean'으로, 모든 개체의 수치를 더한 후 이를 전체 개체의 수로 나눈 수치를 말한다. 모집단의 평균은 보통 'μ'라고 쓰고 표본의 평균은 집단을 표현하는 문자 위에 직선을 포함한 모양으로 쓴다(예를 들어 $\overline{Y}$). 이를 수식으로 표현하면 다음과 같다.

$$\mu(\text{or } \overline{Y}) = \frac{\sum_{i=1}^{n} Y_i}{n} \qquad \cdots\cdots (1)$$

'분산도'는 자료가 얼마나 퍼져 있는지를 알아보는 수치로, 최고 수치와 최저 수치 간의 차이인 '범위', 사분위 중 75% 수치와 25% 수치 사이의 차이인 '사분위 편차' 등이 있지만, 보통은 '분산variance'과 '표준편차standard deviation'를 많이 사용한다. 여기에서 분산은 표준편차를 제곱

---

1 상관관계와 회귀분석은 분석 방법 부분에서 자세히 다루기 때문에 여기에서는 논외로 하겠다.

한 수치이다. 자료가 얼마나 퍼져 있는지를 파악하려면 각 개체의 수치가 평균으로부터 떨어져 있는 거리인 '편차'들의 평균을 구하면 되는데, 전체 개체가 갖는 수치들은 모두 평균으로 회귀되기 때문에 편차들의 총합은 '0'이 된다. 이때 분산을 이용하게 되는데, 분산은 각 개체의 수치에서 평균을 빼준 후 이를 제곱한 수치들의 총합을 개체의 수로 나눈 값이다. 즉 각 편차를 제곱한 수치들의 평균이 분산이다. 그리고 이 분산에 제곱근을 취한 수치가 표준편차가 된다. 보통 모집단의 표준편차는 'σ'로 표시하고, 수식은 다음과 같다.

$$\sigma = \sqrt{\sigma^2} = \sqrt{\frac{\sum_{i=1}^{n}(Y_i - \mu)^2}{n}} \qquad \cdots\cdots (2)$$

표본의 표준편차는 's'라고 쓰며, 수식은 다음과 같다.

$$s_Y = \sqrt{s_Y^2} = \sqrt{\frac{\sum_{i=1}^{n}(Y_i - \overline{Y})^2}{n-1}} \qquad \cdots\cdots (3)$$

여기에서 분모에 표본의 수가 아닌 '$(n-1)$'을 사용하며, 이렇게 계산된 추정치를 '불편 추정량'이라고 한다. 이는 표본이 모집단을 대표한다면 표본과 모집단의 평균은 같을 것이고, 이와 같이 표본의 평균이 주어진 상태에서 n개의 표본을 추출할 때 $(n-1)$개는 자유롭게 추출하더라도 나머지 하나는 정해져 있다는 측면이 반영된 것이다. 이에 대해서는 이후의 자유도 부분에서 더 자세히 다루도록 한다.

만약 모집단 전체를 조사한 후 기술통계를 계산한다면 아무런 문제가 없겠지만, 모집단을 전수 조사하는 데 많은 시간과 노력이 투입되어야 하고, 전수 조사가 불가능한 경우도 많다. 이에 모집단을 대표하는 표본을 추출해서 표본의 기술통계를 이용해 모집단이 어떠한지를 파악한다. 이때 사용되는 것이 추론통계이다. 추론통계를 사용할 때에는 표본이 모집단을 대표할 수 있는지 확신할 수 없기 때문에 신뢰수준에 따라 추정이 이루어지며, 추정치를 해석할 때에도 신뢰수준 내에서 표본의 추정치가 모집단의 수치일 가능성이 높다고 이야기하게 된다.

3) 표본추출 방법

표본을 추출하는 방법은 크게 확률 표본추출과 비확률 표본추출로 구분된다. '확률 표본추출'은 무작위로 이루어진다는 측면에서 표본을 추출할 때 생길 수 있는 오류 또는 오차를 줄일 수 있다. 반대로 '비확률 표본추출'은 이러한 오류와 오차를 완전히 배제할 수는 없지만 연구의 편의성 및 효율성을 위해 자주 활용하는 방식이다.

확률 표분추출은 크게 네 가지 방법이 있으며 각각은 다음과 같다. '단순무작위 표본추출'은 모집단의 모든 개체를 일렬로 나열한 후 난수표를 이용해서 표본을 추출하는 방식이고, '체계적 표본추출'은 모집단의 모든 개체를 일렬로 나열한 후 일정한 추출 간격을 통해 표본을 추출하는 방식이다. 또 '층화 표본추출'은 모집단을 동질성이 강한 몇 개의 층으로 나눈 후 비율에 따라 각 층에서 표본을 추출하는 방법이고, '군집 표본추출'은 모집단을 여러 개의 집단으로 나누고 이 집단들이 유사한 경우 한 집단 내에서, 또는 한 집단 전체를 표본으로 추출하는 방법이다(Babbie, 2015).

비확률 표본추출 역시 다양한 방법들이 있다. 연구자 또는 조사자의 편의에 의해 표본을 추출하는 '편의 표본추출', 연구자 또는 조사자의 지식이나 연구 목적에 적합한 표본을 추출하는 '판단 표본추출', 표본의 집단별 분포를 통해 각 집단에 표본을 할당한 후 집단 내에서 임의로 표본을 추출하는 '할당 표본추출', 연구자 또는 조사자가 판단 표본추출을 한 후 이들의 추천을 통해 표본을 얻는 '눈덩이 표본추출' 등이 그것이다(Babbie, 2015).

4) 분포의 종류

추론통계를 수행하기 위해서는 실제 모집단이나 표본이 어떠한 분포를 보이는지에 관계없이 표집분포를 사용해서 분석하게 된다. '표집분포'는 이론적인 분포로, n개의 표본을 무한히 반복적으로 추출한 후 각각의 평균을 통해 그린 분포를 말한다. 이 분포는 정규분포로, 종을 거꾸로 세운 좌우대칭의 모양을 띠며, 평균에서 가장 높은 빈도를 보이고 양끝으로 갈수록 빈도가 감소하는 형태를 보인다. 이때 양끝은 '0'으로 수렴하지 '0'이 되지는 않는다. 이 정규분포를 평균 '0', 표준편차 '1'로 표준화한 분포를 '표준정규분포' 또는 'z-분포'라고 부른다. 하지만 실제 추론통계에서 z-분포는 사용되지 않는다. 이유는 z-분포를 사용하려면 모집단의 분산을 알아야 하는데, 우리가 모집단에서 표본을 추출하려는 이유가 모집단의 평균과 분산을 몰라서 이를 추정하려는 것이기 때문이다. 따라서 모집단의 분산을 모르는 상태이므로 z-분포를 사용할 수 없다.

이에 표본의 분산을 이용할 수 있는 't-분포'가 만들어지게 된다. t-분포는 t-분석, 회귀분석, 상관관계 분석 등에 활용된다. 더군다나 표본의 크기가 커지면 t-분포와 z-분포는 비슷한 모양을 띈다(성태제, 2014). 이외에 F-분포와 χ^2-분포도 많이 활용된다. 'F-분포'는 두 종류의 분산비율에 의해 만들어진 분포로, 분산분석과 모형적합도 분석 등에 활용된다. 'χ^2-분포'는 z-분포의 표준점수를 제곱해서 만들어진 분포로, 교차분석과 모형적합도 분석 등에 활용된다.

5) 중심극한정리

표본을 추출할 때는 해당 표본이 모집단을 대표할 수 있는지가 문제가 된다. 더군다나 추출된 표본이 모집단에서처럼 정규분포를 따를 것이라고 확신할 수도 없다. 이러한 문제들을 해결하기 위한 하나의 방법은 표본을 되도록 많이 추출하는 것이다. 표본을 많이 추출할수록 모집단을 대표할 가능성이 높아지며 모집단에서처럼 정규분포를 갖게 된다. 그러면 얼마나 많은 표본을 추출해야 하는가? 이는 중심극한정리를 통해서 해결할 수 있다. '중심극한정리central limit theorem'란 표본의 수가 30 이상으로 충분히 클 때 모집단의 분포와 상관없이 표본은 정규분포가 되고, 표본의 평균은 모집단의 평균과 같으며, 표본의 분산은 모집단의 분산을 표본의 수로 나눈 값과 같다는 것이다.

6) 자유도

'자유도degree of freedom'란 평균을 유지하면서 자유롭게 어떠한 값도 가질 수 있는 사례의 수를 의미한다(성태제, 2014). 예를 들어 모집단에서 10개의 표본을 추출한다고 가정하자. 또한 모집단의 평균은 3이라고 가정하자. 이때 표본이 모집단을 대표한다면 표본의 평균은 모집단의 평균과 같을 것이다. 그러므로 10개 표본의 평균은 3이 되어야 한다. 만약

10개 중에 9개의 숫자를 자유롭게 설정한다면 나머지 한 개는 평균이 3이 되도록 만드는 숫자로 확정될 것이다. 즉 이 경우 자유롭게 설정할 수 있는 사례의 개수 9가 바로 자유도이며, 보통은 '*df*'라고 표현한다. 표본의 수가 n일 때 자유도는 '1'을 차감한 $(n-1)$이 된다. 자유도는 통계에서 많이 활용하는 개념으로, 자유도가 커질수록 자유롭게 설정할 수 있는 사례 또는 추정치의 개수가 늘어난다는 것을 의미하며, 자유도가 작아질수록 자유롭게 설정할 수 있는 사례 또는 추정치의 개수가 줄어든다는 것을 의미한다. 만약 자유도가 '0'이면 자유롭게 설정할 수 있는 사례는 아무것도 없게 된다.

2. 연구 방법

1) 변수와 조작적 정의

통계분석은 수치화되어 있는 데이터를 분석해 정보를 추출하거나 추출된 정보로 모집단 또는 실제 현상을 예측하는 것이다. 이때 각 수치는 어떠한 의미이며, 어떻게 측정되는가에 대해서 명확히 알고 있어야 한다. 우선, 각 수치는 변수라는 이름 하에 측정이 이루어지는데, '변수variable'란 개념을 수치화한 것으로 사례에 따라 변화하는 수를 말한다. 개념은 추상적인 것인 데 반해 변수는 개념을 조작화한 것으로, 개념의 특수한 형태를 지칭하는 것이다(김영종, 1999). 이때 각 변수에 대한 명확한 조작적 정의가 필요하다. 이 조작적 정의에 기반해 설문 문항이 만들어지거나 구성된다. 예를 들어 성별이라는 개념을 이용해 변수를 만든다고 생각해보자. 이때 남성과 여성은 '1'과 '2' 같은 수치로 측정이 가능하므로 이는 변수가 되는 것이다. 이때 성별이라는 변수의 조작적 정의는 '유전학적으로 성염색체에 따라 구분되는 개인적 특성' 이라고 정의를 내릴 수 있을 것이다. 경우에 따라서 연구마다 변수의 조작적 정의를 조금씩 다르게 설정하기도 하는데, 이는 연구자가 개념을 어떻게 생각하고 있는지에 따라 달라진다. 또한 변수의 조작적 정의에 따라 측정 문항과 측정하는 방법도 달라질 수 있다. 그러므로 연구자는 자신이 알아보려고 하는 내용과 적합하게 변수의 조작적 정의를 내리고, 해당 정의와 일치하는 측정 문항들을 사용해야 한다.

경우에 따라서는 기존에 전혀 연구되지 않은 개념이거나, 같은 개념이라도 다르게 해석됨에 따라 기존의 측정 문항으로는 측정하기 어려운 경우가 발생할 수 있다. 이때는 연구자가 생각하는 개념에 따라 변수의 조작적 정의를 다시 내리고, 여기에 적합한 측정 문항과 측정 방법을 개발해야 한다. 여기서 주의할 점이, 처음 만든 문항이므로 문항의 타당도와 신뢰도가 확보되었는지를 알아보아야 한다. '타당도'란 측정하려는 내용을 정확하게 측정하고 있는지의 정도를 말하며, '신뢰도' 란 측정이 일관적으로 이루어지고 있는지의 정도를 말한다. 타당도는 안면타당도face validity, 내용타당도content validity, 기준관련 타당도criterion-related validity, 구성타당도construct validity 등이 있으며, 이외에 수렴타당도convergent validity와 판별타당도discriminant validity도 중요하게 다루어진다. 한편 신뢰도는 검사-재검사법test-retest method, 복수양식법multiple forms method, 반분법split-half method, 내적 일관성 분석internal consistency analysis 등으로 구성된다.

아마도 인문학 분야의 통계분석에서 가장 어려운 부분이 개념을 변수로 만드는 과정일 것이다. 개념에 대한 정의는 명확히 되어 있더라도 이를 수치화할 수 없거나, 수치화할 수 있는 측정 도구가 없거나, 측정 방법이 어렵거나, 또는 그 밖의 여러 가지 이유가 통계분석을 이용하는 양적 연구를 어렵게 만들 수 있다. 이러한 경우에는 변수의 새로운 조작적 정의를 만드는 동시에, 해당 정의에 의거한 새로운 측정 문항을 개발하는 것이 오히려 쉬운 일일 수 있다. 새롭게 측정 문항을 만들 때에는 다음의 내용을 주의해서 만들어야 한다. ① 적합한 질문 형태를 선택해야 하고, ② 문항을 명료하게 해야 하고, ③ 하나의 질문에 하나의 대답이 가능하도록 해야 하고, ④ 응답자가 충분히 대답할 수 있어야 하고, ⑤ 응답자가 대답을 꺼려선 안 되고, ⑥ 응답자와 관련이 있어야 하고, ⑦ 되도록 짧은 문항이 좋으며, ⑧ 편견적인 문항이나 부정어가 있는 문항은 피하는 것이 좋다(Babbie, 2015). 이는 측정을 할 때 누구를 대상으로 무엇을 측정하는지가 중요하다는 의미이다.

경우에 따라서는 분석 수준도 고려해야 한다. 예를 들어 분석 대상은 집단이지만 측정 대상은 집단 구성원들의 생각 또는 인식이 될 수 있다. 이때는 측정의 주체는 집단 구성원들이라도 측정 내용은 집단에 대한 응답이 되도록 설문 문항을 구성해야 한다. 집단 수준의 변수로 활용할 수 있는 것에는 비교적 객관적이고 관찰하기 쉬운 포괄적 집단 특성과 구성원들에 의해 공유된 집단 특성, 구성원들 간에 차별적인 상대적 집단 특성 등이 있다(Klein & Kozlowski, 2000).

또한 측정 문항을 개발하는 방식은 하나의 문항으로 개념을 측정하는 '단일항목 척도' 방식과, 여러 개의 문항으로 개념을 측정하는 '다항목 척도' 방식이 있다. 예를 들어 단일항목 척도는 '학교에 대한 만족도'라는 개념을 측정하기 위해 '당신은 현재 학교에 전반적으로 만족하고 있습니까?'와 같이 물어보는 방식으로 활용된다. 이에 반해 다항목 척도는 학교에 대한 만족도를 구성할 수 있는 다양한 요소, 즉 수업에 대한 만족도, 학교 시설에 대한 만족도, 학생 관리 방법에 대한 만족도 등을 물어봐서 평균을 내는 방식으로 활용된다.

2) 척도

측정은 다양한 척도를 통해 이루어지는데, 이때 척도는 포괄성의 원칙과 상호배타성의 원칙에 따라 구성되어야 한다. '포괄성의 원칙'은 척도에 모든 경우의 수가 다 포함되어야 한다는 것이다. 다음 예를 보자.

● 당신의 최종 학력은?

① 고졸　② 전문대졸　③ 대졸　④ 대학원졸

이는 잘못된 문항이다. 모든 경우의 수가 포함되어 있지 않기 때문이다. 만약 자신의 최종 학력이 중졸이거나 박사졸인 경우 응답자는 이 질문에 응답할 수 없다. 그러므로 이 문항은 다음과 같은 문항들로 수정해야 한다.

● 당신의 최종 학력은?

① 고졸 이하　② 전문대졸　③ 대졸　④ 대학원졸 이상

● 당신의 최종 학력은?

① 무학　② 초졸　③ 중졸　④ 고졸
⑤ 전문대졸　⑥ 대졸　⑦ 석사졸　⑧ 박사졸　⑨ 기타

또 다른 중요한 원칙은 '상호배타성의 원칙'으로, 척도 안에 중복되는 경우의 수가 없어야 한다는 것이다. 다음 예를 보자.

● 당신의 월급은?

① 1백만 원 이하 ② 1백만 원 ~ 2백만 원
③ 2백만 원 ~ 3백만 원 ④ 3백만 원 ~ 4백만 원
⑤ 4백만 원 ~ 5백만 원 ⑥ 5백만 원 이상

이 역시 잘못된 문항이다. 2백만 원을 받는 사람은 ②번의 경우에도 포함되고, ③번의 경우에도 포함된다. 그러므로 다음과 같이 수정하는 것이 필요하다.

● 당신의 월급은?

① 1백만 원 이하 ② 1백만 원 초과~2백만 원 이하
③ 2백만 원 초과~3백만 원 이하 ④ 3백만 원 초과~4백만 원 이하
⑤ 4백만 원 초과~5백만 원 이하 ⑥ 5백만 원 초과

척도는 수준에 따라 명목척도와 서열척도, 등간척도, 비율척도로 나뉜다. '명목척도'는 측정이 이루어지는 항목들이 상호배타적인 특성만을 지닌 척도로 다음과 같은 문항들이 이에 해당한다.

● 당신의 성별은?

① 남성 ② 여성

● 당신의 출생지는?

① 서울/경기/인천 ② 강원도 ③ 전라도 ④ 경상도
⑤ 충청도 ⑥ 제주도 ⑦ 이북 ⑧ 해외

'서열척도'는 명목척도 중 항목들 간에 서열이나 순위가 존재하는 척도를 말하며, 다음과 같은 문항이 이에 해당한다.

● 당신의 최종 학력은?

① 무학 ② 초졸 ③ 중졸 ④ 고졸
⑤ 전문대졸 ⑥ 대졸 ⑦ 석사졸 ⑧ 박사졸 ⑨ 기타

'등간척도'는 서열척도 중 항목들 간의 간격이 일정한 척도를 말한다. 일반적으로 가장 많이 하는 실수가 최종 학력을 묻는 척도를 등간척도로 오해하는 것이다. 앞의 예에서 학력 간 간격이 '1'로 일정한 듯 보일 수 있지만, 이를 '교육 연수'로 바꾸어주면 개인마다 약간의 차이는 차치하고 한국의 일반적인 교육제도 안에서 무학은 0년, 초졸은 6년, 중졸은 9년, 고졸은 12년, 전문대졸은 14년, 대졸은 16년, 석사졸은 18년, 박사졸은 20년 이상의 재학 기간이 필요하다. 따라서 항목들 간 간격은 일정하지 않다. 등간척도 문항의 대표적인 예는 다음과 같다.

● 당신이 좋아하는 온도는?

① −20℃ 미만 ② −20℃ 이상~−10℃ 미만
③ −10℃ 이상~0℃ 미만 ④ 0℃ 이상 ~ 10℃ 미만
⑤ 10℃ 이상~20℃ 미만 ⑥ 20℃ 이상

● 당신의 전공에 얼마나 만족하십니까?

① 전혀 만족하지 못한다 ② 거의 만족하지 못한다
③ 보통이다 ④ 약간 만족한다
⑤ 매우 만족한다

물론 두 번째의 전공에 대한 만족도를 측정하는 척도가 등간척도에

포함되는지 의문이 들 수 있다. 하지만 이런 문항의 경우 측정하는 사람이 1점을 최저점, 5점을 최고점으로 둔 일정한 간격의 5개 등급을 머릿속에서 논리적으로 구분 지은 후 측정을 하게 되기 때문에 등간척도로 분류할 수 있는 것이다.

마지막으로 '비율척도'는 등간척도 중 아무것도 없는 상태를 '0'으로 정할 수 있는 척도를 말한다. 앞의 좋아하는 온도를 묻는 문항의 예에서 온도가 '0'이라는 것은 온도가 없는 상태가 아니라 물이 얼기 시작하는 온도인 섭씨 0°C를 가리키는 것이다. 만약 이를 화씨온도 °F로 바꾸면 32°F가 된다. 즉 '0'이라고 해도 온도가 없다고 표현할 수 없으므로, 이는 비율척도에 해당하지 않는다. 비율척도의 예를 들면 다음과 같다.

- 당신의 연령은 ?

  ① 20세 이하　② 21~30세　③ 31~40세
  ④ 41~50세　⑤ 51~60세　⑥ 60세 이상

- 당신의 키는? (　　　　　) cm

- 당신의 몸무게는 ? (　　　　　) kg

연령에서 '0'은 아직 태어나지 않은 상태이며, 길이나 무게가 '0'인 경우 역시 아무것도 없는 상태로 모두 비율척도에 해당한다.

3) 척도의 변환

등간척도와 비율척도는 항목들 간의 간격이 일정하다는 측면에서 이 두 척도로 이루어진 변수를 '연속형 변수'라고 부르며, 명목척도와 서열척도는 항목들 간의 간격이 일정하지 않다는 측면에서 이 두 척도로 이루어진 변수를 '비연속형 변수(또는 이산형 변수)'라고 부른다. 이를 구분하는 이유는 분석에 사용되는 변수들이 연속형 변수인지 비연속형 변수인지에 따라 분석의 방법이 달라지기 때문이다. 이러한 이유로 연속형 변수를 비연속형 변수로 바꿔주거나 비연속형 변수를 연속형 변수로 바꿔줄 필요가 있다. 우선, 연속형 변수를 비연속형 변수로 바꿔주는 것은 간단하다. 척도 수준에서 등간척도와 비율척도는 모두 서열척도와 명목척도의 범주에 포함되므로, 그러한 측면에서 측정된 항목들을 비연속형 변수인 것처럼 활용하면 된다. 다음 예를 보자.

- 당신의 전공에 얼마나 만족하십니까?

  ① 전혀 만족하지 못한다　　② 거의 만족하지 못한다

  ③ 보통이다　　④ 약간 만족한다

  ⑤ 매우 만족한다

이 척도는 등간척도로 연속형 변수이지만, 이를 전혀 만족하지 못하는 집단과 거의 만족하지 못하는 집단, 보통인 집단, 약간 만족하는 집단, 매우 만족하는 집단 등 5개 집단으로 나누어 생각할 수 있다. 또는 전혀 만족하지 못하는 집단과 거의 만족하지 못하는 집단을 부정적인 집단으로, 보통인 집단은 그대로, 약간 만족하는 집단과 매우 만족하는 집단을 긍정적인 집단으로 하여 3개 집단으로 나누어 생각할 수도 있다. 경우에 따라서는 집단의 평균이나 중앙값을 구하여 평균이나 중앙값 이상인 집단의 평균 이상인 사람들은 높은 집단, 평균 미만인 사람들은 낮은 집단으로 구분할 수도 있다.

반대로 비연속형 변수를 연속형 변수로 바꿀 때에는 보통 '0'과 '1'로 이루어진 더미dummy 변수를 활용하게 된다. 특히 비연속형 변수를 데이터화하는 과정에서 수치화를 했더라도 이는 임의로 정해진 수치일 뿐이고, 절대 연속형 변수가 될 수 없다. 더미 변수를 만드는 방식은 특정 항목을 '1'로 하고, 나머지 다른 항목들은 '0'으로 만들어주는 것이다. 이때 나머지 다른 항목들을 '0'으로 지정했기 때문에 '1'로 지정된 항목 이외에는 모두 '없는 상태'가 된다. 이때 변수의 명칭도 해당 항목에 맞게 바꾸어주는 것이 좋다. 성별의 예에서 여성은 '1', 남성은 '0'으로 바꾸어주어 '여성'이라는 새로운 변수를 만드는 것이다. 반대로 남성을 '1', 여성을 '0'으로 바꾸어주는 경우에는 '남성'이라는 새로운 변수를 만들 수도 있다. 이때는 해석할 때에도 '여성에 비해 남성이' 또는 '남성에 비해 여성이'라는 조건을 두고 해석해야 한다.

3개 이상의 항목이 있는 예에서는 항목의 개수에서 1을 차감한 '(n-1)'개만큼의 더미 변수들을 만들어야 한다. 다음 예를 보자.

● 당신의 소득은 어디에 포함된다고 보십니까?		
① 저소득층	② 중산층	③ 고소득층

이 예에서 항목은 3개이므로 더미 변수는 2개를 만들어야 한다. 만드는 방법은 저소득층과 중산층은 '0'으로 하고 고소득층은 '1'로 하여 고소득층이라는 변수를 만들고, 저소득층과 고소득층은 '0'으로 하고 중산층은 '1'로 하여 중산층이라는 변수를 만든다. 저소득층이라는 더미 변수를 만들지 않는 이유는 전체 표본의 수가 정해져 있는 상태에서 고소득층과 중산층에 포함되는 인원이 정해지면 나머지가 자연히 저소득층이 되기 때문이다. 이때는 해석에도 주의가 필요하다. 고소득층이

라는 변수를 해석할 때에는 '다른 집단들에 비해 고소득층'이라는 조건을, 중산층이라는 변수를 해석할 때에는 '다른 집단들에 비해 중산층'이라는 조건을 두고 해석해야 한다. 만약 항목 수가 너무 많다면 일관성을 지닌 2~3개 집단으로 나누어 새롭게 변수를 만든 후 이 변수를 이용해 더미 변수들을 만드는 것도 방법이 될 수 있다.

하지만 앞서 나온 예들 중 최종 학력을 더미 변수로 만들면 8개의 변수(9개 항목-1)가 필요하다. 또한 이를 일관성을 지닌 집단으로 다시 나누기도 쉽지 않다. 이러한 경우에는 '최종 학력'이라는 개념(또는 변수)보다는 '교육 연수'라는 개념(또는 변수)을 활용하는 것이 더 좋은 방식이다. 즉 여러 개의 더미 변수로 만들어 활용하기보다는 하나의 문항으로 구성된 연속형 변수를 만들어 활용하는 것을 추천한다.

4) 횡단연구와 종단연구

어떤 연구가 횡단연구인지 종단연구인지는 원인이 되는 독립변수와 결과가 되는 종속변수의 측정 시점이 언제인지에 따라 구분된다. '횡단연구'는 독립변수와 종속변수의 측정이 한 시점에 이루어진 연구를 말하며, '종단연구'는 독립변수의 측정이 이루어진 후 다른 시점에 종속변수의 측정이 이루어진 연구를 말한다. 원인과 결과가 동시에 발생한다고 보기보다는, 원인이 발생한 후 결과가 나타나므로 현실을 잘 반영하는 것은 종단연구이다. 하지만 종단연구는 독립변수와 종속변수를 나누어서 측정하기 때문에 데이터 수집과 표본 관리가 상대적으로 어렵다. 예를 들어 표본이 누락되거나 새롭게 포함되는 경우가 발생할 수 있으며, 하나의 표본에서 두 시점의 데이터를 얻게 되므로 이를 매칭하는 것도 쉬운 일은 아니다. 반대로 횡단연구는 하나의 시점에서 측정이 이루어지는 만큼 데이터를 수집하고 관리하는 것이 용이하다. 하지만 독립변수와 종속변수의 측정이 한 시점에서 이루어지는 만큼 독립변수가 원인이라고 단언하기에는 무리가 있다. 더군다나 당시의 상황적인 요인(예를 들어 당시 감정이나 기분, 사회적 바람직성, 묵인 등)에 의해 두 변수가 영향을 받을 수 있으므로, 실제 관계보다 과대하게 또는 과소하게 추정될 가능성이 존재한다(이는 공통 방법의 편향성 문제에 해당한다).

원인과 결과를 구분할 필요가 없는 연구라면 횡단연구가 적절하지만, 인과관계를 밝히기 위한 연구라면 종단연구가 적절하다. 하지만 종단연구에 비해 횡단연구가 용이함에 따라 인과관계를 밝히려는 연구들 중에서도 횡단연구로 수행된 것이 많은 실정이다. 일부 학회지에서는 인과관계를 밝히려는 연구가 횡단연구로 수행된 경우 심사를 거부하기도 한다. 그러므로 되도록 연구를 계획하는 단계에서부터 종단연구를 고려할 것을 추천한다. 만약 종단연구가 불가능하다면 횡단연구를 수행해야겠지만, 이때 공통 방법의 편향성 문제를 해결할 수 있는 다양한 방법을 미리 고려해야 한다. 공통 방법의 편향성 문제를 줄일 수 있는 방법들은 포사코프 등(Podsakoff, MacKenzie & Podsakoff, 2012)의 연구에서 자세히 다루고 있으므로 이를 참조하기 바란다.

5) 연구가설과 영가설

실제 분석에 앞서 가장 중요하게 언급해야 하는 것이 연구가설과 영가설에 대한 내용이다. '연구가설'은 보통 'H1'이라고 표현하며, 연구를 통해 알아보고자 하는 내용이다. 즉 연구자가 알아보고 싶은 개념들(또는 변수들) 간의 관계 또는 차이 등이 이에 해당한다. 예를 들어 'A집단의 평균과 B집단의 평균은 다르다(즉 두 집단의 평균 차이는 '0'이 아니다).' 또는 'A개념(또는 변수)은 B개념(또는 변수)에 영향을 미친다(즉 A개념[또는 변수]이 B개념[또는 변수]에 미치는 영향의 크기는 '0'이 아니다).' 등이다. '영가설'은 보통 'H0'이라고 표현하며, 연구가설에 반대되는 가설이고, 실제 분석이 이루어지는 가설이다. 예를 들어 'A집단의 평균과 B집단의 평균은 같다(즉 두 집단의 평균 차이는 '0'이다).' 또는 'A개념(또는 변수)은 B개념(또는 변수)에 아무런 영향을 미치지 못한다(즉 A개념[또는 변수]이 B개념[또는 변수]에 미치는 영향의 크기는 '0'이다).' 등이다. 이때 가장 중요한 것이, 영가설을 통해 실제 분석이 이루어지므로 영가설을 설정할 때는 구체적인 수치와 관련이 있도록 설정해야만 실제 분석이 이루어질 수 있다는 것이다. 앞의 예들처럼 영가설의 경우 보통은 '0'이라는 수치가 가설에 내포되어 있다. 반대로 연구가설은 영가설을 제외한 모든 경우(또는 사건)가 포함되도록 설정해야 한다.

연구가설과 영가설을 구분하는 이유는, 연구가설은 실제로 분석할 수가 없기 때문이다. 앞의 예에서 두 집단의 평균이 다른 경우의 수는 무한대에 가까울 것이다. 역시, 한 개념(또는 변수)이 다른 개념(또는 변수)에 미치는 영향의 크기도 무한대이다. 이처럼 무한대에 가까운 모든 경우를 분석하는 것은 불가능한 일이다. 이에 구체적인 수치를 갖는 영가설을 만들고, 이 수치를 분석에 활용하는 것이다. 만약 분석을 통해서 영가설이 '거짓'이 되면 정반대인 연구가설은 '참'이 되어 연구자가 생각한 이론이 실제 현상을 반영할 가능성이 높다는 것을 의미한다. 반대로 영가설이 '참'이 되면 연구가설은 '거짓'이 되어 연구자가 생각한 이론이 실제로는 맞지 않을 가능성이 높다는 것을 의미한다.

대부분의 연구에서는 영가설을 따로 설정하거나 표시하지는 않는다. 그 이유는 영가설을 따로 적어주지 않더라도 연구가설을 통해 유추할 수 있기 때문이다. 그러나 실제 분석은 영가설로 이루어진다는 측면을 유념해야 한다. 이는 통계분석에서 자주 사용되는 용어인 유의확률과 유의수준, 신뢰수준 등과도 연관이 있기 때문이다.

6) 유의확률과 유의수준, 신뢰수준

'유의확률*p-value*'은 실제로는 영가설이 참임에도 불구하고 통계분석을 통해 영가설을 거짓으로 판단할 가능성을 말한다. 이는 연구가설이 거짓임에도 불구하고 통계분석을 통해 연구가설을 참이라고 판단할 가능성과도 같은 의미이다. 유의확률은 표본의 통계치와 영가설에서 설정한 수치에 의해 계산된다. 또한 이와 관련하여 유의수준이라는 개념도 알아둘 필요가 있다. '유의수준'은 영가설이 참임에도 통계분석을 통해 이를 거짓으로 판단할 오류를 말하며, 이는 '제1종 오류(또는 α 오류)'라고 부른다. 즉 해석에 주의해야 하는 수준을 말한다. 반대로 신뢰수준은 실제로는 영가설이 참이고 통계분석을 통해서도 영가설을 참으로 판단할 가능성을 말한다. 이는 실제 연구가설이 거짓인데 통계분석을 통해 연구가설을 거짓으로 판단할 가능성을 말하며, 유의수준과 합쳐서 '1'이 된다. 그러므로 유의수준을 줄이면 신뢰수준은 높아진다. 일반적으로 유의수준은 0.05와 0.01, 0.001 등으로 설정하며, 이는 각각 95% 신뢰수준, 99% 신뢰수준, 99.9% 신뢰수준에 해당한다. 실제 통계분석을 통해서 얻은 유의확률이 0.05 이하일 때는 '*', 0.01 이하일 때는 '**', 0.001 이하일 때는 '***'로 표시한다. 하지만 결과에 대한 해석은 유의확률이 0.05일 때만을 기준으로 한다. 만약 표본의 통계치를 계산해서 영가설이 참인지 거짓인지를 판단해야 할 때는 기각치라는 개념을 사용하게 되는데, 기각치는 각 분포(z-분포, t-분포, F-분포, χ^2-분포)의 유의수준이 0.05, 0.01, 0.001일 때의 수치를 말한다. 표본통계치가 기각치보다 큰 경우에는 영가설은 거짓으로 판단하고 연구가설은 참으로 판단한다. 반대로 표본통계치가 기각치보다 작은 경우에는 영가설은 참으로 판단하고 연구가설은 거짓으로 판단한다.

한편 실제로는 영가설이 거짓임에도 통계분석을 통해 참으로 판단하는 경우도 있다. 이는 '제2종 오류(또는 β 오류)'라고 하며, 실제 연구가설이 참임에도 거짓으로 판단한다는 것이다. β 오류가 줄어들면 통계적 검증력이 높아진다. '통계적 검증력(1-β)'이란 실제 영가설이 거짓인 것을 거짓으로 판단하고, 실제 연구가설이 참인 것을 참으로 판단할 가능성을 말한다. 하지만 보통 α 오류를 줄이면 β 오류가 높아지고, β 오류를 줄이면 α 오류가 높아진다. 가령 유의수준을 0.05에서 0.01로 줄이면 영가설을 거짓으로 판단할 가능성이 줄어들고, 자연히 실제 영가설이 거짓임에도 참으로 판단할 가능성이 늘어난다. 그래서 일부 학자는 유의수준을 더 높게 설정해야 한다고 주장한다. 하지만 β 오류를

〈표 2-1〉 α 오류와 β 오류

구분		실제 현상	
		H0: 참 H1: 거짓	H0: 거짓 H1: 참
판단	H0: 참 H1: 거짓	1-α	β (제2종 오류)
	H0: 거짓 H1: 참	α (제1종 오류)	1-β

줄이기 위해 유의확률을 높이게 되면 신뢰수준이 낮아지므로, 오히려 α 오류를 줄이는 것이 우선되어야 한다는 입장이 더 우세이다. 즉 통계적 검증력을 높이는 것보다는 연구의 신뢰성을 확보하는 것이 더 중요한 것이다. 실제 연구가설이 참임에도 거짓으로 판단하는 것이, 실제 연구가설이 거짓인데도 참으로 판단하는 것보다는 낫다는 것이다.

7) 양측 검증과 단측 검증

실제 분석에서 자주 사용하는 용어 중에 하나가 양측 검증과 단측 검증이다. 양측 검증은 방향성을 고려하지 않은 채로 가설을 설정할 때 사용하는 검증의 기준이며, 단측 검증은 방향성을 고려해 가설을 설정할 때 사용하는 검증의 기준이다. 예를 들어 두 집단의 평균을 비교한다고 할 때 둘 중 어떠한 집단의 평균이 더 큰지 예측하거나 이론화할 수 있는 경우에는 단측 검증을 활용하고, 이를 예측하지 못하거나 이론화할 수 없는 경우에는 양측 검증을 활용한다. 또 다른 예로 두 변수의 인과관계를 파악하고자 할 때, 독립변수가 종속변수에 미치는 영향이 정(+)적인지 부(−)적인지 예측하지 못하는 경우에는 양측 검증을 활용하고, 독립변수가 종속변수에 정(+)적 또는 부(−)적으로 영향을 미칠 것으로 예측하거나 이론화할 수 있는 경우에는 단측 검증을 활용한다.

이는 가설의 설정과 통계분석에서 중요하게 다루어지는데, 양측 검증인지 단측 검증인지에 따라서 기각치들이 달라지기 때문이다. 95% 신뢰수준을 기준으로 양측 검증과 단측 검증은 다음 [그림 2-1]과 같은 표준정규분포 그래프를 이용해서 설명할 수 있다. 우선, 95% 신뢰수준에서 연구가설이 참으로 판단(즉 연구가설의 채택)되기 위해서는 5% 영역

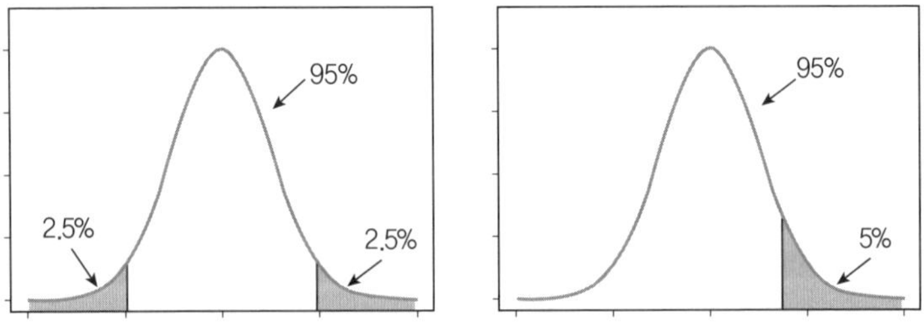

(a) 양측 검증　　　(b) 단측 검증

[그림 2-1] 양측 검증과 단측 검증

에서 영가설이 거짓으로 판단(즉 영가설의 기각)되어야 함을 기억하자. 이때 양측 검증은 방향성을 예측하고 있지 않으므로 95%의 영역을 가운데에 두고 5%의 영역이 양끝에 위치하게 된다. (a) 그래프처럼 5%의 영역이 양끝에 2.5%씩 분할된 상태이다. 반대로 단측 검증은 방향성을 예측하고 있으므로 양끝 중 한쪽은 전혀 고려하지 않아도 되는 영역이다. 예를 들어 '+' 방향으로 예측한다면 표준정규분포의 왼쪽 영역을 고려할 필요가 없으며, '−' 방향으로 예측한다면 오른쪽 영역을 고려할 필요가 없다. 그러므로 (b) 그래프처럼 5% 영역을 한쪽으로 할당할 수 있다. 양측 검증은 z-분포와 t-분포에서만 사용할 수 있는데, F-분포와 χ^2-분포는 분포의 특성상 음수의 영역이 존재하지 않기 때문이다.

단측 검증과 양측 검증의 기각치들을 비교하면 양측 검증의 수치가 더 높다. 즉 단측 검증에 비해 양측 검증의 기각치가 높으므로 영가설을 거짓으로 판단(영가설을 기각)하기가 더 어려워지는 것이며, 연구가설을 참으로 판단(연구가설을 채택)할 가능성이 줄어드는 것이다. 단측 검증에서 유의수준 0.05의 기각치는 양측 검증에서 0.1의 기각치에 해당되고, 단측 검증에서 유의수준 0.01의 기각치는 양측 검증에서 0.02의 기각치에 해당되며, 단측 검증에서 유의수준 0.001의 기각치는 양측 검증에서 0.002의 기각치에 해당된다. 따라서 단측 검증에서는 연구가설이 채택될 수 있더라도 양측 검증에서는 채택되지 않을 수 있다.

이러한 이유로 가설을 설정할 때는 방향성을 미리 예측해 설정하고, 단측 검증 방식을 사용하는 것이 가설의 채택률을 높일 수 있다. 하지만 연구의 엄격성을 위해서 방향성을 예측하는 가설일지라도 단측 검증이 아닌 양측 검증을 수행하려는 요구들이 자주 있다. 물론 단측 검증을 수행하는 것은 유의확률을 높임으로써 연구가설의 채택률을 높이는 것이지만 실제 현상을 반영하지 못할 가능성이 높아진다. 이에 일부 연구에서 방향성을 예측하는 가설(즉 연구가설)을 설정했음에도 양측 검증으로 분석을 진행하고 유의확률이 0.1인 수치에 '†'라고 표기하기도 하며, '90% 신뢰수준에서' 또는 'marginal significant'라는 용어를 사용해 서술하기도 한다. 즉 양측 검증에서는 연구가설이 채택되지 않지만, 단측 검증에서는 채택되었음을 표현하고 현재의 연구가설이 거짓이라고 결론내릴 수 없다는 점을 제시하기도 한다.

3. 분석 방법

1) 척도에 따른 분석 방법

독립변수와 종속변수가 명목척도나 서열척도와 같이 비연속형 변수인지, 아니면 등간척도나 비율척도와 같이 연속형 변수인지에 따라서 분석 방법이 달라진다. 이를 정리하면 〈표 2-2〉와 같다. 독립변수가 비

〈표 2-2〉 변수에 따른 분석 방법

구분		종속변수	
		연속형 변수	비연속형 변수
독립변수	연속형 변수	회귀분석	로지스틱 회귀분석
	비연속형 변수	t-분석, 분산분석	교차분석

연속형 변수인 데 반해 종속변수가 연속형 변수인 경우에는 t-분석과 분산분석이 사용된다. 이들은 집단 간의 평균을 비교하는 분석으로 집단이 2개 이하이면 t-분석을 수행하고, 집단이 3개 이상이면 분산분석을 수행한다. 독립변수와 종속변수가 모두 비연속형 변수인 경우에는 교차분석이 이루어진다. 두 변수 모두 비연속형 변수이므로 항목들 간의 비교라고 볼 수 있다. 한편 독립변수와 종속변수가 모두 연속형 변수인 경우에는 회귀분석을 수행한다. 마지막으로 로지스틱 회귀분석은 독립변수가 연속형 변수이고 종속변수가 비연속형 변수(특히 이분형 변수)인 경우에 활용한다.

2) t-분석

앞서 밝힌 바와 같이 t-분석은 독립변수가 비연속형 변수(즉 명목척도 혹은 서열척도)이고, 종속변수가 연속형 변수(즉 등간척도 혹은 비율척도)일 때 사용하는 분석 방법으로, 집단이 2개 이하일 때 사용된다. t-분석은 기본적으로 표본의 평균을 비교하는 방법이다. 이때 하나의 모집단에서 표본을 추출하는지 2개 모집단에서 표본을 추출하는지에 따라 분석 방법이 달라진다. 즉 하나의 모집단에서 표본을 추출할 때 사용되는 일표본 t-분석과 2개의 모집단에서 표본을 추출할 때 사용되는 독립표본 t-분석, 하나의 모집단에서 표본을 추출했지만 두 번의 측정이 이루어진 상태에서 사용하는 대응표본 t-분석으로 구분된다.

일표본 t-분석

일표본 t-분석은 하나의 모집단에서 표본을 추출할 때 사용되는 분석으로 표본의 평균이 예측한 특정 수치와 같은지 다른지를 검증하는 방법으로 이루어진다. 연구가설과 영가설은 다음과 같다.

- 양측 검증

  연구가설(H1): 국내 고등학교 여학생의 평균 키는 170cm가 아니다.

  $(\overline{Y} \neq 170 \text{ or } \overline{Y} - 170 \neq 0)$

  영가설(H0): 국내 고등학교 여학생의 평균 키는 170cm이다.

  $(\overline{Y} = 170 \text{ or } \overline{Y} - 170 = 0)$

- 단측 검증

  연구가설(H1): 국내 고등학교 여학생의 평균 키는 170cm보다 크다.

  $(\overline{Y} > 170 \text{ or } \overline{Y} - 170 > 0)$

  영가설(H0): 국내 고등학교 여학생의 평균 키는 170cm이다.

  $(\overline{Y} = 170 \text{ or } \overline{Y} - 170 > 0)$

연구가설을 살펴보면, 한 집단의 평균이 '특정 수치가 아닐 것이다(양측 검증).' 또는 '특정 수치보다 클 것이다(단측 검증).'라고 서술한다. 이는 한 집단의 평균에서 특정 수치를 뺀 수치가 '0이 아니다(양측 검증).' 또는 '0보다 크다(단측 검증).'와 같은 의미이며, 실제 분석에서는 한 집단의 평균에서 특정 수치를 뺀 수치가 '0'이 아닌지를 검증하게 된다.

또한 단측 검증의 연구가설의 경우에는 평균이 특정 수치보다 작다고 설정해도 무방하다. 단측 검증으로 연구가설을 설정할 때는 이를 이론적으로 뒷받침할 수 있는 경우에만 설정해야 한다.

실제 *t-value*의 계산식은 다음과 같다. 앞서 설명한 바와 같이 양측 검증인지 단측 검증인지에 관계없이 실제 분석에는 영가설이 사용된다.

$$t\text{-}value = \frac{\overline{Y} - \mu}{\frac{s}{\sqrt{n}}} \qquad \cdots\cdots (4)$$

$\overline{Y}$: 표본의 종속변수 평균, s: 표본의 종속변수 표준편차

μ: 특정 수치, n: 표본의 수

이와 같이 계산된 표본의 *t-value*를 검증에 활용한다. 예시로 제시한 가설의 *t-value*를 계산할 때 μ는 170이 된다. 보통 표본의 *t-value*가 기각치보다 큰 경우에 영가설을 기각하고 연구가설을 채택한다. 기각치는 표본의 크기에 따라 달라지지만, 양측 검증인 상태에서 표본이 무한대로 커진다면 95% 신뢰수준에서는 1.960, 99% 신뢰수준에서는 2.576, 99.9% 신뢰수준에서는 3.291 등이다. 단측 검증의 경우, 95% 신뢰수준에서의 기각치는 1.645(양측 검증에서는 90% 신뢰수준의 기각치에 해당)이다. 반대로 표본의 *t-value*가 이들 기각치보다 작은 경우에는 영가설을 채택하고 연구가설을 기각한다.

또한 *p-value*(유의확률)를 이용해서 판단할 수도 있다. 95% 신뢰수준을 기준으로 *p-value*가 0.05 이하이면 영가설을 기각하고 연구가설을 채택한다. 95% 신뢰수준으로 *p-value*가 0.05 초과이면 영가설을 채택하고 연구가설을 기각한다. 이때 주의할 점은 대부분의 통계 프로그램에서는 양측 검증을 기본으로 해서 판단이 이루어진다는 점이다.

이에 단측 검증으로 연구가설을 만든 경우에는 p-$value$가 0.10 이하이면 영가설을 기각하고 연구가설을 채택하면 된다.

영가설이 기각되고 연구가설이 채택되는 경우에 $\overline{Y}$는 특정 수치 μ와 다르다. 즉 $a(=\overline{Y}-\mu)$는 '0'이 아니며, a는 '유의미한' 수치라고 표현한다. 반대로 연구가설이 기각되고 영가설이 채택되는 경우에 $\overline{Y}$은 특정 수치 μ와 비슷한 수치이며, $a(=\overline{Y}-\mu)$는 '0'이라고 볼 수 있다. 이때 a는 '유의미하지 않은' 수치라고 표현한다.

독립표본 t-분석

독립표본 t-분석은 2개의 모집단에서 각각의 표본을 추출할 때 사용하는 분석으로 두 집단의 표본들의 평균이 서로 같은지 다른지 검증하는 방법으로 이루어진다. 연구가설과 영가설은 다음과 같다.

- 양측 검증

  연구가설(H1): A집단의 평균과 B집단의 평균은 다르다.

  $(\overline{Y}_A \neq \overline{Y}_B \text{ or } \overline{Y}_A - \overline{Y}_B \neq 0)$

  영가설(H0): A집단의 평균과 B집단의 평균은 같다.

  $(\overline{Y}_A = \overline{Y}_B \text{ or } \overline{Y}_A - \overline{Y}_B = 0)$

- 단측 검증

  연구가설(H1): A집단의 평균은 B집단의 평균보다 크다.

  $(\overline{Y}_A > \overline{Y}_B \text{ or } \overline{Y}_A - \overline{Y}_B > 0)$

  영가설(H0): A집단의 평균과 B집단의 평균은 같다.

  $(\overline{Y}_A = \overline{Y}_B \text{ or } \overline{Y}_A - \overline{Y}_B = 0)$

연구가설을 살펴보면, '두 집단의 평균들 간에 차이가 있다(양측 검증).'고 서술하거나 '한 집단의 평균이 다른 집단의 평균보다 크다(단측 검증).'고 서술한다. 이는 한 집단의 평균에서 다른 집단의 평균을 뺄 때 '0'이 아니다(양측 검증) 또는 '0'보다 크다(단측 검증)와 같은 의미이다. 실제 분석에서도 두 집단의 평균들 간의 차이값이 '0'이 아닌지를 검증하게 된다. 앞서 언급한 바와 같이 단측 검증으로 연구가설을 설정하는 경우에는 이에 대한 이론적인 뒷받침이 된 상태에서 이루어져야 한다.

실제 표본의 *t-value*의 계산식은 다음과 같다. 역시 양측 검증인지 단측 검증인지에 관계없이 실제 분석에는 영가설이 사용된다.

$$t\text{-}value = \frac{(\overline{Y}_A - \overline{Y}_B)}{s \cdot \sqrt{\frac{1}{n_A} + \frac{1}{n_B}}} \quad \cdots\cdots (5)$$

$$t\text{-}value = \frac{(\overline{Y}_A - \overline{Y}_B)}{\sqrt{\frac{(n_A - 1)s_A^2 + (n_B - 1)s_B^2}{n_A + n_B - 2}} \cdot \sqrt{\frac{1}{n_A} + \frac{1}{n_B}}} \quad \cdots\cdots (6)$$

$\overline{Y}_A$: A집단 표본의 종속변수 평균, $\overline{Y}_B$: B집단 표본의 종속변수 평균
s_A: A집단 표본의 종속변수 표준편차, s_B: B집단 표본의 종속변수 표준편차
n_A: A집단 표본의 수, n_B: A집단 표본의 수

(5)번 식은 두 집단의 분산이 같은 경우에 사용되며, (6)번 식은 두 집단의 분산이 다른 경우에 사용된다. 그래서 (5)번 식에서는 s_A, s_B 대신에 s라고 표시되어 있다. 이와 같이 계산된 표본의 *t-value*를 앞서 언급한 양측 검증 또는 단측 검증의 기각치들과 비교해서 검증이 이루어진다. 95% 신뢰수준의 양측 검증의 예에서 표본의 *t-value*가 1.960보다 작으면 영가설을 채택하고 연구가설을 기각하며, 두 집단의 평균들 간에 차이가 없다고 결론을 내리게 된다. 반대로 *t-value*가 1.960보

다 크면 영가설을 기각하고 연구가설을 채택하며, 두 집단의 평균들 간에 차이가 있다고 결론을 내리게 된다. 95% 신뢰수준의 단측 검증의 예에서는 표본의 *t-value*가 1.645(양측 검증에서는 90% 신뢰수준의 기각치에 해당)보다 작으면 영가설을 채택하고 연구가설을 기각하며, 두 집단의 평균들 간에 차이가 없다고 결론을 내리게 된다. 반대로 *t-value*가 1.645보다 크면 영가설을 기각하고 연구가설을 채택하며, A집단 평균이 B집단 평균보다 크다고 결론을 내리게 된다. 역시 *p-value*(유의확률)를 통해서도 판단할 수 있는데, 95% 신뢰수준에서 양측 검증일 때에는 *p-value*가 0.05 이하이면 영가설을 기각하고 연구가설을 채택한다. 한편 95% 신뢰수준에서 단측 검증일 경우 *p-value*가 0.10 이하이면 영가설을 기각하고 연구가설을 채택한다.

영가설이 기각되고 연구가설이 채택되는 경우에 $\overline{Y}_A$와 $\overline{Y}_B$는 다르다고 결론을 내리며, $a(=\overline{Y}_A-\overline{Y}_B)$는 '0'이 아니고 '유의미한' 수치라고 표현한다. 반대로 연구가설이 기각되고 영가설이 채택되는 경우에 $\overline{Y}_A$와 $\overline{Y}_B$는 비슷한 수치이고, $a(=\overline{Y}_A-\overline{Y}_B)$는 '0'과 같으며, '유의미하지 않은' 수치라고 표현한다. 일반적으로 독립표본은 두 집단의 종속변수 평균 수치만 기입하면 되므로 표를 따로 만들 필요는 없지만, 〈표 2-3〉과 같이 작성하는 것이 좋다.

그런데 이때 주의할 점은 두 집단의 분산이 같은지 검증이 이루어져야 한다는 것이다. 표본의 *t-value*를 구할 때 분모에 집단들의 표준편

〈표 2-3〉 독립표본 *t*-분석 결과 예시

변수	A집단	B집단	*t-value*	*p-value*
종속변수				

차가 포함되는데, 만약 두 집단의 분산이 같지 않다면 (6)번 식과 같이 각 표본의 분산을 구분해서 계산해야 한다. 하지만 두 집단의 분산이 같다면 (5)번 식과 같이 계산하면 된다. 보통 두 집단의 분산이 같은지는 Levene 등분산 검증이라는 방법을 이용해서 확인한다. Levene 등분산 검증도 검증이라는 측면에서 연구가설(H1)과 영가설(H0)이 만들어지는데, 연구가설은 '두 집단의 분산이 같지 않다($s_A \neq s_B$).'이며, 영가설은 '두 집단의 분산이 같다($s_A = s_B$).'이다.

보통 Levene 등분산 검증은 통계 프로그램에서 독립표본 *t*-분석을 실행할 때 자동적으로 분석이 되며, *t-value* 수치와 *p-value* 수치도 나온다. 이때 분석 결과들은 95% 신뢰수준에서 양측 검증한 수치들이다. 만약 *t-value*가 1.960보다 크거나 *p-value*가 0.05 이하이면 영가설을 기각하고 연구가설을 채택한다. 이는 두 집단의 분산이 같지 않다는 것을 의미하며, 따라서 (6)번 식을 이용해 표본의 *t-value*를 구해야 한다. 반대로 Levene 등분산 검증에서 *t-value*가 1.960보다 작거나 *p-value*가 0.05 초과이면 영가설을 채택하고 연구가설을 기각한다. 이는 두 집단의 분산이 같다는 것을 의미하며, 따라서 (5)번 식을 이용해 표본의 *t-value*를 구해야 한다.

대응표본 *t*-분석

대응표본 *t*-분석은 하나의 모집단에서 표본을 추출하지만, 같은 표본을 대상으로 두 번의 측정이 이루어질 때 사용한다. 예를 들어 학생들의 윤리의식을 먼저 측정(A시점)하고, 특정 교육을 받은 후에 똑같이 윤리의식을 측정(B시점)한다고 가정해보자. 학생들은 하나의 모집단에서 추출되었지만, 두 번의 시점에서 윤리의식을 측정함에 따라 2개의 집단이 있는 것처럼 보이며, 독립표본 t-분석으로 검증이 가능한 것처럼 생각될 수 있다. 하지만 독립표본 t-분석은 각 집단의 평균만을 비교하므로 적절하지 않다. 현재 예에서는 각 개인의 특정 개념에 대한 수치들이 A시점과 B시점 간에 차이가 존재하는지를 알아봐야 하기 때문이다. 물론 이론상으로는 A시점의 윤리의식 평균과 B시점의 윤리의식 평균을 비교하는 것이 맞다. 하지만 독립표본 t-분석은 A집단의 평균과 B집단의 평균을 구해서 이들을 직접적으로 비교한다(두 집단의 평균값의 차이가 '0'인지를 검증). 반면 대응표본 t-분석은 각 개인의 A시점의 수치와 B시점의 수치 간 차이에 대한 평균 수치들을 구하고, 이 수치가 '0'이 아닌지를 검증한다. 대응표본 t-분석의 가설들은 다음과 같다.

- 양측 검증

  연구가설(H1): 사전 측정 수치와 사후 측정 수치는 다르다.

  $(Y_{pre} \neq Y_{post} \quad \text{or} \quad Y_{pre} - Y_{post} \neq 0)$

  영가설(H0): 사전 측정 수치와 사후 측정 수치는 같다.

  $(Y_{pre} = Y_{post} \quad \text{or} \quad Y_{pre} - Y_{post} = 0)$

- 단측 검증

  연구가설(H1): 사전 측정 수치보다 사후 측정 수치가 높다.

  $(Y_{pre} < Y_{post} \quad \text{or} \quad Y_{pre} - Y_{post} < 0)$

  영가설(H0): 사전 측정 수치와 사후 측정 수치는 같다.

  $(Y_{pre} = Y_{post} \quad \text{or} \quad Y_{pre} - Y_{post} = 0)$

여기에서 연구가설이 단측 검증인 경우, 사전 측정 수치보다 사후 측정 수치가 높다고 설정해도 무방하지만, 역시 이론적인 근거가 있는 경우에만 단측 검증의 연구가설을 설정해야 한다. 또한 사전 측정 수치보다 사후 측정 수치가 낮다고 설정할 수도 있다. 표본의 *t-value*는 표본들의 사전 측정 수치와 사후 측정 수치를 차감한 수치를 사용한다. 결과의 해석은 이전 설명들과 마찬가지로, *t-value*와 *p-value*를 통해 이루어진다. 95% 신뢰수준에서 양측 검증 시 표본의 *t-value*가 1.960 미만이거나 *p-value*가 0.5 초과이면 영가설을 채택하고 연구가설을 기각하며, 사전 측정 수치와 사후 측정 수치 간에 차이가 없다고 결론을 내린다. 반대로 표본의 *t-value*가 1.960 이상이거나 *p-value*가 0.5 이하이면 영가설을 기각하고 연구가설을 채택하며, 사전 측정 수치와 사후 측정 수치 간에 차이가 있다고 결론을 내린다. 95% 신뢰수준에서 단측 검증의 기각치는 1.645(양측 검증에서 90% 신뢰수준의 기각치)이므로 이를 기준으로 판단하며, *p-value*는 0.10을 기준으로 이루어지면 된다.

영가설을 기각하고 연구가설을 채택하는 경우에는 사전 측정 수치와 사후 측정 수치는 다르다고 결론을 내리며, $a(=Y_{post}-Y_{pre})$는 '0'이 아니고 '유의미한' 수치라고 표현한다. 반대로 연구가설을 기각하고 영가설을 채택하는 경우에 사전 측정 수치와 사후 측정 수치는 비슷하다는 것을 의미하고, $a(=Y_{post}-Y_{pre})$는 '0'과 같으며, '유의미하지 않은' 수치라고 표현한다.

일반적으로 대응표본의 결과표는 〈표 2-4〉와 같이 작성한다.

〈표 2-4〉 대응표본 *t*-분석 결과 예시

변수	사전 측정	사후 측정	*t-value*	*p-value*
종속변수				

3) 분산분석

분산분석은 ANOVAanalysis of variance라고도 표기하며, t-분석과 마찬가지로 독립변수가 비연속형 변수이고 종속변수가 연속형 변수일 때 사용하는 분석 방법으로, 집단이 3개 이상일 때 사용한다. 물론 집단이 2개인 경우에도 분산분석이 가능하며, 이때의 결과는 t-분석의 결과와 동일하게 나타난다. 또한 분산분석은 독립변수와 종속변수를 여러 개 포함하거나 통제변수를 포함하는 경우에도 사용할 수 있다. '통제변수'는 가설(또는 연구가설)로 설정한 변수는 아니지만 종속변수에 유의미한 영향을 미치는 변수로, 독립변수가 종속변수에 미치는 영향력을 과대하게 또는 과소하게 추정하는 원인이 될 수 있는 변수를 말한다.

분산분석의 종류를 살펴보면, 독립변수(집단)가 한 개인 경우에는 1-way ANOVA, 2개인 경우에는 2-way ANOVA, 3개인 경우에는 3-way ANOVA라고 하며, 여러 독립변수들이 종속변수에 미치는 독립적인 영향뿐만 아니라 독립변수들 간의 상호작용이 미치는 영향까지도 알아볼 수 있다. 또한 통제변수를 포함하는 분석은 ANCOVAanalysis of covariance라고 하며, 통제변수가 종속변수에 미치는 영향을 제외하고 순수하게 독립변수(집단)가 종속변수에 미치는 영향만을 알아볼 수 있다. 한편 하나의 종속변수가 포함되는 ANOVA와는 달리, 종속변수가 2개 이상 포함되는 경우에는 MANOVAmultivariate analysis of variance라고 하며, 종속변수들 간의 상호 관계까지 고려할 수 있다. 비슷하게 MANCOVAmultivariate analysis of covariance는 ANCOVA에서 2개 이상의 종속변수가 포함된 모형이다. 이와 같이 다양한 분석이 가능하지만 여기에서는 가장 기본이 되는 1-way ANOVA를 위주로 설명하고자 한다.

연구가설과 영가설

분산분석ANOVA은 3개 이상 집단들의 평균을 비교하는 방법이다. 예를 들어 3개 집단 간의 평균 차이를 검증하는 경우에 연구가설과 영가설은 다음과 같다.

- 양측 검증

  연구가설(H1): 세 집단의 평균이 서로 다르다.

  $(\overline{Y}_A \neq \overline{Y}_B \quad \text{or} \quad \overline{Y}_B \neq \overline{Y}_C \quad \text{or} \quad \overline{Y}_A \neq \overline{Y}_C)$

  영가설(H0): 세 집단의 평균이 모두 같다.

  $(\overline{Y}_A = \overline{Y}_B = \overline{Y}_C)$

우선, 영가설에서 세 집단의 평균이 모두 같다는 것은 세 집단 간에 평균 차이가 없다는 것을 의미한다. 반대로 연구가설에서 세 집단의 평균이 서로 다르다는 것은 하나 이상 집단의 평균이 다른 집단의 평균과 차이가 존재한다는 것을 의미한다. 즉 세 집단의 평균이 모두 다르거나 한 집단의 평균만 달라도 연구가설은 참이 되며, 연구가설을 채택할 수 있다는 것이다. 즉 세 집단을 쌍으로 비교할 때 세 경우($\overline{Y}_A - \overline{Y}_B$, $\overline{Y}_B - \overline{Y}_C$, $\overline{Y}_A - \overline{Y}_C$) 중 하나의 경우라도 '0'이 아니면 세 집단의 평균이 다르다고 결론을 내릴 수 있다. 이와 같이 집단들 간 평균의 차이가 있는지 없는지만 검증이 되므로 분산분석에서는 단측 검증이 이루어질 수 없다.

분석 원리와 *F-value*

분산분석의 분석 원리를 살펴보기 위해서는 전체와 집단, 개인 간의 관계를 명확히 알아야 한다. 개인들은 집단에 포함되어 있지만 전체의 일원이다. 그러므로 전체 평균과 개인의 수치 간 차이는 집단의 특성과 개인의 특성에 의해 나타난다고 볼 수 있다. 이를 수식으로 표현하면 다음과 같다.

$$Y_{ij} - \overline{Y} = G_j + e_{ij} \qquad \cdots\cdots (7)$$

$$Y_{ij} = \overline{Y} + G_j + e_{ij} \qquad \cdots\cdots (8)$$

Y_{ij}: 개인의 종속변수 수치, $\overline{Y}$: 전체 평균, G_j: j집단의 특성
e_{ij}: 집단 내 특정 개인의 특성(j집단 내에서 i번째 개인의 오차)

(7)번 식과 (8)번 식은 같은 식이므로, 이를 해석하면 개인의 점수는 전체 평균에서 집단의 특성과 개인의 특성이 고려된 것이라고 생각해 볼 수 있다. 이때 'j집단의 특성'은 전체 평균과 집단 평균의 차이를 의미하며, '집단 내 특정 개인의 특성'은 j집단 평균과 개인 점수 간 차이를 의미한다. 이를 다시 수식으로 표현하면 다음과 같다.

$$Y_{ij} = \overline{Y} + (\overline{Y}_j - \overline{Y}) + (Y_{ij} - \overline{Y}_j) \qquad \cdots\cdots (9)$$

$$(Y_{ij} - \overline{Y}) = (\overline{Y}_j - \overline{Y}) + (Y_{ij} - \overline{Y}_j) \qquad \cdots\cdots (10)$$

Y_{ij}: 개인의 종속변수 수치, $\overline{Y}$: 전체 평균, $\overline{Y}_j$: j집단 평균

역시 (9)번 식과 (10)번 식은 같은 식이다. 우선, $(Y_{ij} - \overline{Y})$는 개인의 점수와 전체 평균 간의 차이를 의미하고, $(\overline{Y}_j - \overline{Y})$는 j집단의 평균과 전체 평균 간의 차이를 의미하며, $(Y_{ij} - \overline{Y}_j)$는 개인의 점수와 개인이 속한 j집단의 평균 간의 차이를 의미한다. 이를 전체 표본에 적용해보면, 개인의 점수와 전체 평균 간의 차이들의 총합(즉 총 편차 또는 분산)은 집단의 평균과 전체 평균 간의 차이들의 총합(즉 집단 간 편차 또는 분산)과 개인의 점수와 집단의 평균 간의 차이들의 총합(즉 집단 내 편차 또는 분산)의 합으로 구성된다고 볼 수 있다.

분산분석은 이 중 집단 간 분산과 집단 내 분산을 이용해서 구한다. 예를 들어 집단 간에는 이질성이 높고, 집단 내에는 동질성이 높은 경우를 생각해보자. 이러한 경우에는 집단 간 분산이 큰 반면, 상대적으로 집단 내 분산은 작게 된다. 즉 집단들 간에 평균의 차이가 존재할 가능성이 높다. 반대로 집단들 간에 이질성이 높지 않고 집단 내에 동질성이 높지 않은 경우에는 집단 간 분산이 작은 반면, 상대적으로 집단 내 분산은 크게 된다. 이러한 경우에는 집단들 간에 평균의 차이가 존재하지 않을 가능성이 높다.

특히 집단 내 분산과 집단 간 분산의 합이 총 분산이므로, 총 분산은 고정되어 있는 상태에서 집단 내 분산과 집단 간 분산의 비율을 이용해 집단 간에 평균 차이가 있는지를 검증하는 것이 분산분석의 원리이다. 집단의 특성에 의해서 생성되는 집단 간 분산이 개인들의 특성에 의해서 생성되는 집단 내 분산보다 크면 집단 간에 평균 차이가 존재하는 것으로 결론 내릴 수 있으며, 반대로 집단 내 분산이 집단 간 분산보다 크면 집단 간에 평균 차이가 없다고 결론 내릴 수 있다. 분산분석에서 사용하는 분포는 F-분포이며, 집단 간 분산과 집단 내 분산의 비율을 이용해서 F-$value$를 구할 수 있다. F-$value$를 구하는 식은 다음과 같다.

$$F\text{-}value = \frac{MS_B}{MS_W} = \frac{SS_B/(J-1)}{SS_W/(N-J)} = \frac{\sum_{j=1}^{J}\sum_{i=1}^{n_j}(\overline{Y}_j - \overline{Y})^2/(J-1)}{\sum_{j=1}^{J}\sum_{i=1}^{n_j}(Y_{ij} - \overline{Y}_j)^2/(N-J)} \quad \cdots\cdots (11)$$

MS_B: 집단 간 평균 제곱 합, MS_W: 집단 내 평균 제곱 합

SS_B: 집단 간 제곱 합, $(J-1)$: 집단 간 자유도

SS_W: 집단 내 제곱 합, $(N-J)$: 집단 내 자유도

즉 집단 간 분산을 집단 내 분산으로 나누어주어 분모보다 분자가 크면 집단 간 차이가 있다고 볼 수 있으며, 분자보다 분모가 크면 집단 간 차이가 없다고 볼 수 있다. 하지만 이에 대해 명확히 판단하려면 *F-value*와 기각치를 이용해야 한다. *F-value*가 기각치보다 큰 수치이면 영가설을 기각하고 연구가설을 채택하며, 집단들 간에 평균 차이가 있다고 결론을 내린다. 반대로 *F-value*가 기각치보다 작은 수치이면 영가설을 채택하고 연구가설을 기각하며, 집단들 간에 평균 차이가 없다고 결론을 내린다. 역시 통계 프로그램의 결과에서는 *p-value*가 주어지며, 95% 신뢰수준을 기준으로 *p-value*가 0.05 이하이면 영가설을 기각하고 연구가설을 채택한다. 반대로 *p-value*가 0.05를 초과하면 영가설을 채택하고 연구가설을 기각한다.

t-분석과 다르게 여기에서는 분산분석에 사용되는 기각치를 명확히 밝히지 않고 있다. 이유는 *t*-분석에서는 집단이 2개이므로 전체 집단의 평균이 정해져 있다는 가정 하에 한 집단의 평균을 추정하게 되므로, 다른 집단의 평균은 자연스럽게 정해지기 때문이다. 즉 집단 간 자유도가 '1'이며, 집단 내 개인들이 가지는 자유도만을 고려해주면 된다. 하지만 분산분석에서는 집단이 3개 이상이므로, 전체 집단의 평균이 정해져 있다고 가정하는 상황에서 집단의 자유도는 집단의 수에서 '1'을 뺀 '$(J-1)$'이 된다. 또한 집단 내 개인들의 자유도는 각 집단 내 개인의 수에서 '1'을 뺀 수치만큼이 되며, 집단이 J개 있으므로 J개 집단을 합하면 집단 내 개인의 자유도는 $(N-J)$가 된다. 집단 간 자유도는 분자에 영향을 미치고 집단 내 자유도는 분모에 영향을 미치기 때문에, *F*-분포에서의 기각치는 분자의 자유도와 분모의 자유도에 따라 달라진다. 그러므로 분산분석에서 사용하는 기각치를 구하기 위해서는, 우선

〈표 2-5〉 분산분석 결과표 예시 1

구분	평균	*F-value*	유의확률
A집단			
B집단			
C집단			
합계		–	–

〈표 2-6〉 분산분석 결과표 예시 2

구분	제곱합(*SS*)	자유도(*df*)	평균제곱(*MS*)	*F-value*	유의확률
집단 간					
집단 내					
합계			–	–	–

집단 내 및 집단 간 자유도를 구하고, 이를 이용해서 *F*-분포표의 95% 또는 99% 또는 99.9% 신뢰수준(또는 유의수준 0.05 또는 0.01 또는 0.001)에서의 수치를 기각치로 이용하면 된다. 보통 분산분석의 결과는 〈표 2-5〉, 〈표 2-6〉과 같이 표시한다.

〈표 2-5〉는 각 집단의 평균을 표시하기 위한 표이고, 〈표 2-6〉은 *F-value*의 계산식에 의거한 표이다. 보통은 〈표 2-5〉로 보고하면 되지만, 경우에 따라서는 〈표 2-6〉도 함께 제공해야 할 수도 있다.

설명량

분산분석이 *t*-분석과 다른 또 한 가지는 설명량을 구할 수 있다는 것이다. '설명량'이란 독립변수에 의해 설명되는 종속변수의 분산을 의미하며, 분산분석에서는 집단에 의해 설명되는 종속변수의 분산을 의미한다. 이에 대한 수식은 다음과 같다.

$$\eta^2 = \frac{SS_{Between}}{SS_{Total}} \qquad \cdots\cdots (12)$$

이와 같이 집단 간 분산(즉 집단 간 제곱합)을 총 분산(즉 집단 간 제곱 합과 집단 내 제곱 합의 총합)으로 나눈 수치가 설명량이다. 만약 독립변수의 효과가 크면 집단 간 차이가 크게 나타날 것이며, 설명량은 높아질 것이다. 반대로 독립변수의 효과가 그리 크지 않으면 집단 간 차이도 크지 않기 때문에 설명량도 그리 높지 않을 것이다. 이때 설명량이 좋은지 나쁜지 판단하는 기준은 따로 없다.

사후분석

분산분석은 3개 이상 집단의 평균을 비교하는 방법이므로 집단들 간에 차이가 있다고 결론을 내려도 어떤 집단들 간에 차이가 있는지 확인할 수 없다. 이때 사용하는 방법이 사후분석이다. 사후분석은 집단들 간에 차이가 있다고 결론이 내려질 경우 어떤 집단들 간에 차이가 있는지 알아보는 분석으로, 각 집단을 쌍으로 t-분석이 이루어진다고 생각하면 된다. 즉 3개 집단인 경우 A집단과 B집단, A집단과 C집단, B집단과 C집단 등을 비교해서, 만약 세 집단이 모두 다르다면 세 쌍에서 평균 차이가 나타날 것이며, 하나만 차이를 보이면 두 쌍에서 평균 차이가 나타날 것이다. 경우에 따라서는 한 쌍만 평균 차이가 나타나기도 한다.

사후분석은 보통 LSD와 Bonferroni법, Turkey법, Scheffe법, Duncan법 등이 주로 사용되며, 각 집단의 크기가 같은지 다른지에 따라 다른 방법을 사용한다. 우선, 각 집단의 크기가 같을 경우에는 Bonferroni법, Turkey법, Scheffe법, Duncan법 등이 사용되며, 이 중 Turkey법이 엄격한 방법 중에 하나이다. 만약 각 집단의 크기가 다른 경우에는 LSD와 Bonferroni법, Scheffe법 등이 사용된다. 특히 Scheffe법은 가장 보수적인 방법으로, 통계적 검정력이 높지 않음에도 불구하고 집단의 크기에 구애받지 않는다는 측면과, 사후분석은 가설을 검증하기 위한 분석이 아니므로 통계적 검정력이 높지 않아도 된다는 측면에서 많이 활용된다.

여기에서 주의할 점이 사후분석은 가설을 검증하기 위한 분석이 아니라는 점이다. 오히려 집단들이 이떠한 패턴을 보이는지를 파악하기 위한 부수적인 분석이다. 그러므로 사후분석은 가설을 검증하기 위한 방법으로 사용할 수 없다. 만약 세 집단 중 두 집단에서 차이를 보일 것이라는 이론적인 예측과 가설을 설정했다면, 독립표본 t-분석을 따로 실행하는 것이 적절하다.

4) 교차분석

교차분석은 독립변수와 종속변수가 모두 명목척도나 서열척도로 이루어진 비연속형 변수일 때 사용한다. 그러므로 t-분석이나 분산분석과 같이 집단들 간의 평균을 비교하는 방식이 아닌, 독립변수의 여러 항목과 종속변수의 여러 항목 간의 패턴을 비교하는 방식으로 이루어진다. 이에 이론적으로 명백한 가설을 설정하기 어렵고, 결과가 어떠한 의미를 가지는지를 명확히 설명하기 어렵다는 측면에서 실제 연구로 이어지는 데는 한계가 있다. 예를 들어 '출신 지역에 따라 좋아하는 국내 야구단은 달라질 것'이라는 가설을 생각해보자. 여러 광역단체가 독립변수가 될 것이며, 좋아하는 국내 야구단은 종속변수가 될 것이다. 만약 이러한 가설이 채택이 된다고 해도 출신 지역이 어디인지에 따라 어떤 국내 야구단을 좋아하는지만을 알아볼 수 있을 뿐이다. 하지만 표본들의 패턴을 파악할 수 있다는 측면에서 실무적으로 자주 사용하는 방법이다. 즉 교차분석은 가설의 검증보다는 다양한 설문 또는 자료를 일목요연하게 제시하고 패턴을 파악하는 데 주로 활용된다.

교차분석의 원리

교차분석에서는 분석 원리를 이해해야만 가설을 설정할 수 있기 때문에 분석 원리를 먼저 설명하도록 하겠다. 우선, 교차분석은 교차분석표라는 것을 이용해서 분석이 이루어진다. 예를 들어 독립변수는 2개 항목으로 이루어진 비연속형 변수이고, 종속변수는 3개 항목으로 이루어진 비연속형 변수라고 가정하자. 그러면 실제 표본을 통해 얻은 '관측빈도'를 이용해서 〈표 2-7〉과 같은 표를 만들 수 있다. 실제 결과에도 이 표를 주로 사용한다.

만약 독립변수가 종속변수에 아무런 영향을 미치지 못한다면, 독립변수의 각 범주가 갖는 종속변수의 범주들의 발생 빈도가 일정하고, 종속변수의 각 범주가 갖는 독립변수의 범주들의 발생 빈도도 일정할 것이다. 앞의 예에서 출신 지역에 따라 좋아하는 야구단에 차이가 없다면, 출신 지역 간에 좋아하는 야구단의 발생 빈도가 비슷해야 하고, 좋

〈표 2-7〉 관측빈도표

구분		독립변수		
		*X*1	*X*2	합계
종속변수	*Y*1			f_{Y1}
	*Y*2			f_{Y2}
	*Y*3			f_{Y3}
	합계	f_{X1}	f_{X2}	f_{total}

〈표 2-8〉 기대빈도표

구분		독립변수		
		$X1$	$X2$	합계
종속변수	$Y1$	$f_{X1} \cdot f_{Y1}$	$f_{X2} \cdot f_{Y1}$	f_{Y1}
	$Y2$	$f_{X1} \cdot f_{Y2}$	$f_{X2} \cdot f_{Y2}$	f_{Y2}
	$Y3$	$f_{X1} \cdot f_{Y3}$	$f_{X2} \cdot f_{Y3}$	f_{Y3}
	합계	f_{X1}	f_{X2}	f_{total}

아하는 야구단 간에 출신 지역의 발생 빈도도 비슷해야 한다. 이렇게 만들어진 표를 기대빈도표라고 한다(〈표 2-8〉 참조). 즉 두 변수 간에 관계가 없을 때 나타날 수 있는 이상적인 빈도표를 말하며, 기대빈도표의 수치들은 관측빈도표에서 구해진 합계 수치들을 서로 곱하여 구한다.

이후 관측빈도표와 기대빈도표를 비교하게 되는데, 만약 독립변수가 종속변수에 영향을 미치지 못한다면 관측빈도표와 기대빈도표는 비슷한 수치들을 보일 것이다. 반대로 독립변수가 종속변수에 영향을 미친다면 관측빈도표와 기대빈도표는 전혀 다른 수치들을 보일 것이다. 이러한 원리에 의해, 관측빈도표와 기대빈도표를 비교해서 χ^2-$value$가 계산된다. 계산식은 다음과 같다.

$$\chi^2 - value = \sum_{i=1}^{R}\sum_{j=1}^{C}\frac{(\widehat{f_{ij}} - f_{ij})^2}{\widehat{f_{ij}}} \qquad \cdots\cdots (13)$$

$\widehat{f_{ij}}$: 기대빈도, f_{ij}: 관측빈도
R: 종속변수의 범주 수, C: 독립변수의 범주 수

여기에서 차이는 음수일 수도 있고 양수일 수도 있으므로 이들의 차이들을 제곱해주게 되는데, 이 때문에 교차분석은 χ^2-분포를 사용하여 검증이 이루어진다. 여기에서 제곱한 수치들은 '0'보다 크기 때문에 '음

수'의 수치를 갖지 않는다. 이에 모든 교차분석은 양측 검증을 통해서만 이루어진다. 만약 χ^2-*value*가 '0'에 가까워지면 기대빈도와 관측빈도 간에 차이가 없다는 것을 의미하며, 두 변수 간에 관계가 없다고 결론을 내리게 된다. 반대로 χ^2-*value*가 커질수록 기대빈도와 관측빈도 간에 차이가 크다는 것을 의미하며, 독립변수가 종속변수에 영향을 미친다고 결론을 내릴 수 있다.

연구가설과 영가설

교차분석의 원리에 의해 가설을 '독립변수가 종속변수에 영향을 미친다.'라고 세우더라도 연구가설과 영가설은 다음과 같다.

- 양측 검증

  연구가설(H1): 기대빈도와 관측빈도의 차이가 '0'이 아니다. ($\chi^2 \neq 0$)

  영가설(H0): 기대빈도와 관측빈도의 차이가 '0'이다. ($\chi^2 = 0$)

분산분석과 마찬가지로 교차분석도 자유도에 따라 기각치가 달라진다. 자유도는 독립변수와 종속변수의 항목의 개수를 통해서 구하는데, 독립변수의 항목 수에서 '1'을 차감한 수치와 종속변수의 항목 수에서 '1'을 차감한 수치를 곱하여 구한다. 앞의 예에서는 독립변수의 항목 수 '2'에서 '1'을 뺀 '1'과 종속변수의 항목 수 '3'에서 '1'을 뺀 '2'를 곱해서 나온 수치인 '2'가 자유도이다. 이유는 전체 빈도가 정해진 상태에서 독립변수의 두 항목 중 한 항목의 빈도가 자유롭게 추정되면 다른 항목의 빈도도 자연히 정해지기 때문이다. 똑같이 전체 빈도가 정해진 상태에서 종속변수 세 항목 중 자유롭게 추정할 수 있는 항목은 2개이다. 따라서 '1'과 '2'의 곱이 '2'이므로 자유도는 2가 되고, 〈표 2-8〉의 기대빈도 표에서 채워야 할 칸은 6개이지만 자유롭게 추정할 수 있는 칸은 2개이며, 이는 나머지 4개의 칸은 정해진다는 것을 의미한다. 만약 독립변수와 종속변수의 항목 수가 모두 3개씩이라면 자유도는 '4'가 되고, 기대빈도표의 빈칸은 9개이지만 자유롭게 추정할 수 있는 칸은 4개이다.

이와 같이 χ^2-분포에서 자유도와 신뢰수준(또는 유의확률)에 따라 달라지는 기각치를 구한 후 앞의 식에서 계산한 χ^2-*value*를 비교해서 가설의 기각 여부를 판단한다. 즉 χ^2-*value*가 기각치보다 작은 수치이면 연구가설을 기각하고 영가설을 채택한다. 이는 기대빈도와 관측빈도 간에 차이가 없다는 것을 의미하며, 독립변수가 종속변수에 아무런 영향을 미치지 못한다는 것으로 해석할 수 있다. 반대로 χ^2-*value*가 기각치보다 큰 수치이면 영가설을 기각하고 연구가설을 채택한다. 이는 기대빈도와 관측빈도 간에 차이가 있다는 것을 의미하며, 독립변수가 종속변수에 영향을 미친다고 해석할 수 있다. 또한 *p*-*value*(유의확률)를 이용해서 판단할 수도 있는데, 95% 신뢰수준을 기준으로 *p*-*value*가 0.05 이하이면 영가설을 기각하고 연구가설을 채택한다. 반대로 *p*-*value*가 0.05 초과이면 영가설을 채택하고 연구가설을 기각한다.

5) 상관관계 분석

상관관계 분석은 분석에서 사용되는 두 변수 간에 어떠한 관계가 존재하는지 알아보는 분석이다. 여기에서 다른 분석 방법들과 달리 독립변수와 종속변수라는 용어를 사용하지 않고 두 변수라고 칭한 이유는, 상관관계 분석은 두 변수 간의 인과관계를 파악하기 위한 분석이 아니기 때문이다. 상관관계 분석은 단순히 두 변수 간에 어떠한 관계가 존재하는지 알아보기 위한 분석이므로 인과관계를 확인할 수 없다. 즉 두 변수 중 어떤 변수가 원인이 되고 어떤 변수가 결과가 되는지를 이론적으로 밝힐 수 없을 때 상관관계 분석을 사용하며, 원인과 결과를 명확하게 이론화할 수 있는 경우에는 다른 분석 방법들을 사용해야 한다.

하지만 원인과 결과를 명확하게 이론화할 수 있는 경우에도 보통 상관관계 분석을 사용한 후 인과관계를 알아보는 다른 분석들을 사용하는 것이 일반적이다. 상관관계 분석을 통해 두 변수 간에 의미 있는 관계가 존재하는지를 알아본 후 의미 있는 관계가 존재하지 않으면 다른 분석들을 수행하는 것 자체가 의미가 없을 수 있다. 더군다나 일부 분석은 두 변수 간의 관계 이외에 2개 이상의 독립변수를 포함할 수 있으며, 여러 독립변수가 포함될 경우에는 각 독립변수가 종속변수에 미치는 영향들이 서로 통제되어 그 각각의 독자적인 영향력을 추정할 수 있게 된다. 그러므로 다른 분석들에서 추정된 수치보다 상관관계 수치가 다소 높게 또는 낮게 추정될 가능성이 높다.

이러한 이유들로 두 변수가 독립변수와 종속변수로 명확하다고 할지라도 상관관계 분석이 이루어진 후 다른 분석들을 수행하는 경우가 대부분이다. 또한 상관관계 수치들은 향후의 다른 연구들에도 도움을 줄 수 있다. 상관관계 수치는 다른 변수들의 영향을 받지 않은 두 변수만의 순수한 관계로, 이를 이용해서 두 변수 간의 공분산을 계산해 다른 연구에서도 활용이 가능하다. 예를 들어 다른 연구들과 비교하거나 메타분석과 같이 여러 연구를 통합하는 데 활용할 수도 있다. 그러므로 자신이 생각한 이론 또는 가설이 상관관계와 관련이 없더라도 상관관계 분석을 수행하는 것을 추천한다.

상관관계를 알아보는 상관계수도 두 변수가 연속형 변수인지 비연속형 변수인지에 따라 달라진다. 변수 중 하나가 비연속형 변수이거나 두 변수 모두 비연속형 변수인 경우에는 점이연point-biserial 상관계수, 이연biserial 상관계수, Spearman 상관계수, Φ계수 등을 활용한다. 하지만 실제로 많이 사용하는 것은 두 변수가 연속형 변수로 구성되어 있을 때 사용하는 Pearson 상관계수이다. 비연속형 변수일지라도 더미 변수로 만들어 연속형 변수로 전환이 가능하고, 이를 다른 연속형 변수들과 비교할 때 해석이 용이하다는 측면에서 Pearson 상관계수를 가장 많이 사용한다. 그러므로 여기에서는 두 변수가 모두 연속형 변수로 구성되어 있을 때 사용하는 Pearson 상관계수를 위주로 설명할 것이다.

연구가설과 영가설

상관관계의 가설은 두 변수 간 관계를 알아본다는 측면에서 다음과 같이 연구가설과 영가설을 설정한다.

- 양측 검증

  연구가설(H1): A변수와 B변수 간에 유의미한 관계가 존재한다. ($r \neq 0$)

  영가설(H0): A변수와 B변수 간에 유의미한 관계가 존재하지 않는다. ($r = 0$)

- 단측 검증

  연구가설(H1): A변수와 B변수 간에 양(+)의 상관관계가 존재한다. ($r > 0$)

  영가설(H0): A변수와 B변수 간에 유의미한 관계가 존재하지 않는다. ($r = 0$)

보통 상관관계는 'r'로 표현한다. 양측 검증의 연구가설을 살펴보면 두 변수 간에 유의미한 관계가 존재한다고 예측하고 있으며, 이는 두 변수 간의 상관관계 수치가 '0'이 아닌 유의미한 수치를 갖는다는 것을 의미한다. 단측 검증의 연구가설에서는 두 변수 간에 양(+)의 상관관계가 존재한다고 예측하고 있으며, 이는 두 변수 간의 상관관계 수치가 '0'보다 큰 유의미한 수치이고, 한 변수가 증가할 때 다른 변수도 증가하는 경향을 보인다는 것을 의미한다. 이는 [그림 2-2]의 (a)와 같다. 반대로 두 변수 간에 음(−)의 상관관계가 존재한다고 설정해도 되는데, 이는 [그림 2-2]의 (b)와 같다. 이는 상관관계 수치가 '0'보다 작은 유의미한 수치이며, 한 변수가 증가할 때 다른 변수는 감소하는 경향을 보인다는 것을 의미한다. 이때 상관관계 수치가 양의 수치인지 음의 수치인지는 이론에 기반을 두고 설정해야 한다. 마지막으로, 실제 분석은 영가설로 이루어지며 두 변수 간에 유의미한 관계가 존재하지 않는다는 것은, 두 변수 간의 상관관계 수치가 '0'에 가까운 유의미하지 않은 수치를 갖는다는 것을 의미한다. 이는 [그림 2-2]의 (c)와 같은 형태를 보인다.

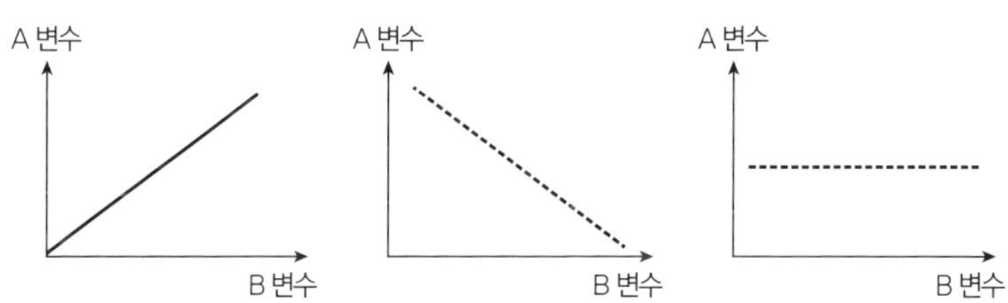

(a) 양(+)의 상관관계 (b) 음(−)의 상관관계 (c) 무의미한 상관관계

[그림 2-2] 상관관계의 종류

상관관계 분석의 원리

상관관계 수치는 두 변수 간의 공분산을 통해서 계산한다. '공분산'이란 두 변수가 동시에 변화하는 정도로, 한 변수가 자신의 평균으로부터 변화할 때 다른 변수가 자신의 평균으로부터 변화하는 정도를 말한다. 실제 공분산과 상관관계를 계산하는 식들은 다음과 같다.

$$Cov(A, B) = s_{AB} = \frac{\sum_{i=1}^{n}(A_i - \overline{A})(B_i - \overline{B})}{n} \quad \cdots\cdots (14)$$

$$r_{AB} = \frac{Cov(A, B)}{s_A \cdot s_B} \quad \cdots\cdots (15)$$

$Cov(A, B)$, s_{AB}: A와 B의 공분산, A_i, B_i: 각 케이스의 A와 B 수치
$\overline{A}$: A의 평균, s_A: A의 표준편차, $\overline{B}$: B의 평균, s_B: A의 표준편차
r_{AB}: A와 B의 상관관계

이와 같이 공분산은 각 수치가 평균으로부터 떨어져 있는 거리인 편차들을 서로 곱해서 합산한 것으로, 공분산의 범위는 이론적으로 양수의 무한대(+)에서 음수의 무한대(−) 사이에 위치한다. 하지만 상관관계는 공분산을 각 변수의 표준편차로 나누어주면서 표준화가 이루어진 것이므로 상관관계의 범위는 '1'에서 '−1' 사이에 위치하게 된다. 이렇게 계산된 상관관계 수치는 '0'인지 아닌지를 검증하기 때문에 일 표본 t-분석과 비슷하게 검증이 이루어진다. 상관관계 수치의 t-$value$를 구하는 수식은 다음과 같다.

$$t - value = \frac{r_{AB} - \rho}{\sqrt{\frac{1 - r_{AB}^2}{n-2}}} \quad \cdots\cdots (16)$$

r_{AB}: 상관관계 수치, ρ: 특정 수치(보통 0), n: 표본의 수

여기에서 $(n-2)$는 자유도이며, 전체 표본의 수에서 2를 차감한 이유는 전체 상관관계 수치가 공분산을 통해서 구해지는 만큼 두 변수의 평균들이 정해져 있으므로 자유롭게 정할 수 있는 개수는 전체 표본 수에서 2를 차감한 수가 되기 때문이다.

이와 같이 계산된 *t-value*를 검증에 활용하며, 앞서 제시된 일표본 *t*-분석의 방법과 똑같이 해석하면 된다. 우선, 기각치는 표본의 크기에 따라 달라지지만, 표본이 무한대로 커지고 양측 검증인 경우에 95% 신뢰수준에서는 1.960, 99% 신뢰수준에서는 2.576, 99.9% 신뢰수준에서는 3.291 등이고, 단측 검증인 경우에 95% 신뢰수준에서의 기각치는 1.645(양측 검증에서는 90% 신뢰수준의 기각치에 해당) 등이다. 상관관계 수치의 *t-value*가 기각치보다 큰 경우에는 영가설을 기각하고 연구가설을 채택한다. 반대로, 상관관계 수치의 *t-value*가 이들 기각치보다 작은 경우에는 영가설을 채택하고 연구가설을 기각한다. 영가설이 기각되고 연구가설이 채택된다면 이는 상관관계 수치가 '0'이 아니라는 것을 의미하며, r_{AB}는 '유의미한' 수치라고 표현한다. 즉 두 변수 간에는 의미 있는 관계가 존재한다고 해석한다. 반대로 연구가설이 기각되고 영가설이 채택되는 경우에 상관관계 수치는 '0'과 비슷한 수치이며, r_{AB}는 '유의미하지 않은' 수치라고 표현한다. 또한 두 변수 간에 의미 있는 관계가 존재하지 않는다고 해석한다.

역시 *p-value*(유의확률)를 이용해서 판단할 수도 있는데, 95% 신뢰수준을 기준으로 *p-value*가 0.05 이하이면 영가설을 기각하고 연구가설을 채택한다. 반대로 *p-value*가 0.05 초과이면 영가설을 채택하고 연구가설을 기각한다. 단측 검증으로 연구가설을 만드는 경우에는 *p-value*가 0.10 이하이면 영가설을 기각하고 연구가설을 채택한다.

상관관계 표

상관관계 수치들은 〈표 2-9〉와 같은 표로 제시할 수 있다. 표를 보면 평균과 표준편차까지 제시되어 있는데, 이를 구분해서 다른 표를 만들어주기도 한다. 다음의 예에서 대각선은 자신과의 상관관계로, 자신과 자신 간의 관계라는 의미이며 '1'이라는 수치를 갖는다. 이 대각선을 기준으로 아래쪽의 수치들과 위쪽의 수치들은 대칭을 이룬다. 이와 같은 이유로 아래쪽 수치들 또는 위쪽의 수치들 중 하나만을 보고한다. 〈표 2-9〉의 예에서 팀 효능감과 팀 내 정치지각의 상관관계 수치는 '−0.28'로, 99.9% 신뢰수준에서 유의미한 수치라는 것을 알 수 있다. 두 변수 간의 관계는 음의 관계로, 한 변수가 높아지면 다른 변수가 낮아진다는 것을 의미한다. 즉 팀 효능감이 높아질수록 팀 내 정치지각은 낮아진다고 해석하거나 팀 효능감이 낮아질수록 팀 내 정치지각은 높아진다고 해석할 수 있다. 팀 효능감과 자기효능감 간의 상관관계는 '0.37'로, 역시 99.9% 신뢰수준에서 유의미한 수치이며 두 변수 간에는 양의 관계를 보이고 있다. 즉 팀 효능감이 높아질수록 자기효능감은 높아진다고 해석하며, 이는 팀 효능감이 낮아질수록 자기효능감도 낮아진다는 것과도 같은 의미이다. 팀 내 정치지각과 자기효능감의 관계는

〈표 2-9〉 상관관계 표 예시

변수	평균	표준편차	①	②	③
① 팀 효능감	5.14	1.00	1	−0.28***	0.37***
② 팀 내 정치지각	3.43	1.15	−0.28***	1	−0.07
③ 자기효능감	5.06	0.85	0.37***	−0.07	1

*: $p < 0.05$, **: $p < 0.01$, ***: $p < 0.001$ (양측 검증)

출처: 홍계훈(2018)에서 일부 발췌함.

'−0.07'로, 95% 신뢰수준에서 이 수치를 유의미한 수치로 볼 수 없다는 의미이다. 이때는 팀 내 정치지각과 자기효능감 간에 유의미한 관계가 존재하지 않는다고 해석한다.

편상관관계 분석

상관관계는 두 변수 간에 의미 있는 관계가 존재하는지만을 파악하는데, 이 두 변수 간의 관계는 다른 변수들의 영향을 받을 수 있다. 이때 다른 변수들의 영향을 통제한 상태에서 두 변수 간의 관계를 파악하는 방법이 편상관관계 분석이다. 다른 변수들이 통제된 상태에서 두 변수 간의 관계를 파악한다는 측면에서 뒤에서 다룰 회귀분석과 비슷하지만, 회귀분석은 두 변수 간의 인과관계를 고려한다는 측면에서 편상관관계 분석과는 차이가 있다.

앞서 언급한 바와 같이 일부 상관관계 수치는 다른 변수들의 영향으로 과대 또는 과소하게 추정될 수 있다. 극심한 경우에는 두 변수 간에 의미 있는 관계가 존재하지 않더라도 의미 있는 관계를 갖는 것처럼 나타날 수 있다. 예를 들어 A변수와 B변수 간에 유의미한 관계가 존재하지는 않지만, A변수와 C변수, 그리고 B변수와 C변수 간에 상관관계가 높다고 가정하자. 이러한 경우에는 A변수와 B변수 간에 유의미한 관계가 존재하지 않더라도, C변수에 의해 A변수와 B변수 간에 유의미한 상관관계가 있는 것처럼 나타날 수 있다. 이러한 경우에 C변수를 통제한 상태에서 A변수와 B변수만의 상관관계를 알아볼 필요가 있으며, 이때 이용하는 것이 편상관관계 분석이다. 이때 어떠한 변수들을 통제변수로 포함할 것인지는 이론적인 기반에 의해 선정해야 하며, 연구를 계획하는 단계에서부터 미리 고려해야 한다.

6) 회귀분석

회귀분석은 독립변수와 종속변수가 모두 연속형 변수일 때 활용한다. 앞서 설명했듯 회귀분석은 두 변수 간에 어떠한 관계가 존재하는지 알아보는 상관관계 분석과 달리 원인이 되는 독립변수와 결과가 되는 종속변수로 구분된다. 또한 회귀분석에서는 2개 이상의 독립변수를 포함할 수 있는데, 이때 독립변수들이 공통으로 종속변수에 미치는 영향은 제외된다. 즉 회귀분석은 독립변수들의 공통적인 영향이 통제된 상태에서 각 독립변수가 종속변수에 미치는 독자적인 영향만을 추정한다.

회귀분석에서는, 독립변수들이 포함될 때 서로가 종속변수에 미치는 영향들이 통제된다는 점에 착안해 실제 독립변수들의 독자적인 영향을 알아보기 위해 여러 통제변수를 포함하기도 한다. 보통 통제변수를 포함하지 않은 경우에는 독립변수가 종속변수에 미치는 영향이 과대 또는 과소하게 추정되는 경향이 있는데, 이러한 영향을 통제하지 않은 상태에서 독립변수가 종속변수의 원인이라고 판단하는 것은 오류가 있다. 앞서 편상관관계 분석에서 제시한 예와 같이 독립변수가 종속변수에 아무런 영향을 미치지 않는 경우에도 독립변수와 상관관계 수치가 높은 다른 변수가 종속변수에 강한 영향을 미친다면 독립변수도 종속변수에 유의미한 영향을 미치는 것으로 나타날 수 있기 때문이다. 이러한 상태에서 해당 변수를 통제하지 않고 독립변수가 종속변수에 영향을 미친다고 결론 내리는 것은 잘못된 것이며, 오히려 연구를 하지 않는 것이 더 낫다. 그러므로 다양한 통제변수를 활용해 독립변수가 종속변수에 유의미한 영향을 미치는지 알아보는 것이 필수적이다. 통제변수로 어떠한 것들을 활용할지는 연구를 계획하는 단계에서부터 고려하는 것을 추천하며, 이때에도 이론적인 기반에 의거해 선정하는 것이 필요하다.

연구가설과 영가설

회귀분석의 가설은 독립변수가 종속변수에 어떠한 영향을 미치는지를 알아보는 방식으로 설정한다. 이때의 연구가설과 영가설은 다음과 같이 설정할 수 있다.

- 양측 검증

  연구가설(H1): 독립변수가 종속변수에 유의미한 영향을 미친다. ($b \neq 0$)

  영가설(H0): 독립변수가 종속변수에 유의미한 영향을 미치지 않는다. ($b = 0$)

- 단측 검증

  연구가설(H1): 독립변수가 종속변수에 정(+)적으로 유의미한 영향을 미친다. ($b > 0$)

  영가설(H0): 독립변수가 종속변수에 유의미한 영향을 미치지 않는다. ($b = 0$)

보통 종속변수에 대한 독립변수의 영향력은 'b'로 표시되며, 이는 독립변수가 변화함에 따라 종속변수가 변화하는 정도를 의미한다. 양측 검증의 영가설에서처럼 독립변수가 종속변수의 원인이 되지 않는다면 독립변수가 종속변수에 미치는 영향은 '0'이 될 것이다. 반대로 연구가설에서처럼 독립변수가 종속변수에 유의미한 영향을 미친다면 독립변수가 종속변수에 미치는 영향은 '0'이 아닌 의미 있는 수치를 보일 것이다. 단측 검증에서처럼 연구가설을 '독립변수가 종속변수에 정(+)적으로 유의미한 영향을 미친다.'라고 설정한다면 *b*가 유의미한 양의 수치인지를 알아봐야 한다. 만약 연구가설을 '독립변수가 종속변수에 부(−)적으로 영향을 미친다.'라고 설정한다면, 역시 *b*가 유의미한 음의 수치인지를 알아봐야 한다. 이때 *b*의 부호는 이론에 기반을 두고 설정해야 한다.

회귀분석의 기본 원리 및 회귀식에 대한 이해

회귀분석은 두 변수 간의 관계를 알아보는 상관관계 분석과 달리 원인인 독립변수와 결과인 종속변수로 구분된다. 이를 그래프로 나타내면 [그림 2-3]과 같이 x축에는 독립변수를 위치시키고, y축에는 종속변수를 위치시킨다. 이후 각 케이스의 독립변수와 종속변수의 수치에 따라 그래프상에 점을 찍는다. 이러한 점들을 대표하는 직선을 그린다고 가정하면, 각 점에서 떨어져 있는 거리가 가장 적은 직선이 적절할 것이다. 각 점은 이 직선을 중심으로 양쪽에 위치하게 되며, 점들을 대표하는 직선에서 각 점이 떨어져 있는 거리는 일종의 오차(또는 편차)라고 볼 수 있다. 앞서 분산도에서 다룬 편차와 분산 간의 관계에서처럼 각 점과 이 대표 직선 간의 거리(편차)들의 총합, 즉 오차들의 총합은 '0'이 된다.

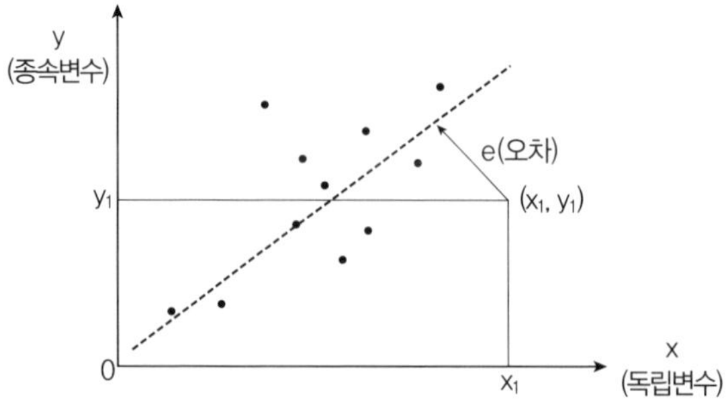

[그림 2-3] 회귀분석의 기본 원리

그러므로 오차들을 제곱한 수치를 구하게 되는데, 이 오차들을 제곱한 수치의 합이 최소화하는 직선이 대표 직선이 되며, 이 대표 직선을 이용해서 회귀식을 구한다. 이와 같이 오차들을 제곱한 수치의 합을 최소화하는 식이라는 의미에서 회귀분석은 OLSordinary least square 방식이라고 부른다. 여기에서 오차가 작다는 것은 추정된 회귀식이 모든 케이스를 대표하는 데 적절하며, 회귀식에 의한 설명력도 크다는 것을 의미한다.

[그림 2-3]에서 대표 직선은 다음과 같은 식으로 나타낼 수 있다.

$$y = b_0 + b_1 \cdot x_1 + e \qquad \cdots\cdots (17)$$

여기에서 y는 종속변수이고, x_1은 독립변수이며, e는 오차를 말한다. 오차는 대표 직선과 각 케이스 간의 거리를 제곱해서 합산한 후, 합산한 수치의 제곱근을 취한 수치이다. b_0는 절편으로, 독립변수가 '0'일 때 종속변수의 수치이다. b_1은 기울기로 '회귀계수'라고 하며, 독립변수가 한 단위 증가할 때 종속변수가 증가하는 수치를 말한다. 예를 들어 b_1이 '0.4'이면, 독립변수가 '1' 증가할 때 종속변수는 '0.4' 증가한다는 것이다. 이를 그래프로 나타내면 [그림 2-4]와 같다.

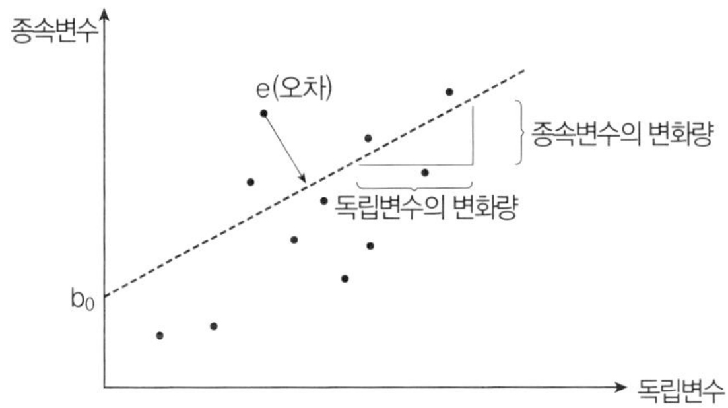

[그림 2-4] 회귀식의 구성

회귀계수 b를 구하는 공식은 다음과 같다.

$$b = \frac{s_{xy}}{s_x^2} = \frac{\sum_{i=1}^{n}(X_i - \overline{X})(Y_i - \overline{Y})}{\sum_{i=1}^{n}(X_i - \overline{X})^2} \quad \cdots\cdots (18)$$

s_{xy}: 독립변수와 종속변수의 공분산, s_x^2: 독립변수의 분산
X_i: 각 케이스의 독립변수 수치, Y_i: 각 케이스의 종속변수 수치
$\overline{X}$: 독립변수의 평균, $\overline{Y}$: 종속변수의 평균

회귀분석은 독립변수가 종속변수에 미치는 영향을 나타내는 회귀계수가 '0'인지를 검증하는데, 그 방식은 상관관계 분석에서 설명한 바와 같이 일표본 t-분석과 유사하게 이루어진다. 이때 $t-value$를 구하는 식은 다음과 같다.

$$t - value = \frac{b}{s_b} \quad \cdots\cdots (19)$$

b: 회귀계수, s_b: 회귀계수의 표준오차

이와 같이 추정된 회귀계수를 이용해서 $t-value$를 계산하고, 이를 통해 독립변수와 종속변수 간 인과관계가 존재하는지 파악한다. 역시 기각치는 표본의 크기에 따라 달라지지만, t-분석에서 사용한 수치들을 그대로 사용하면 된다. 표본이 무한대로 커지고 양측 검증인 경우에 기각치는 95% 신뢰수준에서는 1.960, 99% 신뢰수준에서는 2.576, 99.9% 신뢰수준에서는 3.291 등이고, 단측 검증인 경우에 95% 신뢰수준에서의 기각치는 1.645(양측 검증에서는 90% 신뢰수준의 기각치에 해당) 등이다. 회귀계수의 $t-value$가 이들 기각치보다 작은 경우에는 연구가설을 기각하고 영가설을 채택한다. 이는 회귀계수가 '0'에 가까운 수치

이며, 독립변수가 종속변수에 아무런 영향을 미치지 못한다는 것을 의미한다. 이때 *p-value*는 0.05(또는 0.01, 0.001)를 초과하는 수치를 보인다. 만약 회귀계수의 *t-value*가 이들 기각치보다 큰 경우에는 연구가설을 채택하고 영가설을 기각한다. 이 경우 *p-value*는 0.05(또는 0.01, 0.001) 이하의 수치를 보인다. 이는 회귀계수가 '0'이 아닌 유의미한 수치이며, 독립변수가 종속변수에 유의미한 영향을 미친다는 것을 의미한다. 이때 추정된 회귀계수가 유의미한 양수이면 독립변수와 종속변수 간에는 양(+)의 인과관계가 존재하는 것이며, 독립변수가 증가함에 따라 종속변수는 b만큼 증가한다. 만약 추정된 회귀계수가 유의미한 음수이면 독립변수와 종속변수 간에는 음(-)의 인과관계가 존재하는 것이며, 독립변수가 증가함에 따라 종속변수는 b만큼 감소한다.

실제 통계 프로그램의 결과에서는 b를 비표준화 계수라고 표현하고, 표준화 계수인 β도 함께 제공된다. 표준화 계수인 β는 독립변수와 종속변수를 모두 표준화했을 경우에 독립변수가 증가할 때 종속변수가 증가하는 정도를 의미한다. 그래서 표준화 계수에서는 절편인 b_0가 제공되지 않는다. 표준화 수치는 각 케이스의 수치에서 평균을 차감한 후 표준편차로 나누어줌에 따라 평균이 '0', 표준편차가 '1'로 보정된다. 독립변수와 종속변수를 포함한 모든 변수는 평균으로 회귀한다는 가정하에 독립변수가 '0'일 때는 종속변수도 '0'이라는 수치가 대입되며, 절편은 자연히 '0'이 된다. 하지만 실제 *t-value*는 비표준화 계수로 계산됨에 따라 표준화 계수가 필요한지 의문이 생길 수 있다. 하지만 독립변수와 종속변수의 척도가 다른 경우에는 표준화 계수를 유용하게 활용할 수 있다. 예를 들어 독립변수가 임금(원)과 연령이고 종속변수가 자녀의 수라고 가정해보자. 이때 임금의 비표준화 계수는 아주 낮은 수치이며, 연령의 비표준화 계수는 상대적으로 높은 수치를 보일 것이다. 그래서 어떠한 독립변수가 종속변수에 더 큰 영향을 미치는지는 단순히 비표준화 계수로 비교해볼 수 없다. 경우에 따라서는 연령의 비표준화 계수가 아무리 크다고 하더라도 임금보다는 영향력이 작을 수 있다. 이때 이용하는 것이 표준화 계수이다. 모두 수치를 표준화해서 분석한 것이므로, 이 수치들을 비교해 상대적으로 종속변수에 더 큰 영향을 미치는 독립변수가 무엇인지 파악할 수 있다.[2]

모형 적합도와 설명량

회귀분석에서는 회귀식에 의해 설명되는 부분과 설명되지 않는 오차가 존재한다는 측면에서 모형적합도와 설명량을 구할 수 있다. 다음 두 식처럼 전체 분산은 회귀식에 의해 설명되는 분산과 회귀식에 의해 설명되지 않는 오차의 분산으로 구분할 수 있다.

$$SS_{Total} = SS_{Regression} + SS_{Error} \qquad \cdots\cdots (20)$$

SS_{Total}: 총 분산, $SS_{Regression}$: 회귀식에 의해 설명되는 분산
SS_{Error}: 오차의 분산

만약 여러 독립변수가 회귀식에 포함되어 종속변수를 설명한다고 가정하자. 이때 여러 독립변수가 종속변수에 유의미한 영향을 미치고 적절하게 포함되었다면 회귀식에 의해 설명되는 분산이 커질 것이며

2 이때 두 회귀계수를 비교하기 위해서는 다른 통계분석 방법이 필요하다. 그러므로 이러한 통계분석이 이루어지지 않은 상태에서 표준화 계수 수치만을 비교해 특정 독립변수가 종속변수에 더 큰 영향을 미친다고 결론 내릴 수 없다. 경우에 따라서는 '수치상으로 비교했을 때 하나의 독립변수가 다른 독립변수보다 더 큰 영향을 미치는 것으로 보인다.'라고 표현할 수도 있으나, 이러한 표현에도 주의가 필요하다.

오차의 분산은 작아질 것이다. 이때 회귀식은 좋은 모형이라고 볼 수 있다. 반대로 회귀식에 의해 설명되는 분산보다 오차의 분산이 크면 여러 독립변수가 적절하게 포함되었다고 판단할 수 없으며, 이 회귀식은 좋은 모형이라고 볼 수 없을 것이다. 이를 분산분석의 원리에 적용해서 회귀식의 모형 적합도에 대한 *F-value*를 구할 수 있다. *F-value*를 구하는 식은 다음과 같다.

$$F\text{-}value = \frac{MS_{Regression}}{MS_{Error}} = \frac{SS_{Regression} / (J-1)}{SS_{Error} / (N-J)} \qquad \cdots\cdots (21)$$

J: 회귀식에서 추정해야 할 수치의 개수

분산분석에서와 같이, 계산된 *F-value*와 기각치를 이용해 검증이 이루어진다. 만약 *F-value*가 기각치보다 큰 수치를 보이면 이는 회귀식에 의해 설명되는 분산이 오차의 분산보다 크다는 것을 의미한다. 이때 95% 신뢰수준을 기준으로 *p-value*는 0.05 이하의 수치를 보인다. 반대로 *F-value*가 기각치보다 낮은 수치를 보이거나 *p-value*가 0.05를 초과하면 이는 회귀식에 의해 설명되는 분산보다 오차의 분산이 크다는 것을 의미한다.

이때 기각치는 분모와 분자의 자유도에 따라서 달라진다. 분자의 자유도는 회귀식에서 추정해야 하는 수치들의 개수에서 '1'을 차감한 수치이다. 모집단에서 독립변수들이 종속변수에 미치는 영향은 정해져 있으므로 회귀식에서 자유롭게 추정할 수 있는 수치들은 추정해야 할 수치들의 전체 개수에서 1을 차감한 수치가 된다. 실제 회귀식에서 추정이 이루어지는 수치들은 독립변수들의 회귀계수와 절편이다. 또한 분모의 자유도는 각 개인의 오차와 관련이 있다. 오차의 자유도, 즉 오차를 자유롭게 정할 수 있는 개수는 전체 인원에서 '1'을 차감한 수치에 다시 회귀식의 자유도를 차감한 수치이다. 우선 전체 인원이 정해져 있으므로 오차가 갖는 자유도는 전체 인원에서 '1'을 차감한 수치이다. 이때 회귀식에 의해 설명되는 분산이 정해지면 오차에 대한 분산도 정해지는 것이므로, 회귀식이 갖는 자유도만큼은 자유롭게 정할 수 없게 된다. 그래서 전체 인원에서 '1'을 차감하고 회귀식의 자유도를 다시 차감한 수가 분모의 자유도가 된다. 예를 들어 전체 케이스가 '100'명이고, 독립변수가 '3'개인 경우를 생각해보자. 이때 분자의 자유도는 추정해야 하는 수치들인 절편과 세 회귀계수(총 4개)이므로 '3'이 된다. 분모의 자유도는 '100'에서 '1'을 차감하고 다시 '3'을 차감한 '96'이 된다. 이 경우 분모의 자유도 96과 분자의 자유도 3을 합하면 '99'가 되며, 이는 전체 케이스 '100'명의 자유도(100−1)와 같게 된다.

또한 회귀분석에서는 회귀식에 의해 설명되는 설명량을 구할 수 있는데, 이때 회귀분석의 설명량은 R^2라고 표현하며, 다음과 같이 구할 수 있다.

$$R^2 = \frac{SS_{Regression}}{SS_{Total}} \qquad \cdots\cdots (22)$$

즉 회귀분석의 설명량은 전체를 100으로 놓을 때 전체 분산에서 회귀식에 의해 설명되는 분산이 차지하는 비율을 의미한다. 즉 만약 R^2가 크다면 전체 분산에서 회귀식에 의해 설명되는 분산이 차지하는 부분 역시 클 것이다. 따라서 종속변수에 대한 독립변수들의 설명량이 큰 것이므로 모형 적합도가 높다고 생각해볼 수 있다. 반대로 R^2가 작다면 전체 분산에서 회귀식에 의해 설명되는 분산이 차지하는 부분 역시 작고, 따라서 오차의 분산은 크다는 것을 의미한다. 이는 모형이 적절하지 못하다는 것을 뜻하며, 적절한 독립변수들이 포함되었는지 의문을 제기해볼 수 있다. R^2가 어느 정도 이상이 되어야 한다는 절대적인 기준은 없다.

또한 R^2는 새로운 독립변수를 회귀식에 포함할지의 여부를 결정하는 데도 활용된다. 독립변수가 더 많이 포함될수록 설명량은 더 높아질 수밖에 없다. 종속변수에 아무런 영향을 미치지 않는 독립변수라도 여러 개를 회귀식에 포함시키면 설명량이 높아진다. 이러한 상황에서 단순히 설명량을 높이기 위해 필요하지 않은 독립변수를 포함하는 것은 적절하지 않다. 오히려 실제 현상을 더 잘 설명해줄 수 있는 몇 개의 독립변수만을 포함하는 것이 더 효율적이라고 할 수 있다. 이때 어떠한 독립변수를 포함할지 여부를 결정하는 데 사용하는 것이 R^2의 변화량이다. 다음의 두 회귀식을 비교해보자.

$$y = b_0 + b_1 \cdot x_1 + b_2 \cdot x_2 + b_3 \cdot x_3 + e \qquad \cdots\cdots (23)$$

$$y = b_0 + b_1 \cdot x_1 + b_2 \cdot x_2 + b_3 \cdot x_3 + b_4 \cdot x_4 + e \qquad \cdots\cdots (24)$$

(23)번 식은 3개의 독립변수가 포함된 경우로 이때의 설명량은 R_1^2라고 하자. (24)번 식은 4개의 독립변수가 포함된 경우로 이때의 설명량은 R_2^2라고 하자. 독립변수 x_4가 포함됨에 따라 이전의 설명량 R_1^2보다는 x_4가 포함된 설명량 R_2^2의 수치가 더 높을 것이다. 여기서 x_4가 포함되는 것이 적절한지를 알아보는 방법이 R^2의 변화량을 분석하는 것이다. 'R^2의 변화량'은 보통 'ΔR^2'라고 표기하며, x_4가 포함된 설명량 R_2^2에서 이전의 설명량 R_1^2를 차감한 수치($R_2^2 - R_1^2$)이다. 만약 x_4를 포함하는 것이 적절하다면 ΔR^2도 '0'이 아닌 유의미한 수치일 것이

다. 반대로 x_4를 포함하는 것이 적절하지 않다면 ΔR^2는 '0'에 가까울 것이다. ΔR^2에 대한 검증은 통계 프로그램에서 계산되는 *p-value*(유의확률)를 통해서 할 수 있다. 95% 신뢰수준을 기준으로 *p-value*가 0.05 이하이면 ΔR^2가 유의미한 수치이며, x_4를 포함하는 것이 적절하다. 반대로 *p-value*가 0.05 초과하면 ΔR^2가 유의미한 수치가 아니며, x_4를 포함하는 것이 적절하지 않다.

보통 새롭게 포함되는 독립변수의 회귀계수가 유의미한 수치이면 ΔR^2도 유의미한 수치가 되고 *p-value*는 0.05 이하의 수치를 보인다. 하지만 이때 중요한 것은 역시 자기 자신의 이론과 가설이다. 예를 들어 특정 독립변수를 넣었을 때와 넣지 않았을 때의 ΔR^2를 구한 후, 이를 통해서 해당 독립변수를 포함할지 결정하기보다는 자신의 이론과 가설에 의거해 독립변수를 포함할지 결정해야 한다는 것이다. ΔR^2의 변화량은 자신의 이론과 가설의 보조적인 역할을 할 뿐임을 유의할 필요가 있다.

회귀분석 결과 표

회귀분석 결과는 〈표 2-10〉에 제시된 내용과 같다. 이때의 회귀분석은 단계적 회귀분석이라고 부르며, 새로운 변수들을 포함할 때 기존의 통제변수 또는 독립변수가 종속변수에 미치는 영향의 크기들이 어떻게 변화하는지와 ΔR^2의 변화량까지 함께 제시할 수 있다. 표의 예시를 보면, 1단계 모형에서는 통제변수(성별, 연령, 교육 연수, 근속 연수, 긍정 정서, 부정 정서)만 포함된 상태에서 회귀분석이 이루어졌으며, 2단계 모형에서는 독립변수인 분배 공정성과 절차 공정성까지 포함된 상태이다. 만약 통제변수를 포함하지 않는 경우에는 독립변수를 1단계 모형에 포

〈표 2-10〉 회귀분석 결과 표 예시 (종속변수: 직무 열의)

변수 \ 구분	1단계 모형			2단계 모형		
	b	*S.E*	*β*	*b*	*S.E*	*β*
(상수)	1.99***	.46	–	1.33**	.45	–
성별	.25**	.08	.13**	.16*	.07	.09*
연령	.01	.01	.08	.01	.01	.05
교육 연수	.00	.02	.01	.02	.02	.04
근속 연수	.00	.01	.01	.01	.01	.04
긍정 정서	.50***	.03	.65***	.41***	.03	.54***
부정 정서	−.05	.03	−.08	−.04	.03	−.06
분배 공정성	–	–	–	.09*	.04	.13*
절차 공정성	–	–	–	.12**	.04	.17**
R^2	0.533			0.588		
ΔR^2	0.533***			0.055***		
F-value	61.946***			57.822***		

*: $p < 0.05$, **: $p < 0.01$, ***: $p < 0.001$ (양측 검증)
출처: 조윤희 · 홍계훈(2017)에서 일부 발췌함.

함한 결과만을 보고할 수 있다. 하지만 독립변수가 종속변수에 미치는 영향이 과대 또는 과소하게 추정되지 않도록 여러 통제변수를 함께 포함하는 것을 추천한다.[3] 만약 독립변수를 여러 개 사용하고, 이를 단계적으로 포함해야 하는 경우에는 단계를 늘려서 사용할 수 있다. 결과 표에 포함되어야 하는 내용은 각 통제변수와 독립변수가 종속변수에 미치는 영향인 비표준화 계수(b)와 표준화 계수(β), 그리고 계수의 표준오차 standard error($S.E$)까지이다. 표준오차는 따로 해석을 해주진 않지만, 각

3 실제 연구의 심사자들이 통제변수를 포함할 것을 요구하는 경우가 많다. 또한 통제변수를 포함하는 경우라도 왜 그러한 통제변수가 포함되어야 하는지에 대한 이론적 또는 논리적 설명을 요구하는 경우도 많다. 그러므로 연구를 시작하는 단계에서부터 어떠한 통제변수들을 사용할 것이며, 왜 사용할 것인지에 대한 이론 및 논리를 마련할 것을 추천한다.

계수의 오차들에 대한 정보를 제공해주는 한편, 현재 연구의 적절성 파악 및 다른 연구와의 비교 등을 위해 활용될 수 있다. 또한 모형 적합도를 나타내는 R^2와 *F-value*를 기입하고, 단계적 회귀분석이 이루어졌다면 ΔR^2까지 기입한다.

현재 예의 결과를 해석해보면 1단계 모형은 통제변수들만 종속변수인 직무 열의에 어느 정도 영향을 미치는지 알아본 결과로, 성별과 긍정 정서만이 직무 열의에 유의미한 영향을 미치는 것으로 나타났다. 이때의 R^2는 0.533으로, 통제변수만으로 직무 열의의 53.3%가 설명되었다는 것을 의미한다. 또한 1단계 모형의 *F-value*는 61.946으로 높은 수치를 보임에 따라, 오차에 의해 설명되는 분산보다 회귀식에 의해 설명되는 분산이 크다는 것을 알 수 있다. 2단계 모형은 통제변수들, 그리고 독립변수인 분배 공정성과 절차 공정성이 포함된 모형이다. 표를 보면, 역시 통제변수들 중 성별과 긍정 정서만이 직무 열의에 유의미한 영향을 미치고 있다. 하지만 1단계 모형에서의 수치들보다는 다소 낮은 수치들을 보이고 있다. 이는 두 독립변수가 포함됨에 따라 통제변수들의 효과의 크기가 낮아졌기 때문이다. 여기에서 2단계 모형에서 새롭게 포함된 두 독립변수 모두 직무 열의에 유의미한 영향을 미치고 있음을 알 수 있다. 이때 결과에 대한 설명은 '분배 공정성과 절차 공정성은 직무열의에 정(+)적으로 유의미한 영향을 미치는 것으로 나타났다.'로 표현할 수 있다. 즉 분배 공정성이 높아질수록 또는 절차 공정성이 높아질수록 직무 열의가 향상된다는 것이다. 2단계 모형의 R^2는 0.588로, 통제변수와 독립변수가 직무 열의의 58.8%를 설명해준다는 의미이다. 특히 ΔR^2는 0.055로, 두 독립변수가 포함됨에 따라 직무 열의에 대한 설명량이 5.5% 증가했으며, 이러한 수치는 99.9% 신뢰수준에서 유의미하다는 것을 알 수 있다. 보통 새롭게 포함된 변수의 회귀계수들이 유의미하게 나타나면 ΔR^2도 유의미하게 나타날 가능성이 높다. 마지막으로 2단계 모형의 *F-value*는 57.822로, 이는 오차에 의해 설명되는 분산보다 회귀식에 의해 설명되는 분산이 크다는 것도 알 수 있다.

다중공선성의 문제

회귀분석을 수행할 때 한 가지 더 주의해야 할 사항은 다중공선성의 문제이다. 다중공선성의 문제는 [그림 2-5]를 통해서 설명할 수 있다. 그림 (a)와 (b)를 비교해보면, (a)의 경우에는 두 독립변수 간에 상관관계가 그리 크지 않은 상태에서 두 독립변수가 공통으로 설명하는 부분은 상대적으로 작고, 두 독립변수가 각각 독자적으로 설명하는 부분은 큰 편이다. 하지만 (b)의 경우는 두 독립변수 간에 상관관계가 큰 상태이기 때문에 두 독립변수가 공통으로 설명하는 부분은 상대적으로 큰 편이지만 두 독립변수가 각각 독자적으로 설명하는 부분은 작다고 볼 수 있다. (a)의 경우에는 두 독립변수를 모두 포함해서 종속변수에 대한 설명량을 높이는 것이 필요하겠지만, (b)의 경우에는 두 독립변수 각각이 종속변수에 미치는 효과를 명확하게 파악할 수 없기 때문에 오

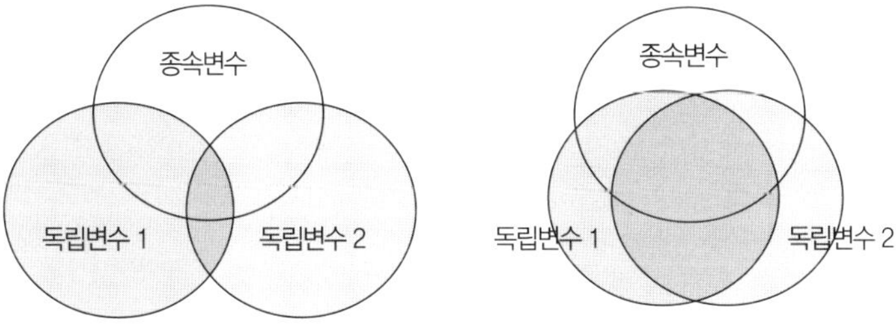

[그림 2-5] 다중공선성의 문제

히려 한 독립변수를 제거하는 것이 필요하다. 이와 같이 두 독립변수가 비슷한 개념이거나 같은 개념인 경우에는 '다중공선성의 문제'가 발생할 수 있으므로 하나의 독립변수를 제거해주는 것이 필요하다. 특히 상관관계 분석에서 두 독립변수 간 상관관계가 큰 경우에는 다중공선성의 문제가 발생할 가능성이 높아지므로 이러한 문제가 있는지를 확인해봐야 한다. 다중공선성의 문제가 있는지는 통계 프로그램의 결과에서 제공되는 공차와, 공차의 역수로 구할 수 있는 분산팽창계수 variance inflation factor: VIF, 상태지수 등을 통해서 알아볼 수 있다. 보통 분산팽창계수가 10 이하이거나 상태지수가 100 이하이면 다중공선성의 문제가 없다고 판단할 수 있다.

7) 로지스틱 회귀분석

마지막으로, 독립변수는 연속형 변수이지만 종속변수가 비연속형 변수(특히 이분형 변수)인 경우에는 로지스틱 회귀분석을 사용한다. 만약 종속변수가 3개 이상의 항목을 지닌 비연속형 변수일 경우에는 이를 더미 변수로 만들어주거나 2개의 그룹(즉 이분형 변수)으로 만들어주어 로지스틱 회귀분석을 사용할 수 있다. 한편 특정 통계 프로그램(예를 들어 SPSS)을 이용하는 경우에는 더미 변수를 만드는 작업 없이 3개 이상의 항목을 지닌 비연속형 변수 중 2개 항목만을 종속변수로 두어 분석할 수도 있다. 하지만 로지스틱 회귀분석을 해석하는 데 있어서는 이분형 변수가 더 효과적이므로 더미 변수로 만들어주거나 2개의 그룹을 만들어 사용하는 것을 추천한다.

로지스틱 회귀분석은 회귀분석과는 다른 원리에 의해 다른 방식으로 계산이 이루어진다. 하지만 기본적인 회귀식을 사용하는 것은 비슷하기 때문에 회귀분석과 비슷하게 해석할 수 있다. 특히 회귀계수를 통해 독립변수가 종속변수에 미치는 영향이 유의미한지 검증한다는 점과 통제변수들을 활용할 수 있다는 점, 여러 통제변수와 독립변수를 단계적으로 포함시킬 수 있다는 점에서 회귀분석과 비슷하다. 하지만 기본 원리와 계산 방법에서 차이가 있으므로 해석에 주의가 필요하다.

연구가설과 영가설

로지스틱 회귀분석의 가설은 회귀분석의 가설과 동일하게 사용된다. 연구가설과 영가설은 다음과 같이 설정할 수 있다.

- 양측 검증
  연구가설(H1): 독립변수가 종속변수에 유의미한 영향을 미친다. ($b \neq 0$)
  영가설(H0): 독립변수가 종속변수에 유의미한 영향을 미치지 않는다. ($b = 0$)

- 단측 검증
  연구가설(H1): 독립변수가 종속변수에 정(+)적으로 유의미한 영향을 미친다. ($b > 0$)
  영가설(H0): 독립변수가 종속변수에 유의미한 영향을 미치지 않는다. ($b = 0$)

이때 주의할 점은 종속변수가 받은 영향이 무엇이냐, 즉 종속변수가 어떻게 변화하느냐이다. 뒤에서 자세히 서술하겠지만, 종속변수는 이분형의 비연속형 변수이다. 그러므로 독립변수가 종속변수에 유의미한 영향을 미치면 두 경우(또는 사건) 중 하나의 경우(또는 사건)가 발생할 가능성이 높아진다는 것을 의미한다. 이에 많은 연구에서 '독립변수가 종속변수에 유의미한 영향을 미친다.'라고 표현하고 있지만, 그보다는 '독립변수가 증가(또는 감소)함에 따라 종속변수가 발생할 확률이 높아진다.'라고 표현하는 것이 정확할 것이다. 여기에서는 이해를 돕기 위해 종속변수가 발생할 확률이라는 관점에서 설명하고자 한다.

영가설이 가설 검증에 사용되며, 독립변수가 변화해도 종속변수가 발생할 확률이 변화하지 않을 때 독립변수의 회귀계수는 '0'이 될 것이다. 양측 검증의 연구가설은 독립변수가 변화함에 따라 종속변수가 발생할 확률이 변화할 것이라고 예측하고 있으며, 따라서 독립변수의 회귀계수는 '0'이 아닌 유의미한 수치로 나타날 것이다. 단측 검증에서처럼 연구가설을 '독립변수가 종속변수에 정(+)적으로 유의미한 영향을 미친다.'라고 설정한다면 b가 유의미한 양수인지 알아봐야 한다. 이때는 독립변수가 증가함에 따라 종속변수가 발생할 확률이 높아진다는 것을 의미한다. 반대로 연구가설을 '독립변수가 종속변수에 부(−)적으로 유의미한 영향을 미친다.'라고 설정한다면, b가 유의미한 음수인지를 알아봐야 한다. 이때는 독립변수가 증가함에 따라 종속변수가 발생할 확률이 낮아진다, 혹은 독립변수가 감소함에 따라 종속변수가 발생할 확률이 높아진다는 것을 의미한다.

로지스틱 회귀분석의 기본 원리와 회귀식에 대한 이해

로지스틱 회귀분석의 종속변수는 이분형 변수로 이루어진 만큼, 모든 케이스의 종속변수는 두 경우(또는 사건) 중 하나의 경우(또는 사건)에 포함될 것이다. 그러므로 이를 분포도로 그려보면 [그림 2-6]과 같이 나

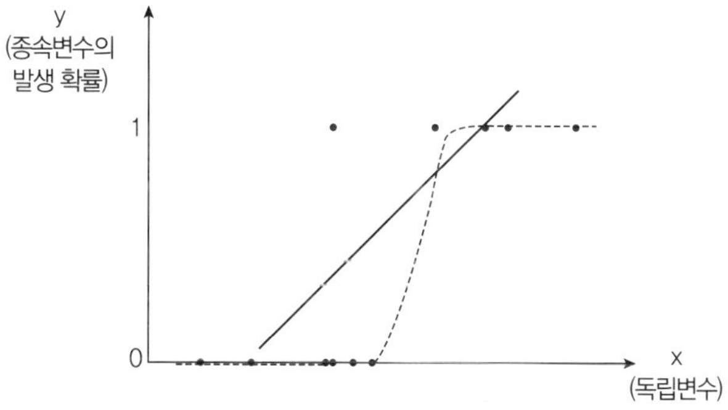

[그림 2-6] 로지스틱 회귀분석의 원리

타날 것이다. 만약 독립변수가 종속변수에 정(+)적으로 유의미한 영향을 미친다고 가정한다면, 그림과 같이 독립변수의 수치가 낮을 때에는 종속변수의 특정 사건이 발생하지 않는 경우가 많을 것이다. 하지만 독립변수의 수치가 증가함에 따라 특정 사건이 발생하는 경우가 조금씩 생기면서 이후에는 많아지는 형태로 나타날 것이다. 이러한 형태를 보일 때 이를 설명하기 위해 단순히 회귀분석(즉 직선)을 수행하게 되면 상대적으로 오차가 크게 나타날 수 있다.

이러한 분포도에 적합한 선은 그림에서 점선이라고 볼 수 있으며, 이는 직선이 이루어진 선형 함수가 아닌 지수함수의 모형에 해당한다. 이때 종속변수에 사용되는 수치는 Odd 비Odd Ratio를 이용하여 구하게 된다. Odd 비는 다음과 같이 계산된다.

$$Odd\ Ratio = \frac{p}{1-p} \qquad \cdots\cdots (25)$$

여기에서 p는 특정 사건이 발생할 확률이며, $(1-p)$는 특정 사건이 발생하지 않을 확률이다. 이와 같이 특정 사건이 발생할 확률과 발생하지 않을 확률의 비율이 'Odd 비'이다. 만약 Odd 비가 '1'이면 특정 사건이 발생할 확률과 특정 사건이 발생하지 않을 확률이 50%로 똑같다는 것을 의미한다. 만약 Odd 비가 '1'보다 크면 이는 특정 사건이 발생할 확률이 50%를 넘어선다는 것이며, 만약 Odd 비가 '0'과 '1' 사이의 수치이면 특정 사건이 발생할 확률이 50%에 못 미친다는 것을 의미한다. 또한 Odd 비는 절대 음수 값이 될 수 없다. 이 Odd 비는 회귀식에서 종속변수의 위치에 포함된다. [그림 2-6]의 그래프에서 점선이 지수함수라는 점에서, 이 회귀식을 표현하면 (26)번 식과 같다. 그리고 이를 다시 로그함수로 표현하면 (27)번 식과 같다.

$$\frac{p}{1-p} = e^{b_0 + b_1 \cdot x_1 + e} \qquad \cdots\cdots (26)$$

$$\ln\left(\frac{p}{1-p}\right) = b_0 + b_1 \cdot x_1 + e \qquad \cdots\cdots (27)$$

(26)번 식의 지수함수는 자연지수를 활용하고 있으며, b_0와 b_1을 해석하는 데 용이하지 않다. 하지만 이를 로그함수로 바꾸면 해석이 가능해진다. 여기에서 $\ln\left(\frac{p}{1-p}\right)$은 '로짓Rogit'이라고 하며, 만약 b_0가 유의미한 수치라면 이것은 독립변수가 '0'일 때의 로짓의 수치이다. 만약 b_1이 유의미한 수치라면 이것은 독립변수가 '1' 증가할 때 변화하는 로짓의 수치이다. 이때 b_1이 유의미한 양수라면 독립변수가 상승함에 따라 특정 사건이 발생할 확률이 높아지는 것을 의미하며, b_1이 유의미한 음수라면 독립변수가 상승함에 따라 특정 사건이 발생하지 않을 확률이 높아지는 것을 의미한다.

로지스틱 회귀분석에서 회귀계수에 대한 검증은 Wald 검증을 통해서 이루어진다. Wald 검증은 다음의 공식에 의해서 이루어진다.

$$Wald-value=\left(\frac{b}{s_b}\right)^2 \quad \cdots\cdots (28)$$

b: 회귀계수, s_b: 회귀계수의 표준오차

이렇게 계산된 Wald 수치와 기각치를 비교하는데, 자유도가 '1'일 때의 χ^2 수치를 기각치로 활용한다. 자유도가 '1'일 때 95% 신뢰수준에서의 χ^2 수치는 3.841이고, 99% 신뢰수준에서의 χ^2 수치는 6.635이며, 99.9% 신뢰수준에서의 χ^2 수치는 10.828이다. 만약 이 수치들보다 Wald 수치가 낮으면 연구가설을 기각하고 영가설을 채택한다. 이는 독립변수가 변화해도 특정 사건이 발생할 확률은 변화하지 않는다는 것을 의미한다. 만약 χ^2 수치들보다 Wald 수치가 높으면 영가설을 기각하고 연구가설을 채택한다. 즉 독립변수가 증가함에 따라 특정 사건이 발생할 확률(또는 발생하지 않을 확률) 역시 유의미하게 증가한다는 것을 의미한다.

모형 적합도와 설명량

로지스틱 회귀분석에서는 모형 적합도를 확인해볼 수 있는 다양한 수치가 제공된다. 대부분 통계 프로그램의 결과에서 계산되므로 각 수치가 어떠한 의미를 갖는지만 간단히 살펴보고자 한다. 우선 χ^2 수치가 제공되는데, 교차분석에서처럼 χ^2 수치가 '0'에 가까울수록 모형이 유용하지 않다는 것을 의미한다. 그러므로 χ^2 수치가 클수록 모형이 좋다는 것이며, 이는 독립변수가 변화함에 따라 특정 사건이 발생할 확률도 변화한다는 것을 의미한다. 또한 Hosmer-Lemeshow 검정도 모형 적합도를 알아보는 데 활용될 수 있다. 이는 종속변수의 실제 수치와 예측된 수치가 얼마나 일치하는지를 나타내며, 낮은 수치일수록 좋은 모형이라고 볼 수 있다. 최대우도 역시 모형 적합도를 알아보는 데 사용될 수 있으며, 수치가 낮을수록 적합도가 높다는 것을 의미한다. 마지막으로, 회귀분석에서 R^2와 같은 의미로 해석되는 것이 Cox-Snell R^2와 Nagelkerke R^2로, 두 R^2가 높아질수록 좋은 모형에 가깝다고 해석할 수 있다.

로지스틱 회귀분석의 결과표는 회귀분석의 결과표와 거의 유사하므로 따로 표시하지는 않는다.

◇ 생각해볼 문제 ◇

1. 자신의 생활 속에서 통계와 관련된 것들은 무엇이 있는지 생각해보자.
2. 인문학 분야에서 통계적인 지식이 필요하다면 어떠한 측면에서 필요할지 생각해보자.
3. 인문학 분야에서 사용될 수 있는 개념을 생각해보고 이에 대한 조작적 정의를 설정해보자.
4. 앞서 설정한 조작적 정의를 바탕으로 해당 개념에 대한 설문 문항을 작성해보자.
5. 인문학과 관련해서 t-분석(또는 분산분석), 교차분석, 회귀분석, 로지스틱 회귀분석에 적합한 가설들을 설정해보자.
6. 앞서 설정한 가설들을 자신이 생각한 분석 방법과는 다른 분석 방법으로 활용할 수 있는지 판단한 후 다른 분석 방법에 적합한 가설들로 수정해보자.

제3장

소비자 행동의 정신분석적 이해

1. 소비자 행동 모델과 정신분석

소비자 심리학은 그동안 사회과학적 방법론으로 연구되어온 학문 분과이다. 그렇기에 소비자 행동 심리학은 인지행동 심리학을 기반으로 해서 지각, 학습, 기억, 동기 등 소비자의 내적 요인을 살피며, 문화 사회이론을 통해 소비자의 사회적 맥락에 대해 연구해왔다. 이렇게 소비자 심리학은 인간의 소비 활동에 심리학적 지식을 적용해서 소비자를 심층적으로 이해하려고 시도해왔고, 이는 오늘날 경제생활의 주체이자 기업 경영의 최고 관심인 소비자를 이해하는 데 좋은 길잡이 역할을 해주고 있다. 하지만 기존의 소비자 심리학은 이런 길잡이 역할을 위해 소비자의 소비 활동 연구에만 초점을 맞췄다. 다시 말해 소비 행동의 주체인 소비자에 대한 인간적인 이해에는 주목하지 않았다.

인문경영학의 심화 과목으로서 '소비자 행동의 정신분석적 이해'에서는 소비자와 그 소비 행동에 대한 인문학적 분석 및 이해를 위해 정신분석학을 도입한다. '정신분석학'은 인간 행동의 무의식적 의미와 심리역동을 성찰하는 학문 분과로 주로 분석 관계에서 마음의 문제를 갖고 분석가를 찾아온 사람들을 관찰하면서 그 이론이 형성된 학문이다. 인간에 대한 이해와 돌봄에서 시작된 정신분석학은 그동안 인간의 심리와 마음 이해와 관련된 다양한 개념을 제시해왔다. 이번 장에서는 정신분석적 개념들을 통해 소비자의 행동을 해석하고 이해함으로써, 소비자 행동에 담긴 인간 무의식의 영역을 드러내고 보여줄 것이다. 이런 해석의 목표는 소비자의 소비 행동을 이해함으로써 인간에 대한 깊이 있는 이해와 성찰로 나아가는 것이다. 단순히 이윤 창출을 극대화하기 위한 기업 경영의 방향을 제시하는 것을 넘어, 인문학적 기업 경영을 위해 참다운 인간적 소비가 무엇인지 이해하고 그 모델을 제시하는 데 이 장의 취지와 배경이 있다.

소비자 행동은 소비자가 자신의 필요와 욕구를 만족시키는 상품과 서비스를 선택, 구매, 사용, 평가 및 처리하거나 찾기 위해 참여하는 일련의 소비 과정과 활동을 의미한다. 이는 행동을 결정하는 데 선행하고 뒤따르는 의사결정 과정을 포함하며, 개인이 재화와 서비스를 획득하고, 소비하고, 배분하는 데 관련되는 행동 일체를 일컫는 개념이다. 오늘날 우리가 소비자 행동에 주목해야 하는 이유는 대량생산 체제가 도입된 이후, 기업의 입장에서 보면 어떤 상품을 어느 정도 생산해야 하는지, 또 소비자의 입장에서 보면 수많은 상품 가운데 어떤 상품을 구매해야 하는지에 대한 문제와 주제가 중요하게 대두되었기 때문이다. 소비자 행동에 대한 연구는 그렇기에 소비자가 특정 대상에 관심을 갖고, 그것을 구매하는 결정 과정의 요인과 이유에 관심을 기울인다. 이를 통해 기업들은 소비자 행동을 보다 잘 이해하게 되어 소비자의 관심을 끄는 상품을 생산할 수 있게 되고, 소비자는 보다 합리적인 소비 활동을 도모할 수 있게 된다. 그리고 궁극적으로 기업이나 소비자 모두 한정된 경제자원의 효과성과 효율성을 높일 수 있게 된다.

소비자 행동에 대한 다양한 분석 모델이 그동안 소비자 심리학 등에서 제시되어왔다. '블랙박스 모델'은 인간의 내적인 자극, 곧 동기와 태도, 가치관이 소비 행동에 크게 영향을 끼치는 것으로 이해한다. 소비자가 그런 내적 자극에 따라 상품 특성과 디자인, 광고 내용을 다양하게 수용하게 되어 소비 행동을 실행한다고 이 모델은 이해한다. 이 모델이 블랙박스 모델로 불리는 이유는 그 내적 자극에 대한 예측이 어렵기 때문이다. '경제 모델'은 소비 행동을 결정하는 중심 조건과 요인을 상품 가격, 대체재와 보완재 가격, 실질소득 수준, 판매 촉진 활동 빈도 등과 같은 경제적 조건에서 찾는다. 이런 경제적 조건에 의해 소비자 행동의 방향이 결정된다고 보는 것이다. 한편 '학습 모델'은 소비 행동에 영향을 끼치는 요인을 과거 구매 의사결정 과정에서 경험한 습관과 태도에서 찾는다. 과거의 특정한 선택을 통해 유익을 경험했을 때, 그 학습 내용에 따라 소비자 행동이 일어나는 것으로 이해하는 것이다.

'사회심리 모델'은 소비자의 행동이 사회문화, 관습, 사회규범, 준거집단의 영향력에 의해 결정된다고 이해하는 모델이다. 즉 어떤 사회문화와 관습을 따르는가에 따라 소비 행동의 방향이 결정되며, 사회규범과 준거집단은 특정 상품의 배제와 선택을 통제하는 요인으로 작용할 수 있다. '사회 정신분석 모델'은 소비자 행동이 사회적 위계에 의한 자기과시 과정에서 수행된다고 이해하는 관점이다. 이 모델에 따르면 소비자 행동은 특정 사회계층에 소속되기를 원하는 자기충족의 욕구에 의해 수행된다. '행위선택 모델'은 소비 행동이 소비자의 내적 자극에 의해 결정된다고 이해하기보다 상품 가격, 상품 질, 서비스, 상품 이미지와 같은 외적 자극 단위에 대한 반응의 결과로 일어난다고 설명한다. 더불어 판매원, 가족, 광고매체, 개인의 관찰 내용과 같은 사회문화의 영향 요인을 소비자 행동의 중심 요인으로 구성한다.

앞서 살펴본 소비자 행동에 대한 여러 모델은 소비자 행동의 영향 요인들을 특정한 내적 자극과 외적 자극에 한정하여 이해하고 있다. 이는 소비자의 행동을 단순화시켜 구성함으로써 이해하기 쉽도록 만든다는 장점이 있지만, 소비자 행동 과정에서 나타나는 다양한 선택 조건에 대한 설명력이 부족하다는 단점도 있다. 이로 인해 최근에는 소비자 행동에 대한 통합적 모델이 제시되고 있다. 이 통합 모델은 동기와 욕구, 가치관 같은 내적 자극과, 상품 가격, 상품 질, 서비스, 상품 이미지 같은 외적 자극을 통합·조정해 소비자 행동을 이해하기 위한 구성 요소로 분류한다. 이렇듯 소비자 행동에 대한 통합 모델은 소비자가 특정 상품을 구매하는 과정에서 영향을 끼치는 개인적인 속성과 외부적인 속성을 종합적으로 검토해서 소비자 행동을 이해하고자 한다.

그렇다면 소비자 행동을 정신분석적으로 이해하는 것은 기존의 모델과 어떤 다른 점이 있는가? 이 모델은 소비자의 행동에 관심을 가짐으로써 소비자 행동을 보다 잘 이해하여 기업의 효과적인 상품 생산 결정 과정에 영향을 끼칠 뿐만 아니라, 소비자의 합리적인 소비 활동을 도모하는 데도 도움을 준다. 하지만 무엇보다 소비자 행동을 정신분석적으로 연구함으로써 소비자, 나아가 인간에 대한 이해를 심화시킨다는 점에서 기존의 모델들과 차이점을 갖는다. 인간에게 소비는 삶의 필연적인 산물로 볼 수 있으며 소비 없는 인간이란 존재하지 않는다는 것을 감안한다면, 소비 행동에 대한 연구는 효과적인 상품 생산에 도움을 줄 뿐만 아니라 인간을 이해할 수 있는 길 역시 제공해준다.

그렇다면 인간의 무의식적 영향력에 대해 심도 있는 연구를 해온 정신분석학은 소비자 행동을 이해하는 데 어떤 유익을 제공해줄 수 있는가? 정신분석학은 인간의 감정과 행동의 기저에서 움직이고 있는 무의식의 역동을 이해하기 위한 다양한 개념과 이론을 제공한다. 그 무의식적 역동에 깊이 자리하고 있는 것은 본능, 욕망, 욕동과 같은 개념들로 이는 소비 행동과 긴밀한 관련성을 맺고 있을 것이라고 이해할 수 있다. 물론 정신분석 이론은 오늘날까지 다양한 학파와 흐름으로 발전되었으며 인간의 본능과 욕망, 욕동을 이해하고 설명하는 관점과 방법은 상이하다. 하지만 소비는 그런 무의식의 요구를 충족시키는 중심 수단이 될 수 있으며, 그런 점에서 소비 활동을 연구하는 것은 인간의 욕망을 깊이 이해하는 방법이 될 수 있다.

정신분석학은 지그문트 프로이트Sigmund Freud에 의해 도입된 이래로 다양한 발전을 거듭해왔다. 프로이트 이후 오늘날까지의 정신분석학은 다양한 학문적 발전이 있었지만, 크게 네 심리학의 관점에서 이해되고 있는 것이 일반적이다. 그 네 심리학은 프로이트의 고전 정신분석, 자아심리학, 대상관계이론, 그리고 자기심리학이다. 이 네 가지 정신분석 흐름은 인간의 정신건강에 대해 각기 다른 관점과 개념을 발전시켰다. 첫째, 욕동이론으로 알려진 프로이트의 고전 정신분석은 욕동을 둘러싼 긴장과 갈등을 중심으로 인간의 마음을 이해하려고 했고, 갈등의 해소와 완화를 정신건강의 핵심 과제로 보았다. 둘째, 자아심리학은 프로이트의 후기 인격구조이론의 관점을 이어받아 현실 세계, 초자아superego 그리고 이드id에서 비롯된 서로 다른 요구와 기대를 조율하고 통제하는 자아ego의 적응성을 정신건강의 중요한 척도로 여겼다.[1] 셋째, 인간의 내적 대상세계와 그것의 투사에 대해 다루는 대상관계이론은 내적 대상세계의 변화와 통합을 정신건강의 목표로 삼았다. 넷째, 자기감을 중심으로 정신분석이론을 재정립한 자기심리학은 자기의 응집성과 그로 인한 자기감의 고양 상태가 정신건강을 보여주는 척도라고 주장했다. 이 장의 목적은 이런 각기 다른 정신분석적 관점에서 소비자 행동을 어떻게 이해하고 있는지 살펴보고, 이를 통해 종국적으로 소비의 수체인 인간에 대한 이해를 심화하고 인간이 누구인지 이해하려는 데 있다.

2. 고전 정신분석과 소비자 행동

1) 욕동과 갈등

프로이트의 고전 정신분석이 내세우는 핵심적인 개념 중 하나는 '갈등'이다. 이 갈등은 심리내적인 갈등을 의미한다. 즉 프로이트의 관점에서 인간의 심리를 이해하기 위한 중심 개념은 갈등에 있었다. 이 심리내적인 갈등의 강도가 심해지고 이로 인한 긴장이 고조될 때 히스테리와 강박증 그리고 공포증과 같은 정신병리가 생겨나는 것으로 그는

1 초자아: 인간의 발달단계 초기 중요한 대상과의 상호작용을 통해 내면화된 가치와 목표 등을 수반하며, 비판적인 평가, 죄의식뿐만 아니라 개인의 이상과 가치를 형성하게 하는 성격 구조이다.
이드: 인간의 신체에 기반을 둔 생물학적 본능으로 이뤄져 있으며 성적인 것과 공격적인 욕동의 저장소로 불리는 성격 구조이다.
자아: 외부 현실과 접촉을 가능하게 하는 주체로서, 이드의 욕구와 초자아의 제한을 중재하면서 개체의 보존과 유지를 담당하는 성격 구조이다.

이해했다. 이 심리내적 갈등은 억압하는 힘과 억압받는 힘 사이의 갈등으로 묘사될 수 있을 것이다. 억압하는 힘과 억압받는 힘 사이의 갈등이 첨예화되면 내적인 긴장과 불안이 높아지며, 이 갈등의 문제를 해결하기 위한 수단으로 일종의 심리적 타협물이 발생하는데 그것이 바로 신경증이다. 프로이트가 전 생애에 걸쳐 설명하고자 했던 것이 바로 이 심리내적인 갈등과 그 결과로 발생하는 타협물에 대한 것이었다.

인간의 심리내적 세계에서 갈등을 유발하는 두 힘에 대한 묘사는 프로이트의 생애에서 조금씩 다른 양상을 보였고, 이것이 그의 이론의 변화를 가져오게 한 주요한 이유가 되었다. 초기 프로이트는 요제프 브로이어Josef Breuer와의 공동 작업을 통해 인간의 감정이 어린 시절부터 억압당하고 지배당한다고 밝혔다. 당시 프로이트는 신경증이 감정들을 제대로 방출하지 못한 결과로 생겨난 것이라고 보기 시작했다. 그가 보기에 신경증을 지닌 사람들은 어린 시절 특정한 사건을 경험했고, 그 사건과 관련한 특정한 감정이 불러일으켜졌다. 하지만 사회적인 기대나 관습, 도덕적·윤리적 가치들이 그 감정들을 억압할 것을 요구했고, 이로 인해 심한 내적 갈등을 경험한다. 유년시절의 특정한 경험으로 인해 불러일으켜진 감정들이 있지만, 그것이 표현되어서는 안 된다는 암묵적인 요구로 인해 갈등이 유발되며, 이로 인해 신경증이 발생한다고 본 것이다.

도덕적·윤리적 요구로 인해 그 초기의 감정들은 결국 표현될 기회를 잃고, 그것을 초래한 사건의 기억은 억압된다. 하지만 그 사건의 기억과, 그것과 깊이 관련된 감정들은 억압으로 인해 사라지지 않고 언제든 병리적인 형태로 되돌아올 세력으로 남아 있게 된다. 그런데 프로이트가 관찰한 바에 따르면, 그 억압받는 감정들은 성적인 영역과 깊이 관련되어 있는 것들이었다. 다시 말해 억압당하는 감정들을 유발하는 사건은 성적인 유혹과 연관되어 있고, 당시 시대적 상황에서 성적 영역은 도덕적·윤리적 가치와 양립될 수 없는 생각과 감정을 불러올 수밖에 없었으므로, 이것이 심리내적 세계에 갈등을 유발했다는 것이다.

이 초기의 모델에서 결국 억압받는 것은 성적 영역과 관련된 감정들이며, 억압하는 세력은 당시 시대적 상황에서 비롯된 사회적인 요구, 도덕적·윤리적 가치라고 묘사할 수 있다. 억압받는 감정들이 불러일으켜지는 것은, 특정한 감정을 생산하는 우리 자신의 성격적 측면과 이와 쌍을 이루게 되는 사건의 성격에 의해 결정되는 것으로 이는 초기 프로이트의 대인관계적 관점을 보여준다. 하지만 이런 대인관계 모델은 중기의 프로이트에 의해 전면적으로 수정된다. 왜냐하면 프로이트가 환자와의 지속적인 상담 과정을 통해서 환자의 어린 시절 실제로 있었을 것으로 믿었던 성적인 유혹 사건이 사실은 많은 부분 환자 자신의 환상에 의해 각색되고 왜곡된 것임을 알게 되었기 때문이다. 그는 결국 성적유혹설을 포기하고 유아환상설로 이론을 수정하게 된다. 이를 통해 그가 말하려고 했던 바는, 인간의 심리내적 갈등이 특정한 사건에 의해 비롯된다기보다는 인간에게 태생적으로, 그리고 유전적으로 주어진 선천적 조건에 의해 결정된다는 것이었다.

프로이트의 이런 주장은 그의 '욕동이론drive theory'을 통해 구체화되었다. 그에게 욕동은 동물적 본능과 구분되는 것으로 심리작용이 가능한 인간에게만 적용될 수 있는 개념이다. 프로이트는 욕동을 정신적인 것과 신체적인 것의 경계에 있는 개념으로 모호하게 정의했다. 하지만 그가 욕동 개념을 통해 말하고자 한 것은, 그것이 단지 신체적인 개념이 아니라 정신적인 작용과도 긴밀하게 관련되어 있다는 것이었다. 다시 말해 인간의 신체적 기관에 주어지는 내적 자극이 인간의 정신 작용 기제와 맞물리면서 특정한 심리적 표상이 발생하는데, 이것이 욕동과 깊이 관련되어 있다는 것이다. 그렇기에 욕동 개념은 동물적 본능을 수반한 인간의 신체 기능과, 이를 표상화해서 기억할 수 있는 심리적 기제를 총칭하는 말이다. 이로 인해 인간은 본능과 관련한 환상을 창조할 수 있다. 프로이트는 이 욕동 개념을 통해 인간의 유전적이고 선천적인 욕동에 초점을 맞추기 시작했고, 특정한 사건이나 대인관계는 이차적인 혹은 부수적인 중요성을 갖는 것으로 이해하기 시작했다.

이 욕동모델이 확립되면서, 신경증적 병리를 유발하는 갈등이 결국은 마음을 자극한 신체와 결부된 힘들의 작용에 의한 것임이 분명해졌다. 프로이트는 여러 욕동 가운데 더 이상 분할될 수 없는 근원적 본능을 언급했는데, 그것은 '자아보존 욕동'과 '성적 욕동'이었다. 신경증은 이미 선천적으로 주어진 이 두 욕동 사이의 갈등에 의해 발생한다. 성적 소원의 만족은 결국 자신을 문명 세계에서 보호하고 유지시켜야 하는 자아보존의 필요에 의해 충돌할 수밖에 없고, 이로 인해 심리내적 갈등이 유발된다. 이 갈등이 통제할 수 없을 정도로 긴장을 유발하고 조절되지 못하면 결국 신경증적 증상으로 나타난다. 욕동모델의 도입은 환경적인 측면을 부수적인 것으로 만들었고, 무엇보다 중요한 것은 선천적으로 주어진 욕동의 작동 기제였다. 그리고 그러한 욕동의 작동 기제에 의해 발생하는 유년시절의 핵심적인 사건이 바로 '오이디푸스 콤플렉스Oedipus complex'였다. 이 시기에 아동의 심리내적 세계의 갈등은 최고조에 이른다.

욕동이론에서 환경적 측면은 부수적이지만, 결코 무시될 수 없는 역할을 한다. 프로이트는 자세히 설명하지 않았지만, 욕동의 갈등 형태와 그 강도를 결정하는 것은 다름 아닌 환경적 측면이다. 환경은 그 자신의 특별한 요구와 필요를 제시해, 욕동과 현실 세계를 중재하는 자아에게 억압과 갈등을 불러일으키는 역할을 한다. 문명 세계에 자신을 맞추고 적응해서 자신을 보존해야 하는 자아는 신체 내부 자극에 의해 자신을 드러내는 성적 욕동을 지연하고 조절해야 한다. 이때 문명 세계의 성격이 어떠한가에 따라 이 지연과 조절의 형태 및 강도는 달라질 수밖에 없다. 더불어 욕동 개념에 함축된 정신기제의 표상화 능력은 사회문화적 성격을 수반한다. 신체 내부의 자극이 인간의 마음에 닿아 떠올려진 표상에 재료를 제공하는 것은 한 개인이 처한 사회문화적 성격이다. 그렇기에 욕동이론에서 또한 여전히 환경적 측면은 갈등의 정도와 양상을 달리해 신경증 유발을 결정하는 데 영향을 끼친다.

신경증 유발에 있어 환경적 측면의 영향력은 다시금 프로이트의 후기 구조모델에서 전면에 등장한다. 이는 프로이트가 1917년에 작성한 「애도와 우울증Mourning and Melancholia」을 통해서 나타나기 시작했다. 이 논문에서 그는 애도와 우울증이 대상 상실과 깊이 연관되어 있다고 설명했다. 사랑하는 대상을 더 이상 만날 수 없는 현실에서 대상 상실을 경험하고, 이는 '리비도Libido(성본능, 성충동. 사랑이나 성욕과 관련된 추동의 에너지)'의 방향 상실로 연결된다. 투자되어야 할 대상을 잃어버린 리비도는 대상 상실의 현실을 부인하기 위해 자아의 한 부분을 잃어버린 대상과 동일시하고, 그것을 이드의 만족을 위한 대상으로 제공한다. 결국 이는 자기 세계로의 함몰과 우울증적 상태를 초래한다. 정상적인 애도의 과정은 이 우울증적 상태를 극복해서 리비도가 새로운 대상을 발견하는 것이다. 새로운 대상에 성적 에너지가 향하게 될 때에 애도의 과정은 완성된다.

이 논문에서 프로이트는 대상 상실로 인한 자아의 외부 대상 동일시 과정으로서 '내면화internalization'를 언급한다. 이것은 1923년 「자아와 이드The ego and the id」에서도 그대로 연결되어 오이디푸스 콤플렉스를 설명하는 개념이 된다. 곧, 오이디푸스 콤플렉스를 해결하고자 아버지와 자신을 동일시해서 초자아를 형성하는 남자아이의 심리적 과정을 설명하는 데 이 내면화 개념을 사용했다. 여기에서 외부 대상의 이미지와 목소리는 자아의 구조 속에 편입되고, 이는 내적 갈등을 유발하는 인간의 심리구조로 자리 잡는다. 자아는 세 차원의 압박을 받게 되는데, 그것은 욕동의 저장소인 이드, 외부 대상이 내면화된 초자아, 그리고 현실 세계의 요구이다. 이 각각의 요구는 자아에게 때때로 가혹한 것으로 다가오며, 이로 인해 발생하는 긴장 상태를 자아가 조절하지 못할 때에 신경증의 증상이 유발된다.

인간의 심리내적 세계를 초자아, 자아, 이드로 구분해 이해하는 관점을 프로이트는 '구조적 모델'이라고 불렀다. 욕동의 표상이 인간의 심리 영역 어디에 위치해 있는가를 통해 무의식과 전의식 그리고 의식으로 인간의 마음을 구분하는 것은 '지형학적 모델'이라고 부르는데, 이 지형학적 모델은 욕동이론이 전면에 등장했던 중기에 프로이트가 인간의 마음을 이해했던 이론이다. 여기에서는 갈등의 결과로 억압받는 욕동의 표상이 어디에 위치해 있는가에 초점을 맞춘다. 반면 구조적 모델은 보다 갈등을 일으키는 주체들에 초점을 맞추어 인간의 마음을 이해한다. 갈등이 인간의 마음을 이해하는 핵심적인 개념인 것은 변함없는 사실이지만, 그 갈등의 구조를 이해하는 관점은 조금씩 차이를 보인 것으로 묘사할 수 있다. 후기의 구조적 모델에서는 인간의 정신건강에 대해, 자아가 세 폭군의 요구와 기대를 현실적으로 중재하고 타협하는 것이라고 보았다.

2) 심리내적 갈등과 소비자 행동

고전 정신분석의 갈등은 소비자 행동의 내적 동기를 분석하기 위한 유용한 개념을 제공한다. 인간의 소비 행동은 정신분석의 갈등의 결과와 그 타협물의 관점에서 이해할 수 있기 때문이다. 프로이트가 전 생애에 걸쳐 인간의 행동과 생각의 근원적 동기를 심리내적 갈등을 통해 이해하고 이를 분석하려고 했던 것은 소비자 행동을 정신분식적으로 이해할 수 있게 하는 길을 제공한다. 프로이트는 인간의 예술, 문학, 종교 등을 '억압하는 힘'과 '억압받는 힘' 사이의 갈등, 그리고 그 결과로서의 타협물이라는 기본 틀에서 이해하고 분석하려 했는데, 이런 관점은 동일하게 소비자 행동을 분석하는 데 도움을 준다.

기본적으로 인간의 소비는 인간의 욕구를 만족시키는 행위라고 볼 수 있다. 신체를 지닌 인간은 욕동의 지배에서 벗어날 수 없다. 비록 현실 세계의 요구나 가혹하고 엄격한 초자아의 요구 앞에서 그 욕동은 억압될 운명에 처해지지만, 끊임없이 그 욕동은 자신을 만족시켜줄 것을 한 개인에게 요구한다. 직접적인 방식으로든 우회적인 방식으로든 욕동은 만족될 수 있어야 한다. 왜냐하면 그것은 인간의 삶과 활동의 근원적 동기의 힘이 되기 때문이다. 즉 소비 행위는 인간의 욕동을 만족시키는 우회적인 방식을 제공한다고 이해할 수 있다. 인간의 욕동은 표상으로 존재하고 그 표상은 여러 동일시의 과정을 거쳐 생산자가 생산한 생산품과 연결될 수 있다.

소비가 인간 욕동의 대리적인 만족을 위한 수단으로 기능한다는 점을 이해한다면 쇼핑중독 현상을 보다 정신분석적으로 이해할 수 있다. 인간은 합리적인 소비를 추구하고, 그 합리성에 기반해 시장이 작동한다는 경제학의 기본 원리는 정신분석적 관점에서 보면 인간이 자신의 무의식적 욕동과 숨겨진 심리작동을 감안하지 못한 결과로 이해할 수 있다. 이를 전형적으로 보여주는 것이 '쇼핑중독'이다. '강박적 구매'로도 불리는 쇼핑중독은 쇼핑과 구매에 대한 부적합하고 과도한 충동이나 집착이 있어, 분별없이 필요하지 않은 물건을 구매하거나 자신의 경제력으로 감당할 수 있는 수준보다 높은 금액의 물건을 구매하는 경우가 빈번히 나타나는 병리적인 현상이다. 단순히 쇼핑을 많이 하는 마음의 병이라기보다는 쇼핑의 충동을 스스로 조절하지 못해 일상생활의 어려움을 초래하는 정신병리로 이해할 수 있다.

신체를 기반으로 하는 인간에게 특정 욕구가 발생하는 것은 지극히 정상적인 일이며, 이런 자극을 최대한 완화하고 누그러뜨리는 것에 인간의 기본 동기와 삶의 목적이 있는 것으로 정신분석은 이해한다. 이렇게 특정 욕구가 생겨났을 때 그것을 해결하기 위해서는 특정한 대상이 필요하다. 예컨대 배가 고프면 밥을 먹음으로써 위벽에서 유발된 자극을 완화시켜야 한다. 이런 기본 메커니즘은 우리가 건강하게 살 수 있도록 해주는 기본적이면서도 합리적인 행동이며, 이 과정에서 우리는 욕동이 해결되어 만족감을 느끼고 쾌락을 경험한다. 그런데 복잡한 문화 환경 속에서 사는 현대인은 매우 다양한 욕구에 부딪히며 이를 해결하는 행위를 하고 대상을 찾게 되는데, 때로는 부족함을 해결한다는 합리적 동기와 쾌감을 추구한다는 부수적 동기 사이에 괴리가 생기기도 한다. 쇼핑에 대한 집착도 이런 현상의 일종으로 볼 수 있다. 쇼핑이 필요한 재화를 획득하기 위한 행동이 아니라 그 자체의 쾌감을 추구하는 행동으로 바뀌는 것이다.

쇼핑중독 환자들은 '이번에는 이것만 사야지.'라고 결심하고 쇼핑을

하기 시작한다. 물론 '이것이 필요하니까.'라는 생각 자체가 쇼핑몰(온라인 및 오프라인)에 가기 위한 핑계인 경우도 있다. 어쨌건 일단 구매 행동을 시작하면 애초에 마음먹은 것보다 더 오랫동안 더 많은 것을 꼭 필요하지도 않으면서 사게 된다. 중요한 것은 처음의 '이것만 사고 자제해야지.'라는 결심이 일단 쇼핑 행동을 시작하면 무너질 수밖에 없다는 사실이다. 사고 싶은 물건을 접하면 심한 갈망감과 사서는 안 된다는 생각 사이에서 갈등을 겪다가 '이것은 이래서래 필요할 거야.'라는 자기 합리화를 거쳐 결국은 사게 되는데, 구입한 후에야 비로소 마음의 평정이 온다. 쇼핑중독 환자들은 일반적으로 자신의 쇼핑 행동이 문제가 있다는 것을 알고 있으며, 자신의 빚 때문에 고통을 받고 있다. 집에는 쌓아놓은 물건이 넘쳐나고 결국은 다른 사람에게 나누어주기도 한다. 자제가 불가능하다는 것을 스스로 알고 있지만, '이번만은 자제할 수 있어.'라고 믿으면서 다시 시작하고 똑같은 자제 불가능을 반복 경험하는 것은 모든 중독의 공통적인 현상이다.

정신분석적 관점에서 보면, 소비에 대한 중독은 일종의 신경증적 증상에 해당한다. 이것은 앞서 설명했듯이, 억압하는 힘과 억압받는 힘 사이의 갈등과 그 갈등의 타협물로 설명될 수 있다. 인간의 기본적인 욕동의 직접적인 만족은 현대 문명 사회에서 지양되기 마련이다. 이런 직접적인 만족은 사회와 공동체에 혼란스런 갈등과 크나큰 손실을 가져올 것이기 때문이다. 그렇기에 직접적인 만족 대신에 우회적인 수단이 요구되는데, 현대 사회에서 소비는 이 우회적인 만족을 추구할 수 있는 길을 열어준다. 소비품은 인간의 억압된 무의식의 표상과 동일시될 수 있으며, 그 소비품을 구매함으로써 인간의 마음은 평정을 찾을 수 있다. 다시 말해, 소비는 한편으로는 억압된 무의식적 욕동에 대체적인 만족을 제공해줄 뿐만 아니라, 그 욕동의 직접적인 만족을 견제하고 통제하는 억압하는 힘에 대해서도 일정 부분 만족을 제공해줄 수 있다.

이런 신경증적 타협물로 소비를 이해하는 것은 소비를 부정적인 현상으로 묘사하게 만들 우려가 있다. 하지만 소비를 심리내적 갈등의 타협물로 이해한다고 해서 소비가 부정적인 현상으로 간주될 수는 없다. 욕동의 대리적인 만족이란 점에서 그것은 한 사람으로 하여금 보다 사회화된 형태의 만족을 추구할 수 있도록 도움을 주기 때문이다. 다만 문제가 되는 것은 심리내적 갈등이 첨예화되고 그로 인한 긴장을 자아가 더 이상 다루거나 제어하기 어렵게 되는 상황에서 일어나는 소비 현상이다. 그때의 소비는 중독의 성격을 보일 수 있으며, 신경증적인 만족의 형태를 띤다. 다시 말해 그것은 좌절된 욕망의 충족을 제공해주는 동시에 직접적인 만족으로 인한 어려움을 피할 수 있도록 해준다. 이처럼 일종의 심리내적 갈등의 타협물로 소비가 이루어지기 시작할 때 그것은 제어하기 어려워진다. 왜냐하면 그것은 본능적 충동의 만족인 동시에 이를 제어하려는 힘의 세력에게도 만족을 제공해주기 때문이다.

3. 자아심리학과 소비자 행동

1) 자아의 적응과 방어기제

1923년 프로이트는 「자아와 이드The ego and the id」를 저술하면서 후기 구조모델을 도입했다. 그는 초기 의식과 전의식 그리고 무의식의 지형학적 모델을 수정해서 자아와 이드 그리고 초자아로 심리구조를 구분하는 '구조모델'을 개념화시켰다. 그는 자아와 초자아의 많은 활동이 무의식적 차원에서 이루어진다는 사실을 설명하기 위해서는 지형학적 모델보다는 구조모델이 더 알맞다고 생각했고, 이런 구조모델의 도입으로 인해 자아의 역할이 강조되기 시작했다. 다시 말해 무의식적 표상을 인식하고 드러내는 차원뿐만 아니라, 심리내적 갈등에서 자아가 차지하는 역할이 분석의 대상이 되기 시작한 것이다. 프로이트가 구조모델을 도입하면서, 점차적으로 정신분석에서의 이상적인 정신건강은 자아의 능력에 달려 있는 것으로 이해되기 시작했다. 즉 이드, 현실 세계, 초자아의 요구를 조정하고 조율하는 자아의 능력을 강화시키는 것이 정신분석의 목표로 인식되었다.

프로이트 이후로 여러 학자가 자아의 활동에 보다 관심을 기울이기 시작하면서 자아의 '방어기제defense mechanism', 그리고 적응과 현실 검증에서의 자아의 역할에 대한 이론이 대두되었다. 예를 들어 프로이트의 딸인 안나 프로이트Anna Freud는 『자아와 방어기제The Ego and the Mechanisms of Defense』(1936)를 발표해 자아 구조 속에서 일어나는 다양한 무의식적 방어기제를 세밀하게 묘사했다. 자아의 방어기제에 대한 이런 분류는 오늘날 정신분석에서도 내담자를 진단하고 치료적 개입을 결정하게 하는 중요한 수단이 되었다. 이런 자아의 방어기제에 대한 관심은 정신분석가들로 하여금 자아에서 일어나는 방어기제에 대한 분석에 초점을 맞추도록 했다.

하지만 자아심리학은 헤인즈 하트만Heinz Hartmann에 의해 보다 다른 차원에서 발전하기 시작했다. 하트만은 프로이트가 욕동이론에 지나치게 몰두한 나머지, 자아의 현실 세계 적응에 대한 측면에 관심을 갖지 못했다고 주장했다. 욕동이론에서는 대상을 단순히 욕동의 만족을 위해 봉사하는 것으로 보며, 그 상호적인 관계의 측면은 효과적으로 설명하지 못하는 약점을 갖는다. 그렇기에 자아는 이런 욕동이론과 갈등이론의 구조 안에서만 설명되며, 전체 환경과 관계 속에서의 적응이라는 측면은 설명하지 못한다. 이에 하트만은 유기체와 환경 사이의 상호관계 안에서 일어나는 자아의 적응이라는 문제에 초점을 두고 이론을 전개하기 시작했다. 자아는 환경과 상호 교류하면서 자신을 변형시켜가기도 하고, 타자를 변화시키기 위해 영향력을 행사하기도 하며, 혹은 보다 나은 환경을 찾음으로써 현실 세계에 적응해나가기도 한다. 이런 자아의 독립적인 발달을 위해 제공되어야 할 환경 조건을 그는 "평균적으로 기대되는 환경average expectable environment"이라고 정의했다(Hartmann, 1958).

이렇듯 자아심리학의 관점에서 인간은 적응adaptation, 현실 검증reality testing 그리고 방어defense의 측면에서 이해된다. 자아심리학은 이런 인간의 능력들이 실제 삶에서 인간 정신세계의 욕구와 감정, 환상 그리고 현실 세계의 요구를 조절하고 다루는 데 어떻게 사용되는지에 관심을 갖는다. 더불어 자아의 적응과 현실 검증 그리고 방어의 능력을 시간에 걸쳐 점차 획득되고 발전하는 것으로 묘사한다. 또한 자아심리학은 자아 결핍ego defect이라는 개념을 통해서 자아 기능의 손상과 발달에 대해 보다 구체적으로 묘사하는데, 적응과 현실 검증 그리고 방어의 자아 기능이 부실하게 비정상적으로 발달할 수 있고, 이것이 자아 결핍을 가져온다는 것이다. 이것은 자아의 발달론적 과업과 그 실패를 보다 구체적으로 묘사할 수 있는 길을 열어놓았다.

자아심리학의 중요한 업적이라고 한다면 방어기제에 대한 분류와 섬세한 묘사에 있다. 방어기제는 중립적인 의미를 지닌다. 그것은 위협으로부터 자기 자신을 보호하기 위해 작동되는 지극히 일상적이고 불가피한 내적 보호 양식이라고 할 수 있다. 밤길을 걸을 때 위험한 동물과 마주친다면 그 위험으로부터 자기 자신을 보호하기 위해 무의식적인 방어기제가 작동되는 것은 당연한 일이다. 가령 심장박동이 빨라지는 것은 자신이 지금 위험에 빠져 있으며, 이 상황에서 벗어나야 한다는 경각심을 일깨운다. 이처럼 방어기제는 자기 자신을 보호하기 위한 정상적인 삶의 보호 양식이다. 하지만 문제는 방어기제가 일반적으로 작동될 필요가 없는 상황임에도 그런 방어기제가 작동된다는 데 있다. 길에서 교수님을 만났는데 마치 위험한 동물이라도 만난 것과 같은 방어기제가 작동된다면 그것은 분명 문제가 있는 것이라고 말할 수 있다.

심리적인 의미에서 자아의 방어기제 또한 위협으로부터 자기 자신을 보호하기 위한 적응적인 기능의 의미를 지닌다. 전쟁터에서 동료의 죽음을 목격한 현장에 있게 된다면 일시적으로 견디기 어려운 위협적이고 고통스러운 감정에 휩싸이게 될 것이다. 사실상 제정신으로 그런 장면을 견디기는 대단히 어려울 것이며, 그 상황에서의 강력하고 위협적인 감정을 피하거나 다루기 위해서는 특정한 방어기제가 필요하다. 대표적인 것이 '해리dissociation'이다. 정신을 해리시키면 현재의 상황을 부인할 수 있게 되고 강력하고 위협적인 감정을 피할 수 있게 된다. 하지만 불가피한 상황에서 작동되기 시작한 해리의 방어기제는 위협적인 상황이 종료되었음에도 불구하고 그런 위협적인 상황으로 인지할 만한 순간순간에 어김없이 무의식적으로 작동된다는 데 그 문제가 있다.

아직 정신적으로 미약한 아이는 학대하는 부모님과의 관계에서 해리라는 방어기제를 작동시킬 수 있다. 부모님의 학대를 마치 전쟁터에서의 끔찍한 순간과 유사하게 경험할 수 있다는 것이다. 이처럼 일시적으로 강력하고 위협적인 감정을 피하거나 다루기 위한 방어기제로 해리가 작동되기 시작한다. 하지만 어린 시절 부모님과의 관계에서 유효하고 적절할 수 있었던 이 해리가 성인이 되어서도 작동된다면 문제가 된다. 이제 부모님의 학대는 존재하지 않지만, 해리가 삶의 스트레스 상황과 어려움을 극복하기 위한 방어기제로 사용된다는 데 문제가 있는 것이다. 여기에서 방어기제는 어떤 상황에서 한 사람의 자아가 적응하기 위한 방식으로 사용된 것이지만, 그런 무의식적인 적응 방식은 달라지고 변화된 환경에서 더 이상 의미가 없으며 유효하지 않고 오히려 불안과 증상을 유발시키는 것으로 이해될 수 있다.

이런 방어기제는 일차적인 방어기제와 이차적인 방어기제로 분류할 수 있다. '일차적인 방어기제'는 심리 기능이 떨어지는 사람들이 사용하는 원시적이고 원초적인 방어기제로, 원시적 철수, 부인, 전능 통제, 원시적 이상화, 투사, 내사, 투사적 동일시, 분열, 해리 등이 이에 속한다. 반면 '이차적인 방어기제'는 정신 기능이 비교적 잘 작동되고 있는 사람들이 사용하는 방어기제로, 억압, 퇴행, 격리, 주지화, 합리화, 도덕화, 치환, 자기비난, 반동 형성, 역할 역전, 동일시, 승화 등이 이에 속한다.

여기서는 대표적인 방어기제 몇 가지를 살펴보려고 한다. '원시적 철수withdrawal'는 심한 외부의 자극과 스트레스 상황에서 다른 의식 상태로 심리적인 철수를 하는 것을 의미한다. 일상적인 상황에서 사람들이 심한 스트레스를 받으면 오랜 시간 잠을 청하게 되는 것도 철수의 일종으로 이해할 수 있다. 하지만 원시적 철수는 자기 자신의 공상적 세계에 빠져들어 인간관계를 회피하는 현상과 깊은 관련이 있다. 사람들과의 관계를 위협적이며 침범당하는 것으로 경험하는 사람들은 이런 철수의 방어기제를 사용해 인간관계를 종료하고 심리적인 도피를 시도한다.

'부인denial'은 불쾌한 경험을 다루기 위한 아주 간단한 방법으로, 어떤 사건과 상황이 일어나지 않았음을 받아들이지 않는 것이다. 재앙적인 수준의 문제 상황에 직면했을 때 쉽게 사용될 수 있는 방어기제로, '내가 인정하지 않는다면 그건 일어나지 않은 거야.'라는 무의식적인 의미를 담고 있다. 부인의 방어기제가 삶의 전반에 확대되어 나타나는 것이 '조증 방어manic defense'이다. 조증 방어의 심한 경우는 자신의 신체적 한계나 수면의 욕구까지 부인하게 된다. 자신의 삶은 늘 긍정적이며, 항상 모든 것이 좋다고 이야기하는 것이 이런 부인 방어기제를 보여준다. 실상 인간의 삶이 언제나 좋을 수 없으며 슬픔과 고통이 동반된다는 것이 일반적이라고 한다면, 이 부인의 방어는 이런 불쾌한 삶의 상황을 전면적으로 부인하는 것이다.

'전능 통제omnipotent control'와 '원시적 이상화idealization'는 자신이 지닌 힘과 능력을 잃어버리지 않기 위해 작동되는 동전의 양면 같은 방어기제이다. 자신이 전능한 힘을 갖고 있다는 유아적 기대는 현실적으로 타당하지도, 적절하지도 않지만 그런 자아중심적인 전능함에 대한 욕구를 지속적으로 유지하기 위해 전능 통제가 작동된다. 반면 자신의 전능성이 불가피하게 좌절되는 현실의 문제를 극복하기 위해 작동되는 또 하나의 방어기제가 있는데, 이것이 바로 원시적 이상화이다. 즉 정서적으로 의지하고 있는 누군가가 특별한 가치와 힘을 갖고 있다고 믿고 싶은 욕구로서, 가령 내일 소풍을 가는데 비를 멈춰달라고 아버지에게 부탁하는 아이에게서 이런 원시적 이상화의 형태를 살펴볼 수 있다.

'투사projection'와 '내사introjection'는 자신의 심리 세계에서 일어나는 일과 실제 외부 현실에서 일어나는 일을 구분하지 못하는, 자기와 세상 사이의 심리적 경계 미분화 상태를 보여주는 방어기제이다. 자기 안에 있는 것을 밖에 있는 것으로 오인하는 것이 투사이며, 외부 현실의 상황을 자기 안에 있는 것으로 오인하는 것이 내사이다. 투사와 내사가 방어기제인 이유는 불쾌한 상황을 다루기 위해 작동하기 때문이다. 자기 안에 존재하는 불쾌한 요소들을 외부 탓으로 돌려 자기 안에 좋은 것만 비축하려는 목적으로 이루어지는 것이 투사 방어기제이다. 한편 외부에 존재하는 나쁜 속성들을 자기 안에 있는 것으로 이해하려는 내사는 외부 세계에서 유기당하지 않기 위해 사용하는 방어기제이다.

'퇴행regression'은 습관적으로 이전 발달단계로 되돌아가는 것을 의미한다. 배변훈련을 잘 마친 아이가 동생이 태어나자 다시 배변을 가리지 못하는 일이 생긴다면 이는 퇴행을 보여준다. 이것은 비단 아이의 문제는 아니다. 성인이 되어서도 외부 상황이 어려워지고 심한 스트레스가 주어지면 이때의 불쾌하고 강력한 감정을 다루기 위한 수단으로 퇴행을 선택할 수 있다. 보호받고 위로받을 수 있었던 발달단계로 일시적으로나마 되돌아가기 위해 사람들은 다양한 퇴행적 방식을 선택하게 된다. 예를 들어 연인이 커플티를 구매하는 것은 어린 시절 강한 소속감과 동일감, 유대감에 깊이 경도되어 있었던 발달단계로 퇴행하는 것이다. 뿐만 아니라 연인 사이의 대화에서 보이는 아이와 같은 목소리와 대화 방식은 퇴행을 보다 쉽게 이해할 수 있게 해준다.

'격리isolation'는 이성과 합리적인 판단이 강조되는 오늘날 현대 사회에서 자주 사용될 수 있는 방어기제이다. 정상적인 인간이라면 자연스럽게 생겨나는 감정을 차단하고 격리시키는 것이 이 방어기제의 중심 특징이다. 이렇게 감정을 차단시키는 방어기제는 부인보다는 현실적인 감각을 갖고 있는 것이라고 말할 수 있지만, 유쾌하지 못한 경험에서 생겨나는 강력하고 위험한 감정을 차단시킨다는 점에서 부분적인 부인이라고도 말할 수 있다. 의사가 환자를 치료할 때나 군의 지휘관이 병사를 지휘할 때, 화재가 발생한 빌딩을 향해 소방관이 뛰어 들어갈 때 이 격리의 방어기제는 정상적으로 요구된다. 하지만 삶의 전반에 걸쳐서 이런 감정의 차단과 정신적 무감각이 일어난다면 그것은 병리적인 것으로 이해될 수 있을 것이다.

'합리화rationalization'와 '도덕화moralization'는 실망스러운 사건 경험에 대한 심리적인 방어기제이다. 합리화에는 신 포도 합리화와 단 레몬 합리화가 있는데, '신 포도 합리화'는 여우가 포도송이를 따기 위해 노력했지만 얻지 못했을 때 '저 포도는 아마 신 포도일거야.'라고 스스로에게 위로하듯, 기대하던 것을 성취하지 못했을 때 그 기대하던 일이 별것 아니었을 것이라고 합리화하는 경우를 의미한다. 한편 '단 레몬 합리화'는 포도를 얻지 못한 여우가 주머니에 있는 레몬을 한입 베어 물고는 달다고 하는 것처럼, 현재 자신이 가진 것이 더 괜찮다고 스스로에게 위로하며 좌절스러운 사건으로부터 오는 심리적 타격을 최소화시키려는 합리화를 일컫는다. 도덕화의 경우는 이런 합리화와 달리 실망스런 사건을 경험한 뒤에 그것이 인격 수양에 도움이 되었다고 생각하며 심리적인 충격을 극복하려 하는 자세를 의미한다.

'치환displacement'은 심리적 욕구와 정서, 그리고 행동의 방향을 원래의 대상에서 다른 대상으로 바꾸는 방어기제를 의미한다. '종로에서 뺨 맞고 한강에 가서 눈 흘긴다.'라는 속담은 엉뚱한 곳에서 화풀이를 한다는 의미를 갖고 있는데, 이것이 방어기제인 치환을 잘 보여준다. 실제 대상에게는 분노와 공격성을 보이기 어려워서 그 대상을 치환해 다른 대상에게 자신의 분노와 공격성을 돌리는 것이다. 이는 비단 공격성에만 해당하지 않으며, 기타 인간의 심리적 욕구와 정서 그리고 행동에 적용할 수 있다.

보다 적극적으로 부정적인 정동을 긍정적 정동으로 전환하거나, 반대로 긍정적 정동을 부정적 정동으로 전환하는 경우의 방어기제를 '반동 형성reaction formation'이라 일컫는다. 어떤 사람에게 끌리는 마음이 생겼는데 그 대상이 자기가 좋아하거나 사랑할 수 없는 대상이라면 그 대상에 대한 정반대의 느낌을 형성해 대상에 대한 끌림을 방어하려는 것이 반동 형성의 한 예이다. 반대로 어떤 사람이 너무 밉지만 그 대상을 좋아할 수밖에 없는 상황이라면 '난 너를 미워하지 않아.', '난 너를 좋아해.', '난 너를 존경해.'라는 반동 형성이 생겨날 수밖에 없을 것이다.

이처럼 심리적인 의미로서 방어기제는 우리의 인간관계와 일상적인 삶에서 다양하게 사용되고 있다. 이것은 인간의 자아가 현실에 적응하기 위한 중요한 수단이 된다. 하지만 가정과 같은 삶의 가장 초기 환경이 병리적인 경우, 불가피하게 그런 환경에 적응하기 위해 작동된 방어기제는 병리적 양상을 띠게 된다. 그런 병리적 상황에서 적합했던 방어기제는 삶 전반에 확고하게 자리 잡으며, 이후의 삶에서도 여전히 작동될 수밖에 없다. 이 방어기제가 한 사람의 마음에 심리적 안정감을 제공해온 탓에, 그것이 잘못되었고 현실을 왜곡시키고 있다는 사실에도 불구하고 이전에 사용하던 방어기제를 벗어나기란 쉬운 일이 아니다.

2) 방어기제와 소비자 행동

방어기제와 소비는 긴밀한 관련을 맺고 있는 것으로 이해할 수 있다. 방어기제의 정의상 그것은 강력하고 위협적인 감정과 경험을 피하거나 다루려는 인간의 자동적이며 무의식적인 보호기제이다. 인간의 소비는 쾌락을 얻기 위한 측면도 있지만, 불쾌하고 불편한 경험을 보호하기 위한 방어의 측면에서 이해할 수도 있다. 그 대표적인 것이 다양한 보험 상품이다. 결핍과 불편한 상황을 미연에 대비할 수 있는 여유를 마련하고자 보험 상품에 가입하는 것은 방어와 깊은 관련을 맺고 있는 소비 행동이다. 혹여 있을지 모르는 사고에 대처하기 위해 보험을 들거나, 정기적으로 병원에서 건강검진을 받거나, 정기적으로 자동차를 점검해둠으로써 고속도로에서 불시에 멈춰버리는 불행을 방지하는 것은 방어기제로서의 소비를 잘 보여준다.

심리적인 차원에서 방어기제를 보면 소비는 더욱 방어기제와 관련을 맺고 있는 것으로 보인다. 다양한 에너지 드링크의 소비는 부인의 방어기제와 관련된다. 신체적인 피곤과 피로를 부인하고 계속적으로 업무를 수행하기 위해 에너지 드링크를 소비함으로써 수면과 쉼에 대한 욕구를 부인하는 것이다. 주름을 케어한다거나 매끈한 피부를 갖도록 돕는다는 다양한 화장품 역시 노화에 대한 부인의 방어기제와 관련을 맺고 있다. 또한 10여분 안에 뚝딱 뜸까지 들이는 압력밥솥이나, 1초 만에 뜨거운 물이 쏟아져 나오는 순간 샤워기 등은 전능 통제의 방어기제와 관련이 있다. 이처럼 전능적인 통제감을 얻기 위한 방법 역시 소비 행동을 통해 얻게 된다.

커피숍이나 다양한 식당에서 제공하는 적립 쿠폰은 합리화의 방어기제와 연결 지어 설명할 수 있다. 특별히 사용 시한, 유효 기간 혹은 마감 시한이 명시된 쿠폰의 경우 시간 부족의 결핍을 경험하게 하면서 소비를 자극하는데, 이는 합리화와 깊은 관련을 맺고 있다. 시간 결핍에 쫓기는 소비자가 쿠폰을 사용해서 자신이 합리적으로 구매를 했다는 착각에 빠지도록 만드는 것이다. 대형 슈퍼마켓의 대용량 포장 제품, TV 홈쇼핑의 대량 판매는 개별 포장 제품을 여러 개 사는 것보다 돈을 더 절약할 수 있다고 생각하게 만들어 소비자가 저렴한 가격에 많이 구매했다는 합리화에 빠지게 한다.

미국 스탠퍼드대학교의 바바 시브Baba Shiv와 인디애나대학교의 사샤 페도리킨Sasha Fedorikhin은 뇌가 인지과부하에 직면하면 검은 유혹에 쉽게 빠질 수 있다고 주장했다(Shiv & Fedorikhin, 1999; 범상규, 2015에서 재인용). 상대적으로 정신적인 과부하 상태에 있는 사람들은 과일 샐러드를 선호한 대조집단과 달리 즉각적인 만족감을 주는 달콤한 초콜릿 케이크를 더 선호한다는 것을 그들은 실험을 통해 입증했다. 이것은 정신분석적 관점에서 봤을 때 인간 발달의 최초 단계인 '구강기oral stage'로의 퇴행을 의미하며, 그렇기에 퇴행과 소비의 관계를 잘 보여주는 예시라고 말할 수 있다. 이처럼 현실 세계의 스트레스와 높은 긴장도는 사람들로 하여금 이전의 발달단계로 퇴행하도록 만드는데, 소비 활동은 이런 퇴행이 나타날 수 있는 삶의 영역이라고 말할 수 있다.

비만의 근본적인 이유 중 하나는 일상생활에서 겪는 심각한 불편으로 인해 생기는 스트레스를 먹는 것으로 해소하려고 하기 때문인데, 이는 현실 생활의 좌절과 어려움을 퇴행을 통해 풀어가려는 방어기제와 깊은 관련을 맺고 있다. 최근 들어 대용량·빅사이즈 제품이 다양하게 나오는 것은 이런 퇴행과 깊은 관련을 보이는 것으로, 사회 혹은 경제적인 차원에서 결핍된 사람일수록 현재와 이루지 못한 이상 사이의 불일치에서 오는 욕구 불만을 빅사이즈 제품의 소비를 통해 다소나마 해소하려 하는 것이다. 이는 일상생활에서 겪는 불편이나 스트레스를 생존에 대한 위험이나 불안전으로 받아들이기 때문에 생겨나는 결과에 수반되는 퇴행이라고 볼 수 있다.

술과 담배가 좋은 예이다. 누구나 술과 담배가 건강에 유익하지 않다는 것을 알고 있지만 경제 불황이 닥치면 어김없이 소비가 높아진다. 이는 삶의 긴장도가 높아지고 현실 세계의 불안이 높아지면서 중독성 있고 자극성 있는 술과 담배의 소비도 동반해서 높아진다는 것을 의미한다. 이 또한 구강기로의 퇴행으로 이해할 수 있다. 술을 마시는 것을 술을 '빤다'고 묘사하는 경우에서도 볼 수 있듯이 음주는 구강기적 욕구를 만족시켜준다. 또, 술과 담배는 구강기로의 퇴행일 뿐만 아니라 나른 의미에서 철수의 방어기제와도 깊은 관련이 있다. 어렵고 힘든 삶의 현실에서 잠시나마 철수할 수 있도록 이런 제품들이 도움을 주기 때문이다. 특히 '다른 의식 상태로의 전환'이라는 철수의 의미와도 부합한다는 점에서 더욱 술과 담배의 소비는 철수와 깊은 관련이 있다고 말할 수 있다.

4. 대상관계이론과 소비자 행동

1) 내적 대상관계의 형성

프로이트의 고전 정신분석을 보면, 외부 대상은 정신건강에 대한 묘사에서 핵심 위치를 차지하지 못한다. 단지 욕동을 만족시키고 좌절시키는 대상으로서만 기능할 뿐, 욕동에 만족을 제공하는 방식에 있어서나 그 외부 대상과의 관계의 성격에 대해서는 잘 설명하지 못한다. 하지만 대상관계이론은 고전 정신분석에서 소홀히 다루는 대상관계의 측면에 초점을 맞춰 이론을 전개한다. 다시 말해 인간의 정신건강에 있어 대상관계의 질적 속성이 갖는 영향을 강조하며, 그런 대상관계로 인해 형성되는 인간의 내적 대상세계와 내적 드라마에 관심을 갖는다. 이미 초기 아동기의 중요한 대상과의 관계에서 형성된 내적 대상들은 그 드라마에서 독특한 역할들을 맡는다. 그 드라마는 의식 혹은 무의식의 기억으로 내적 세계에 자리 잡는다. 그리고 한 개인은 어떤 순간에 그 내적 대상이 되어 그 역할을 수행한다. 그렇기에 이 내적 대상과 내적 이미지들은 우리가 새로운 경험을 지금 여기에서 일어나는 독특한 형태로 경험하게 하기보다 우리의 기억에 내장된 오래된 경험으로 동화시키려 한다. 이는 내적 대상세계로 외부의 대상관계를 채색하고 왜곡하는 것이며, 일종의 투사라고 부를 수 있다. 어린 시절 주요 외적 대상들과의 관계에서 생성된 내적인 대상관계는 이후의 삶에서 외부 대상관계를 이해하고 해석하는 틀로 자리 잡는다.

멜라니 클라인Melanie Klein(1946)에 따르면 인간의 내적 대상관계는 죽음의 충동에 기원한다. 따라서 자신을 파멸로 몰고 가는 본능적인 측면은 내적 대상관계로 이해된다. 자기 자신을 공격하고 박해하는 이 충동은 그것이 유발하는 불쾌함으로 인해 외부로 투사될 수밖에 없다. 인간은 본래부터 외부 대상을 악의에 찬 공격자로 본다. 하지만 따뜻함과 행복함을 제공하는 외부 대상과의 관계로 인해 이런 내적 대상관계는 수정되고, 보다 현실적인 측면으로 나아간다. 로널드 페어베언W. R. D. Fairbairn(1944)은 인간의 핵심 동기를 외적 대상과의 관계에서 찾으며, 리비도는 그 관계를 촉진하기 위해 존재하는 것으로 인식한다. 그는 인간의 자아가 통일된 완전한 전체로서 외적 대상들과의 관계를 추구하지만, 그 외적 대상들과의 관계가 만족스럽지 않게 전개될 경우 보상적인 내적 대상들이 생겨난다고 이야기했다. 아동과 어머니의 관계의 양식과 그 질에 초점을 맞춰서 인간의 발달단계를 묘사한 마거릿 말러Margaret S. Mahler(1974)는 공생이라는 대상관계가 인간의 독립을 향한 발달에 있어 갖는 중요성을 강조했다. 즉 공생이란 아동과 양육자 사이에 경계가 존재하지 않는 융합의 상태를 의미한다고 했으며, 이런 아동과 양육자 사이의 정서적 유대가 인간의 발달에 중요한 영향을 끼치는 것으로 묘사했다.

이렇듯 대상관계이론에서 외부의 적절한 대상관계는 인간의 정신건강과 심리 발달에 중요한 토대를 제공한다. 따라서 대상관계이론의 관점에서 보면 상담 관계는 성장과 발달을 촉진하는 대상관계의 측면으로 이해될 수 있다. 상담 관계에서 내담자는 상담자가 제공하는 촉진적 대상관계를 통해 현실 세계를 곡해하고 왜곡시키는 내적 대상세계를 수정하고 바로잡을 수 있게 된다. 또한 촉진적 상담 관계에서 내담자는 분열되어 있어서 인격의 구조 속에 통합되지 못한 자신의 내적 대상관계를 통합시킬 수 있게 된다.

한편 적절한 외부의 대상관계 경험은 인간의 심리 발달과 건강에 중요한 환상과 대상을 창조하는데, 정신분석학자 도널드 위니컷Donald W. Winnicott(1953)은 이를 '중간대상transitional object'과 '중간현상transitional phenomenon'이라는 개념을 통해 설명했다. 이 중간대상 개념은 정신분석가들이 종교와 정신건강의 관계를 설명하기 위해 많이 언급한 개념이다. 인간은 태어났을 때 양육자의 절대적인 도움을 필요로 하는데, 위니컷은 유아 초기에 어머니가 유아에게 제공하는 대상관계의 특징을 "일차적인 모성적 몰두"라고 묘사했다. 이는 아기의 필요를 즉각 알아채는 어머니의 직감적인 능력을 이야기한다. 아기는 배고픔과 불편함에서 비롯되는 불쾌에 대해 즉각 반응하는 어머니의 이런 돌봄을 자신이 스스로에게 제공하는 것으로 착각한다. 이는 아직 외부 대상과 자기의 경계가 희미하기 때문이다. 이를 통해 아기는 엄마의 돌봄을 상징하는 엄마의 젖가슴이 자기의 마술적이고 전능한 통제 아래에 있다는 믿음을 갖게 된다. 곧 엄마의 헌신적인 돌봄은 아기에게 전능함의 환상을 가져온다. 위니컷은 이런 전능함의 착각이 이후 아기의 독립적 정신 발달을 가능하게 하는 심리적 영양분을 제공한다고 보았다.

하지만 점차 엄마는 아기의 욕구를 만족하는 데 실패하게 되고, 아기는 엄마가 자기의 전능함의 통제 밖에 있다는 것을 알게 되며, 이에 따라 외부 대상의 개별성을 인식하게 된다. 이런 좌절의 경험은 엄마와의 일치된 융합의 상태와 전능함의 환상을 대체할 만한 중간대상의 창조로 이어진다. 그러므로 중간대상은 유아의 내적 욕구와 외부 현실을 이어주는 교량 역할을 하게 되어, '내적 현실과 외적 삶이 함께 창조되는 경험의 중간 영역'을 의미하게 되고, '분리되어 있으나 상호 관계하고 있는 내적 그리고 외적 현실을 함께 유지하는 인간의 영원한 작업을 위한 일종의 안식처'를 제공한다. 이렇듯 중간대상은 현실을 직면하는 데 방해물로 작용하는 것이 아니라, 현실 세계로 나아가도록 돕는 창조적 수단이 된다. 내적 심리 세계를 갖고 있는 인간은 차가운 현실을 있는 그대로 직면하기 어렵고 항상 그 중간에 내적 세계와 현실 세계를 이어줄 중간대상과 중간현상을 필요로 한다.

현대의 대상관계이론에 중요한 기여를 한 사람은 멜라니 클라인과 오토 컨버그Otto Kernberg로, 이들의 이론을 좀 더 자세하게 살펴볼 필요가 있다. 대상관계이론의 효시로 알려진 클라인은 프로이트의 후기 개념인 죽음의 욕동을 그 이론의 시작점으로 삼았다(klein, 1975). 그녀에게 있어 죽음의 욕동은 내적 대상세계와 환상으로 이해된다. 자기 자신에 대한 공격과 손상은 외부에 투사될 수밖에 없으며, 이로 인해 초기 유아는 멸절에 대한 불안을 경험하게 된다. 외부의 대상에 의해 손상과 위해를 입는다고 생각하게 되는 이 편집적인 불안을 극복하기 위해 유아는 '분열splitting'이라는 방어기제를 사용하는데, 이런 분열을 통해서 유아는 자신에 대한 극단적인 느낌, 다시 말해 좋거나 나쁜 자기에 대한 표상을 형성하게 되고, 대상에 대해서도 좋거나 나쁜 대상에 대한 표상을 형성하게 된다. 이렇게 편집에 대한 불안을 경험하고, 이로 인한 분열 방어기제를 사용하는 유아의 발달 시기를 클라인은 '편집-분열적 자리paranoid-schizoid position'라 불렀다.

죽음의 욕동이 투사된 외부 대상은 나쁜 대상으로서의 의미를 갖는다. 곧 죽음의 욕동이 투사되었을 때 외부 대상은 나쁜 대상으로 채색된다. 반면에 삶의 욕동이 투사된 외부 대상은 좋은 대상으로서의 의미를 갖는다. 그 대상은 단순히 생존에 대한 욕구를 채워주는 대상일 뿐만 아니라, 자신의 사랑과 애정의 요구에 반응하며 그것을 만족시켜주는 대상이다. 클라인에 따르면 초기에 유아는 대상의 좋은 것을 비축하려는 목적에 의해 동일한 하나의 대상에 대해 좋거나 나쁜 표상을 형성한다. 이는 대상에 대한 통합적인 인식을 방해하며, 부분 대상관계를 형성하게 만든다. 하지만 실제 외부 대상이 사랑과 애정의 요구에 대해 공감적으로 반응해 유아에게 '즐거운 경험happy experience'을 제공하면 유아는 점차 좋은 대상과 나쁜 대상에 대한 통합적인 인식에 이른다. 이런 통합이 형성되는 발달적 성취를 클라인은 '우울적 자리depressive position'라고 지칭했다. 이 발달 시기가 우울적 자리로 불리는 것은 편집-분열적 자리에서 유아가 좋음과 나쁨을 동반한 전체 대상을 파괴했다고 믿는 데서 오는 우울적 불안 때문으로, 여기에서 사랑은 증오와 하나로 연합된다.

이런 대상관계를 보다 체계적으로 발전시켜 이해한 사람이 컨버그였다. 프로이트가 인간 심리구조의 형성 배경을 욕동의 발달과 변형에서 찾았다고 한다면, 컨버그는 이를 인간관계 경험에서 찾고자 했다. 유아와 양육자 사이의 지속적인 상호작용에서 비롯되는 관계 경험에서 유아는 즐거움과 불쾌함을 경험한다. 여기에 유아는 좋음과 나쁨의 의미를 부여하면서 양육자와의 관계 경험을 내면화한다. 이 좋음과 나쁨은 이후 삶의 모든 영역을 통해 드러나는 사랑과 공격성의 근원이 된다. 컨버그에 따르면, 이 내면화의 과정을 통해 인간 심리구조의 단위가 형성되는데, 그것은 자기표상과 대상표상, 그리고 이 둘 사이를 연결하는 정서가 된다. 좋음과 관련된 인간 심리구조의 단위에서 욕동으로서의 리비도가, 반대로 나쁨에서 공격성이 발생한다. 이 중 어떤 관계 경험과 정서가 우세한지에 따라 인간의 성격 구조는 다른 양상을 보이게 된다.

컨버그는 인간의 내적 세계가 성숙하고 발달하기 위해서는 몇 가지 과제를 해결해야 한다고 보았다. 먼저, 자아와 대상에 대한 경계와 구별이다. 자기 자신을 대상과 구별하고, 자아에 대한 감각을 갖는 것이 첫 번째로 요구되는 과제이다. 다음으로 자신과 타자에 대한 통합된 이미지를 형성하는 일이다. 통합된 이미지를 갖지 못하면 분열이라는 방어기제를 통해 내적인 좌절을 다루게 되는데, 이로 인해 통합된 자기 및 대상 개념화, 그리고 관계 능력이 약화되는 결과를 초래한다. 좋음의 관계 경험이 우세하다면 분열 기제는 불필요하게 되고, 자기의 좋음과 나쁨, 그리고 타인의 좋음과 나쁨을 통합할 수 있게 된다. 반면 나쁨의 관계 경험이 우세하다면 분열 기제의 활성화를 초래해 좋거나 나쁜

한 사람을 있는 그대로 보지 못하는 결과를 발생시키게 된다.

이렇듯 대상관계이론에서는 욕동의 문제보다 심리내적 대상관계에 대한 논의에 초점을 맞춘다. 그렇다면 이런 심리내적 대상관계와 소비자 행동은 어떤 관계가 있겠는가? 대상관계이론과 소비자 행동에 대해 논의하기에 앞서, 심리내적 대상관계에 대한 이해가 일반적으로 정신분석적 상담에서의 성격 진단에 필수적인 개념을 제공한다는 사실을 기억할 필요가 있다. 정신분석적 상담은 마음의 문제를 호소하는 사람들의 성격 구조를 무엇보다 먼저 진단하려고 애쓴다. 그런 성격 구조에 대한 진단은, 예를 들어 분열성, 편집성, 자기애성, 강박성 혹은 우울성 등의 개념을 사용하면서 이뤄진다. 성격 구조에 대한 진단에서 '대상표상object representation'과 '자기표상self representation' 같은 심리내적 대상관계를 묘사하는 개념들은 대단히 중요한 위치에 있다.

예를 들어 분열성의 성격 구조를 갖고 있는 사람은 지나치게 간섭하고 침범하는 대상에 대한 표상을 가지며, 이에 따라 위협감을 느껴 움츠러드는 자기에 대한 표상을 내면에 갖는다. 이런 대상표상과 자기표상을 형성한 결과, 그/그녀는 자신의 세계를 향해 철수하는 방식으로 인간관계의 문제에서 도망치려 할 것이다. 강박성의 성격 구조를 갖고 있는 사람은 어떤 일의 진행을 통제하고 그 일을 순서와 법칙에 따라 수행할 것을 요구하는 대상의 표상을 가지며, 이에 따라 어떤 일을 반드시 수행해야 할 것 같고, 하지 못하면 부담과 함께 쫓긴다는 느낌을 자주 형성하는 자기에 대한 표상을 갖는다. 결국 이런 대상표상과 자기표상은 순서와 질서에 따라 일을 수행해야 하는 내적인 요구에 직면한 후 융통성을 발휘하지 못하게 된다.

2) 성격 구조와 소비자 행동

대상관계이론은 인간의 심리내적인 대상세계에 대해 관찰하고 이를 분석하기 위한 개념들을 고안해냈다. 그 대표적인 개념이 대상표상과 자기표상인데, 이는 성격 안에 깊이 자리 잡고 있는 성격의 요소들이다. 이런 대상표상과 자기표상은 자기 자신에 대한 의식적인 이해를 넘어선 개념으로서, 어린 시절 중요한 대상과의 관계에서 일어난 경험들을 심리내적인 상황으로 내면화시킨 결과로 일어난다. 그렇기에 그것은 머리로 이해하는 자기 자신에 대한 개념이라기보다는, 신체 수준에서 자동적으로 작동되는 자기 자신에 대한 개념들이다. 예를 들어 학대하는 부모와의 관계 속에서 초기 유년시절을 보낸 경우, 학대하는 부모와 학대받는 자기 자신의 초기 대상관계를 한 사람의 심리내적인 성격 구조 안에 내면화시킨다. 그런 결과로 학대하는 대상에 대한 표상과 학대받는 자기에 대한 표상이 한 사람의 성격 속에 자리 잡게 되고, 곧 학대하는 대상과 자기에 대한 표상이 한 사람의 성격을 구성하는 요소들이 된다.

대상관계이론 학자들은 이렇게 초기의 대상관계가 인간의 심리 안에 내면화되어 이후 성인의 삶에서 중요한 성격의 한 측면으로 굳어져 가는 이유에 대해 설명하려고 노력했다. 왜냐하면, 실제 대상의 나쁜 속성들은 외부 현실에 존재하기 때문이다. 이를 자신의 내면으로 갖고 들어오는 것은 얼핏 이해하기 어렵다. 이에 대한 다양한 설명이 가능하겠지만, 그런 내면화의 원인을 방어적인 차원에서 이해한다는 점에서 공통점을 보인다. 예를 들어 대상에 대한 나쁜 속성을 외부에 두기보다 자기 자신 안으로 갖고 들어와 대상에 대한 표상을 형성하는 것이 초기 유년시절을 경험하는 유아에게는 세상을 이해하는 덜 불쾌한 관점을 갖도록 해주기 때문이다. 다시 말해 자기를 학대하는 대상이 외부에 존재한다고 생각하기보다 그 대상이 자기 자신 안에 있다고 생각하는 것이 유아에게는 훨씬 더 안정감을 줄 수 있다. 즉 외부의 대상이 나쁘다고 생각하기보다는 자기 자신 안에 나쁜 요소들이 존재한다고 보는 것이 유아에게는 현실을 사는 데 더욱 유익하다는 이야기이다.

이렇게 형성되어 성격 안에 자리 잡게 된 대상과 자기에 대한 표상은 이후 성인의 삶에서 외부 대상에 대한 이해와 기대에 지대한 영향을 끼친다. 예를 들어 학대하는 대상과 학대받는 자기에 대한 표상을 심리내적 구조 안에 형성한 경우, 이런 내적 대상세계는 이후 성인의 삶에서 외부 대상을 이해하고 경험하는 틀이 된다. 권위를 가진 외부 대상의 경우, 학대하는 대상표상이 그 외부 대상에게 옮겨져 자신을 학대하거나 심하게 공격하는 대상으로 비칠 수 있다. 실제 외부 대상은 그런 의도가 전혀 없다고 하더라도, 학대하는 대상에 대한 표상을 형성한 경우 그 외부 대상이 자신을 학대할 것이라고 기대하거나 그런 대상으로 경험할 수 있다는 것이다. 이에 따라 그 외부 대상과의 관계에서 불필요한 두려움이나 공포와 같은 정서를 경험할 수 있으며, 그로 인해 그 대상과의 관계를 회피하려고 할 수도 있다. 반대로 자신보다 손아랫사람인 경우에, 그 외부 대상에게 학대받는 자기표상을 위치시켜서 그 대상을 이해할 수도 있다. 자신은 학대하는 대상이 되고 그 손아랫사람은 학대를 받는 자기표상의 역할을 떠맡게 되는 것이다. 이런 외부 대상과의 관계에서는 쉽게 이해하기 어려운 분노나 노여움의 감정을 경험할 수 있다.

이와 같이 내적 대상세계를 구성하는 대상표상과 자기표상은 인간관계에서 일어나고 있는 무의식적 관계 양상과 그 역동, 그리고 그 관계에서 경험되고 불러일으켜지는 감정과 정서를 이해하도록 돕는다. 이와 같은 감정과 정서는 의식적인 차원에서 경험되는 것보다 훨씬 더 뿌리 깊고 무의식적인 수준에서 일어나고 있는 내적 대상세계를 잘 보여준다. 정신분석은 인간이 의식적인 합리성에 의해 특정한 선택을 하고 행동을 하는 것으로 이해하기보다, 그런 선택과 행동 이면에 이런 무의식적인 대상세계와 그로 인해 불러일으켜지는 감정 및 정서가 작동되고 있다고 생각한다. 이것은 인간의 소비 행동에도 적용해볼 수 있다. 즉 소비자 행동의 이면에서 작동되고 있는 내적 대상세계를 분석함으로써 소비자 행동의 정신분석적 측면을 이해해볼 수 있는 것이다.

예를 들어 폄하하고 비난하는 대상표상이 심리내적 세계를 구성하는 한 측면이 되면, 이로 인해 자신을 비하하고 평가절하는 자기표상이 생겨난다. 이것은 초기 유년시절 자녀의 의견과 행동을 의심하고 비난하는 부모와의 관계에서 생겨날 수 있다. 혹 부모가 자녀를 그런 방식으로 양육하지 않았다고 하더라도, 자녀가 부모를 그렇게 자신을 폄하하고 비난하는 대상으로 경험하게 된다면 그런 대상표상과 자기표상을 형성하게 될 것이다. 이런 대상표상과 자기표상을 형성한 경우에는 일반적으로 '우울성depressive' 성격 구조를 갖게 된다. 자신을 현실적인 근거 없이 가혹하게 비난하고 평가절하하는 태도로 대표되는 우울성 성격 구조는 이런 내적 대상세계를 갖고 있는 경우가 많으며, 이런 경우 폄하하고 비난하는 대상표상은 가혹하고 엄격한 초자아로 작용해 조그만 행동 하나조차도 감시하는 결과를 가져온다.

이러한 우울성 성격을 가진 경우에, 자신을 위한 소비는 지극히 어색하고 힘든 일이 된다. 우울성 성격 구조를 지닌 사람에게 소비는 쉽게 일종의 사치로 경험될 수 있으며, 자기 자신에게 부적절한 행위로 이해될 수 있다. 필요한 물품을 구매하는 경우에도 구입할 수 있는 가장 저렴한 물품을 선택하게 될 때가 많다. 이것은 현재 자신에게 얼마나 많은 자산이 있는가와는 상관없이, 자신을 위한 소비가 내적 세계에서 작동되고 있는 가혹하고 엄격한 대상표상에 의해 통제되고 제한되기 때문이다. 이런 우울성 성격 구조의 사람들에게 소비는 그것이 자신을 위한 것이 아니고 타인을 위한 것일 때 어렵지 않게 행해질 수 있는 것이 된다. 따라서 우울성 성격 구조는 타인을 위하고 그/그녀에게 맞춰주는 것에서 기쁨과 행복을 경험하기 때문에 흔히 이타적 성격으로 알려져 있으며, 이들에게 소비는 불가피한 경우나 타인을 위한 것일 때 생겨날 수 있는 행위가 된다.

반면 어떤 사람은 특정한 성취와 결과에 선별적으로 칭찬하고 반응했던 초기 대상관계를 통해 칭찬에 목마르고 최고로 평가받기를 간절히 바라는 자기표상을 형성할 수 있다. 이 초기 대상관계에서 그/그녀가 인정받고 수용되는 것은 사실상 특정한 성취와 결과를 달성했을 경우에 일어난다. 무엇을 했든 안 했든 있는 그대로 수용되고 인정받는 것이 아니라 조건적인 결과에 의해 인정받을 수 있게 된 경우에, 그 사람의 내적인 구조는 '자기애성narcissistic'이라고 불리는 성격을 형성하게 된다. 자기애성 성격 구조를 지닌 사람은 관심과 인정을 받기 위해서는 늘 조건적인 성취와 결과를 제시해야 한다는 느낌을 갖는다. 그렇기에 인간관계에서 경쟁적일 수밖에 없으며, 열등감과 수치심을 쉽게 경험하게 된다. 따라서 외부의 칭찬과 인정을 받기 위한 일에 몰두하며, 다른 사람에게 대단하고 월등하며 우월한 이미지를 갖고자 부단히 노력한다. 이런 자기애성 성격 구조에 내적인 안정과 평화는 좀처럼 찾아오기 힘들며, 자신이 설정한 목표에 도달했을 경우에만 내적인 평화가 찾아온다. 하지만 그 목표는 대단히 도달하기 어려운 것일 때가 많다.

이런 자기애성 성격 구조의 사람에게 소비는 자신을 꾸미고 포장하기 위한 아주 중요한 수단이 될 뿐만 아니라 다른 사람과의 관계에서 자기의 위치가 얼마나 대단하고 우월한지를 보여주기 위한 방법이 될 수 있다. 자신이 돋보이거나 월등한 존재로 비치는 일에 많은 신경을 쓰는 자기애성 성격 구조에게 소비는 아무렇게나 행해져서는 안 된다. 외식을 할 때에도, 쇼핑을 할 때에도, 심지어 생필품을 구매할 때에도 소비는 그것이 외부의 칭찬과 인정을 불러올 수 있는 것인지를 염두에 두고 일어난다. 예를 들어 얼마나 비싼 차를 구입했는가, 얼마나 비싼 가방을 구입했는가가 이들 자기애성 성격 구조의 사람에게는 소비에 있어 아주 중요한 고려 요소이다. 그렇기에 소비는 자기과시와 과대한 자기만족을 이루기 위한 수단이 된다. 이처럼 자기애성 성격 구조를 가진 사람들은 자기를 돋보이게 할 수 있는지를 따져보고 소비를 결정할 때가 많으므로, 기업은 이들에게 자신들의 제품이 얼마나 그런 효과를 드러낼 수 있는지에 대해 홍보할 수 있어야 한다.

사람들에게는 다양한 정신분석적 성격 유형이 있고, 각각의 성격 유형에 따라 소비자 행동을 분석하고 이해해볼 수 있다. 이것은 기업이 어떤 부분에 주안점을 두고 자신들의 제품을 홍보할 것인지를 결정할 수 있도록 돕는다. 그러나 사람들의 성격 구조를 선명하게 나눌 수는 없다는 사실에 주목해야 한다. 우리는 앞서 우울성과 자기애성에 한정지어 이해했지만, 모든 사람이 어느 정도는 이런 우울성과 자기애성의 성향을 지니고 있다. 다만 그 강도와 정도에 있어 차이가 존재하는 것이다. 이것은 성격 구조에 대한 이해가 소비자 행동에 대한 이해를 심화시킬 수 있음을 보여준다. 특정한 성격 구조에 대한 이해는 강도를 달리하지만, 다양한 사람에게 존재하는 기본적 욕구와 필요를 확인하도록 도움을 주며, 이것은 기업에게 제품을 기획하고 홍보하는 데 대략적인 밑그림과 방향을 제시해줄 수 있다.

5. 자기심리학과 소비자 행동

1) 자기와 자기대상

하인즈 코헛Heinz Kohut은 그동안 인간의 내적 갈등에 초점을 맞춰 전개되어온 정신분석을 인간 마음의 결핍을 중심으로 새롭게 개념화시킨 정신분석가이다. 그의 이론적 관심은 인간의 자기애가 어떤 발달단계를 거치며 변화되어가는가에 있었다. 그가 생각하기에 인간의 자기애는 단순히 이타적인 대상을 향한 사랑으로 바뀌어야 하는 이기적이고 미성숙한 사랑의 형태가 아니었다. 그는 자기애가 독립적인 발달 노선을 거치면서 원초적이고 유아적인 형태에서 보다 성숙한 형태로 변형되어 발전해간다고 주장했다. 처음에 아동은 자신에 대한 거대한 자기감에 사로잡혀서 자신의 전능감과 우월감을 경험하려고 하다가, 점차 성숙한 형태의 인생 목표, 포부 그리고 이상을 발전시킨다. 이렇게 자기애는 점차 발달해가면서 최종적으로는 코헛이 '우주적 자기애cosmic narcissism'라고 부른, 고상하고 성숙한 형태의 발달단계에 이른다.

인간의 심리 발달 초기에 자기애는 두 가지 중요한 원초적 조직으로 구성되어 있다. 세상에 태어난 유아는 자기 자신에 대한 감각 외에는 외부 세상에 대한 인식이 존재하지 않는 자기애적 상태에 있게 된다. 하지만 점차 외부 세상에 대한 인식 능력을 갖추게 되고, 현실적 제약으로 인해 더 이상 자신의 전지전능함과 우월감을 주장할 수 없게 된다. 이를 통해 유아는 두 가지 심리내적 자기구조를 형성한다. 곧 유아는 자신이 전능하지 못하다는 현실적인 한계에 직면해서 방어적인 자세로 자신을 더욱 위대하고 전능한 존재로 여기려 하고, 이 때문에 거대 자기의 구조가 생겨난다. 한편으로 유아는 부모와 같은 주변의 중요한 사람을 이상화시켜 자기의 완벽함과 거대함을 유지하기 위한 이상화된 부모상을 자기구조 안에 형성한다. 즉 현실적 제약으로 자기감에 타격을 입지만, 위대하고 완벽한 존재로 이상화된 부모나 양육자에게 심리적으로 흡수되어 자기감을 유지하려고 시도하게 되는 것이다. 이 두 가지 원초적 조직은 외부 대상의 적절한 공감적 반응을 통해 각각 다른 방향의 발달 과정을 거치게 된다. 우선, 초기 유아의 발달 과정에서 나타나는 거대한 자기감과 과시를 양육자가 공감적 태도로 반응했을 때 유아의 거대자기는 건강한 포부, 현실적 주도성 그리고 자존감이라는 보다 성숙한 형태로 전환된다. 한편 이상화된 부모에 흡수되려는 초기 발달단계에 있는 유아의 이상화 욕구를 부모가 받아들인다면 이상화된 부모상은 내적 균형을 유지하는 데 필수적인 가치와 이상의 형태로 바뀌게 된다.

자기구조의 초기 발달단계에서 성숙한 단계로의 발달은 공감적인 양육자의 태도에 의해 결정된다. 그 발달에 필요한 공감적 반응이 부재한 경우에 자기구조는 초기 발달단계의 미성숙한 상태에 머무르게 되어 자기감의 결핍 상태를 초래한다. 이 초기 결핍 상태에서 자기애의 발달이 정지되면 다음과 같은 결과가 발생한다. 첫 번째, 자신을 더욱 위대하고 전능한 존재로 경험하기 위한 인간관계를 형성하게 된다. 이런 경우 자기 이외의 다른 존재들은 악하고, 열등하고, 부족한 존재로 여기게 되고, 그들의 대한 미움과 혐오의 감정이 생겨나면서 인간관계에 갈등 양상을 낳는다. 두 번째, 자신이 지속적으로 이상화시켜 흡수될 만한 외부 대상을 찾게 된다. 그래야 결핍된 자기감이 고양되고 향상될 수 있기 때문이다. 이런 이상화가 발생할 경우 자신이 이상화시킨 사람, 이념, 관계 이외의 다른 사람, 이념, 관계는 모두 열등하고 나쁜 것으로 간주함으로써 대립과 갈등을 낳는다. 코헛은 인간의 차별과 갈등의 원형적인 뿌리를 바로 이런 초기 자기애 발달 과정에서 찾는다.

코헛은 자기애 발달 과정이 촉진되어 성숙한 자기구조가 성립되기 위해서는 혼자만의 힘으로는 한계가 있으며, 이런 자기감의 유지를 위한 노력에 공감적으로 반응해주는 외부 대상이 지속적으로 필요하다고 보았다. 이런 점에서 인간에게 있어 공감은 인간의 정신세계가 성장하도록 하는 일종의 심리적 영양소로 이해될 수 있을 것이다. 이렇게 심리적 영양소를 제공해 자기구조의 발달을 촉진하는 외부의 대상을 가리켜 코헛은 '자기대상selfobject'이라고 불렀다. 그렇다고 자기대상이 항상 사람이어야만 하는 것은 아니다. 왜냐하면, 코헛의 강조점은 자기대상이 자기구조의 발달과 유지를 위해 제공하는 기능과 경험에 맞춰져 있기 때문이다. 초기의 자기대상 개념 정의에 따르면, 자기대상은 '그 자체로 자기의 일부처럼 경험되는 대상'을 의미했다. 하지만 이후에는 자기에 의해 이루어지는 '타인의 특정한 기능에 대한 내적 경험'으로 묘사되었다. 여기서 볼 수 있듯이 코헛의 강조점은 실제 외부 대상에서 자기의 내적 경험으로 옮겨갔다. 즉 그의 자기대상 개념은 자기의 유지와 발달에 필요한 환경의 반응을 지칭하는 것으로 확장된 것이다.

프로이트, 위니컷 혹은 페어베언 같은 정신분석가들은 환경이 인간의 심리 발달에 끼치는 영향력에 대해 이야기했지만, 그들은 그 심리 발달의 최종 목표가 인간이 타인으로부터 분리되고 독립되어가는 데 있다고 주장했다. 하지만 코헛은 사람의 전 생애에 걸쳐 타인의 공감적 반응이 필요하다고 이야기했다. 심리적 독립이나 분리는 불가능한 발달단계이며, 인간은 누구나 성인기가 되어서도 자기구조의 전체성과 응집성을 경험할 수 있도록 돕는 적절한 자기대상의 공감적 반응을 필요로 한다. 다만 그 자기대상과의 관계는 점차 성숙되어야 한다. 어린 시절의 자기대상과 자기의 관계는 원초적인 성격을 띠는 반면에, 이 관계가 잘 발달된 경우 성인기에 이르면 자기대상과의 관계는 보다 성숙해진다. 어린 시절에는 아동이 경험하는 전능감이나 우월감, 그리고 이상화된 대상에 전적으로 흡수되려는 자기대상 욕구가 자기와 자기대상 사이의 관계 전면에 나타난다. 하지만 이후 자기대상과의 관계는 성숙해져서, 그런 무리하고 원초적인 요구가 배제된 자기대상의 공감적 반응으로도 충분히 자기구조를 유지할 수 있게 된다.

현대의 자기심리학자들은 자기대상을 '자기경험의 유지, 회복 그리고 변형에 속하는 일종의 심리적 기능'으로 보는 경향이 있다. 그러므로 성인기에 이르러서는 이념, 예술 그리고 종교를 통해서도 자기대상 경험을 갖게 될 수 있다는 것이다. 다시 말해 무형의 인간 문화 역시 자기대상 요구를 수행할 수 있다. 어니스트 울프Ernest S. Wolf(2002)는 상징이 점차 인간이 수행하는 자기대상 기능으로 대체되는 과정을 자기대상 발달 과정의 특징으로 묘사할 수 있다고 주장했다. 그렇기에 종교 경험 또한 자기구조를 견고하게 하고 응집력 있게 만드는 자기대상 경험으로 이해될 수 있다.

코헛은 자기대상을 세 가지로 나눈다. 그것은 거울 자기대상, 이상화 자기대상 그리고 쌍둥이 자기대상이다. '거울 자기대상mirroring selfobject'은 '아동의 내적인 힘과 거대성 그리고 완벽성을 확인시켜주고 반응하는' 대상을 의미한다. 유아는 자신의 가치와 특별함 그리고 우월감을 중요한 외부 대상으로부터 확인받고, 인정받고 싶어 한다. 이때 이런 유아의 자기애적 요구에 적절하게 공감적으로 반응하는 외부 대상이 거울 자기대상 기능을 수행한다. '이상화 자기대상idealizing selfobject'은 아동의 눈에 평온하고 실수가 없으며 전지전능한 것처럼 보이는 이상화된 대상을 의미하며, 때문에 아동은 그 대상을 존경하고 그 대상과 하나가 되고자 한다. 불가피하게 자신의 연약함을 경험하게 되는 아동은 이런 자신의 힘의 결핍을 메워줄 수 있는 이상화된 대상을 찾고 이상화 자기대상의 역할을 부여한다. '쌍둥이 자기대상twinship selfobject'은 아동이 '본질적인 똑같음이 있음을 경험'하도록 도움을 주어 유대감과 연대감을 갖게 하는 대상을 가리킨다. 이를 통해 아동은 소속감을 경험하게 되면서 자신의 내적 견고함과 응집성을 형성해간다.

아동은 중요하고 가치 있고 특별한 존재로 인정받고 싶은 욕구를 갖고 있으며, 이런 욕구를 부모의 반응을 통해 확인받고 싶어 한다. 초기에 이런 자녀의 우월감과 과시욕에 대해 부모나 양육자가 적절하게 반응하고 수용해준다면 아동은 자신에 대한 좋은 느낌을 갖게 될 수 있다. 만약 적절한 거울 자기대상의 반응이 부재한 경우에는 확인과 인정을 받고자 하는 인간의 기본적 욕구에 결핍이 생기고, 그 결과로 아동은 끊임없이 그리고 필사적으로 그 결핍을 메워줄 누군가를 찾기 위해 노력하게 될 것이다. 반면 적절한 발달 환경에서 아동은 자신의 현실적인 한계를 수용하고 받아들일 수 있게 되고, 그 거대함이나 우월감의 느낌은 인생의 목표와 포부로 변형된다. 더불어 아동은 스스로를 존중하는 자세와 현실적 한계를 인내하는 능력을 얻게 된다.

또한 부모나 양육자는 아동의 이상화 자기대상이 되어야 한다. 이것은 아동의 자기감 유지와 향상을 위해 반드시 제공되어야 할 부모의 심리적 기능 가운데 하나이다. 이상화 자기대상으로서 부모의 가장 중요한 기능은 아동의 내적 고요와 힘 그리고 완전성에 대한 요구가 이상화의 형태로 부모에게 옮겨졌을 때 이상화의 시도를 허용해줘야 한다는 것이다. 그렇게 함으로써 아동은 부모에 대해 자신을 진정시키는 견고한 존재로 경험해, 자신의 내적 불안과 긴장을 조절할 수 있는 능력을 제공받게 된다. 이런 경험들은 결국 아동으로 하여금 자신이 전능하고 이상화된 존재에 의해 보호되고, 이해받고, 그리고 하나가 되었다는 감각을 만들어냄으로써 자기감을 향상시킬 수 있게 만든다. 이런 이상화 자기대상의 욕구가 부모에 의해 허용되고 적절하게 만족된다면, 아동은 원초적인 이상화 자기대상의 욕구를 자기 자신의 이상으로 성숙시켜갈 수 있게 된다.

코헛은 쌍둥이 자기대상을 설명하기 위해 아동의 일상에서 부모와 함께하려는 장면에 대해 묘사했다. 부엌에 있는 엄마 곁에서 조용하게 함께 요리하는 아이나 차고에서 자동차 수리를 하는 아빠를 거들려고 하는 아이가 그 예에 해당될 것이다. 이렇게 부모와 함께하는 경험은 자기를 유지시켜주는 경험으로 기능하게 된다. 이런 환경에서 아이는 소속감을 경험하면서 누군가에게 환영받고 있다는 감각과 가족의 일원으로 받아들여지고 있다는 느낌을 경험하게 된다. 다른 자기대상 요구처럼 쌍둥이 자기대상 요구도 인생 전반에 걸쳐 변형되고 성숙되어가지만, 결코 포기되지는 않는다. 본질적인 유사성이나 동일성에 대한 느낌은 무리하게 다른 사람을 자신의 생각, 취미, 이념, 종교 등에 맞추려 하기보다 함께 이런 활동을 공유해가는 적절하고 건강한 활동을 통해 만족된다.

코헛이 목표로 하는 정신건강의 상태는 '응집력 있는 자기cohesive self'로 이해할 수 있다. 이 응집력 있는 자기구조는 스스로의 노력으로 이뤄질 수 없고, 어린 시절 자기와 자기대상 사이의 상호 관계가 어떠한가에 달려 있다. 만약 부모가 자기대상 반응, 곧 거울·이상화·쌍둥이 자기대상의 요구에 적합한 공감적 반응을 제공하지 못한다면 아동의 자기발달에 손상이 일어난다. 코헛은 이런 자기발달의 손상을 자기의 결핍, 혹은 자기감의 결핍으로 묘사했다. 그의 관점에서 보면 자기의 결핍은 좌절된 욕망에서 비롯되는 것이 아니라, 비공감적 자기대상의 반응에 의해 일어나는 것이다. 이런 공감적 반응이 부재한 자기대상과의 관계에서, 자기구조는 성장하지 않은 채 원초적인 자기와 대상의 형태로 굳어진다. 이런 원초적으로 구성된 자기는 비공감적 태도에 대한 방어적 자기구조를 발달시키고, 한편으로는 자신을 알아봐주고 이상화시킬 수 있는 외부 대상을 지속적으로 찾아 헤맨다. 더불어 이런 자기감의 결핍 상태는 막연하게 뭔가 잘못되었다는 느낌, 지나친 자기의식, 수치심, 부끄러움, 자기비난과 같은 부정적인 정서 상태를 만들어 건강한 인간관계를 형성하는 데 어려움을 초래한다.

외부의 확인을 통해 자기감을 유지하려는 시도를 중심으로 성격이 조직된 사람들은 자기감의 결핍으로 인해 이상화와 평가절하라는 방어기제를 사용하게 된다. 이는, 자기가 이상화될 때는 타인이 평가절하되고, 타인이 이상화될 때는 자기가 평가절하된다는 점에서 상보적이다. 자신이 거대하다는 느낌은 자신의 내면에서 느낄 수도 있고 이것이 외부 대상으로 투사될 수도 있다. 따라서 자기감을 유지하기 위해 상대적으로 자신의 위신과 명성을 높여줄 대상을 찾기도 하고, 그 대상에게서 거대감과 우월감에 대한 기대를 충족하지 못하면 평가절하하게 된다. 이렇게 자기감을 향상시키고 유지하려는 시도로 외부의 대상과 관계를 맺으면, 결국 상대방을 자신의 자기애적 대상의 연장선으로 취급하는 꼴이 된다. 이렇게 자기감의 결핍을 지닌 사람들은 이상화와 평가절하를 통해 외부의 대상들을 구분한다. 이때 자신의 자기애적 욕구를 채워주는 대상들은 모든 좋은 측면으로 이상화되는 반면, 그렇지 못한 경우에는 모든 좋지 못한 측면으로 평가절하된다. 따라서 자기감의 결핍을 지닌 사람들의 인간관계 속에는 이상화와 평가절하의 과정으로 인해 갈등과 반목이 잠재되어 있다.

2) 자기대상과 스마트폰

오늘날 거의 모든 사람이 스마트폰을 사용한다. 스마트폰은 단지 통화를 하거나 문자를 주고받는 용도로만 사용되지 않는다. 출퇴근 길의 지하철·버스에서 자주 목격할 수 있듯이, 혹은 길을 걸으면서 확인할 수 있듯이 사람들은 고개를 숙인 채 스마트폰을 끊임없이 확인하고 바라보고 있다. 그들은 스마트폰으로 음악을 듣기도 하고, 영상을 보기도 하며, 대중교통의 스케줄, 맛집과 여행 정보 등 다양한 정보를 얻기도 한다. 이렇게 스마트폰은 사람들의 삶에서 늘 함께하는 대상이 되었다. 이는 스마트폰이 단지 의미 없는 기기가 아니라 사람들의 심리적·정서적 교류의 장이자, 사람들이 다양한 심리적 의미를 부여하는 매개체임을 보여준다. 이런 의미에서 사람들이 자신의 경제적인 수준과는 상관없이 고가의 스마트폰 혹은 특정 브랜드의 스마트폰을 구입하는 소비 행동의 심리적 의미를 정신분석적으로 생각해볼 수 있다.

예를 들어 글로벌 IT 기업 애플사의 스마트폰 브랜드인 '아이폰'은 가격이 아무리 비싸더라도 전 세계적으로 구매 인구가 가장 많은 스마트폰이다. 애플의 신제품 출시가 있는 날에는 어김없이 아이폰 매장이 사람들로 북적인다. 아무리 소득이 낮다고 하더라도 아이폰을 꼭 구매해야 한다고 생각하는 사람들이 있다. 신제품이 출시될 때마다 애플은 높은 가격을 책정하지만, 이와는 상관없이 판매량은 꾸준히 유지되고 있다. 전 세계에서 가장 많은 스마트폰을 판매하는 회사는 삼성이지만, 스마트폰으로 가장 많은 돈을 버는 회사는 애플이라고 한다. 이는 아무리 가격이 높더라도 아이폰을 찾는 수요가 꾸준하게 유지되기 때문이다. 이런 현상을 어떻게 볼 수 있을까?

스마트폰은 단순한 기계 이상의 의미를 지닌다. 스마트폰은 사람들의 삶의 일부이자 사람들이 삶에서 가장 많이 접하고 만지고 조작하는 기계이다. 스마트폰은 사용자가 원하고 필요로 하는 정보를 몇 번의 조작으로 제공할 뿐만 아니라, 사람들이 세상과 소통하도록 도움을 주는 기계이다. 우리는 조그만 스마트폰을 통해 전 세계의 정보를 얻을 수 있고 전 세계의 사람들과 소통할 수 있다. 이렇게 스마트폰은 사람이 지닌 호기심과 관계의 욕구를 가장 빠른 시간에 만족시켜주는 기계이다. 이것은 스마트폰이 자기심리학에서 이야기하는 거울 자기대상으로 기능하고 있음을 보여준다. 자신이 가진 욕구와 필요를 알아주고 확인시켜주며 이에 반응하는 거울 자기대상의 역할을 스마트폰이 하고 있다는 것이다. 손의 터치에 의해 즉각 반응하는 양식은 이런 거울 자기대상의 역할을 더욱 강화시키는 요인이라고 말할 수 있다. 손가락의 움직임에 따라 즉각 반응하고 결과물을 산출해주는 것은 자신의 욕구를 거울처럼 반영해주는 것으로 경험되기 때문이다.

또한 사람들이 특정 브랜드의 스마트폰을 선호하고 높은 가격에도 이를 구매하려 하는 것은 스마트폰을 통해 소속감, 동질감, 유대감을 경험하려는 의도로 이해할 수 있다. 같은 제품을 사용하는 사람들 속에 자신이 속해 있다는 소속감은 심리적인 안정감을 준다. 아이폰을 구매한다는 것은 아이폰을 사용하는 사람들의 집단에 진입하는 효과를 제공한다. 일상적인 사용 이상의 의미를 지니는 스마트폰의 성격상 특정 제품만을 선호하는 것은 그런 소속감과 유대감의 정서적인 필요를 채워주기에 충분하다. 비록 아이폰에 만족하지 않을지라도 아이폰의 구매 행위 자체가 이런 점에서 정서적인 안정을 줄 수 있다. 이는 아이폰의 구매가 쌍둥이 자기대상의 효과를 가져다준다는 것을 의미한다. 특정 제품을 사용하는 집단에 소속됨으로써 느끼는 심리적 안정감과 자기감의 고양을 아이폰이 가져다준다. 스마트폰은 언제나 자신의 일부처럼 휴대하고 다니는 것이기에 삶의 중요한 한 부분으로 경험되며 사람들의 정서적인 필요를 채워준다. 그렇기에 어떤 스마트폰을 사용하는가가 심리적인 동질감과 유대감을 강화시키는 역할을 하는 것으로 이해할 수 있다.

3) 자기감과 소비

인간을 합리적인 존재로 이해하고, 소비 또한 합리적으로 이뤄질 것이라는 기대는 무의식의 지배를 받는 인간관을 지닌 정신분석에 의하면 받아들이기 어려운 전제이다. 소비 행위에는 인간의 무의식적인 결정과 판단이 개입되기 마련이며, 따라서 무의식의 욕구들을 채워주기 위한 행동이 될 가능성이 대단히 높기 때문이다. 정신분석적 자기심리학의 관점에서 보면 소비는 자기감을 고양하거나 만족시켜주는 수단이 될 수 있다. 특정한 브랜드의 제품을 구입하는 것은 일종의 포토샵과 같은 기능을 한다. 아무리 상대적으로 가난하더라도 특정 브랜드의 제품을 갖고 있으면 사람들은 그/그녀를 가난하거나 무능하거나 게으르거나 한심하다고 보지 않는다. 무리하게 외제차나 고급 시계, 가방 등을 구매하는 것은 그것이 바로 이렇게 자신에 대한 과대한 이미지를 형성하게 해주는 수단이 되기 때문이다. 다른 사람들에게 어떻게 비치고 보이는가가 중요한 심리적 측면이 되었을 때 이러한 과시적인 소비는 더욱 의미를 갖게 된다. 결핍된 것으로 여겨지는 내적인 영역을 채우기 위해서는 어떤 자동차, 의상, 가방을 갖고 있는지가 중요한 기준이 되기 때문이다.

이렇게 자기감의 고양을 위한 소비라는 인간 심리의 단면을 잘 이해한 것이 바로 고가의 브랜드 전략이라고 말할 수 있다. 고가의 브랜드 이미지를 만들고 이를 유지하는 것은 자기감의 고양이라는 사람들의 심리를 채워주기 위한 좋은 전략이 될 수 있다. 예를 들어 일본의 최대 자동차 주식회사 '토요타'는 기존의 브랜드로는 고급스러운 이미지를 제공할 수 없었기에 '렉서스'라는 새로운 브랜드를 만들었다. 동일하게 한국의 '현대자동차' 역시 '제네시스'라는 새로운 브랜드 창출을 통해서 고급스러운 이미지를 만들어내고자 노력하고 있다. 어떤 자동차를 타는가가 사람들의 자기감에 어떤 효과를 가져다줄 수 있는지를 지속적으로 광고하면서, 이들 회사들은 자신들의 브랜드 가치와 자기감을 연결시키고자 한다.

이렇게 필요에 의한 소비가 아닌 다분히 부와 명성을 자랑함으로써 자기 자신을 과시하기 위한 소비 행위는 다양한 소비 영역에서 발견된다. 한국의 캠핑 용품의 평균 가격은 미국, 일본은 물론 호주보다도 약 19~37% 가량 더 비싸다. 유럽의 한 고가 아웃도어 브랜드는 국내 총판권을 획득하기 위해 한 국내 기업과 협상을 할 때, 청계산 등산로의 등산객들이 히말라야나 알프스 등정을 떠나는 전문 산악인과 같이 옷을 입은 것을 보고 한국 시장을 낙관했다고 한다. 이렇듯 고가의 제품이 판매되는 이유는 자기감의 결핍과 그 결핍을 고가의 제품을 구입하는 소비 행위로 채우려는 의도 때문인 것으로 분석해볼 수 있다. 심리적 허기를 고가의 제품을 통해 일시적으로나마 채우기 위한 무의식적인 선택이라는 것이다.

한편 미국 뉴멕시코대학교의 진화심리학과 교수 제프리 밀러Geoffrey Miller(2009)는 과시적 소비야말로 짝을 구하는 인간 본성의 발로라고 이야기하면서, "현실에서는 계속해서 이제껏 상상할 수 없었던 방식의 과시적 소비가 만연할 것이며, 이를 통해 사람들은 지위와 존경, 명성, 성적 매력과 인기를 추구할 것이다"라고 이야기했다. 이것은 소비 행위가 인간의 성적 욕동과 긴밀하게 연결되어 있음을 시사한다. 즉 소비 행위는 인간의 성적 욕동을 만족하기 위한 수단이 된다. 문명화된 사회에서 성적 욕동을 원초적 수준에서 만족하는 것은 극히 제한되어 있다. 이것은 성적 욕동의 억압이 불가피하게 일어날 수밖에 없다는 것을 의미한다. 성적 욕동을 표상화하는 이미지나 심상은 무의식 영역 속에 머무를 수밖에 없지만, 이것은 자신을 표현하고 드러내려는 강한 힘으로 작용한다. 이를 제지하고 제한해야 하는 내적인 힘과 더불어 심리적 긴장이 발생하고, 억압된 무의식의 표상을 만족시키는 대체적인 수단이 필요하게 되는데, 소비 행위가 일종의 그와 같은 욕동의 만족을 위한 대체 수단이 될 수 있다.

프로이트에게 있어서 성적인 욕동은 반사회적인 측면을 수반할 수 밖에 없고, 따라서 그는 이를 길들일 수 있는 수단이 필요하다고 생각했다. 물론 이를 길들이는 방법과 수단으로는 다양한 차원이 존재하며, 심리 건강의 측면에서 보면 유익한 수단과 방법이 있고, 그렇지 않은 것이 있기 마련이다. 예를 들어 프로이드에게 종교는 인간이 갖고 있는 반사회적인 본능을 길들일 수 있는 인류가 선택한 문명의 아주 중요한 수단이다. 하지만 종교는 인간의 심리적 동기가 주로 소원 충족에 있을 때 생겨나는 환상과 같으며, 그렇기에 실제 현실 인식과는 관련이 없다. 곧 종교는, 아직 미약한 상태의 어린아이가 부모를 이상화해 전능한 힘을 소유한 것으로 인식함으로써 자신의 불안과 두려움을 방어적으로 다루려고 하는 것처럼, 신이라는 존재의 힘을 빌려 현실의 고통을 직면하지 않고 해결해보려 하는 수단이다. 결론적으로 종교는 초기 어린 시절로 퇴행하는 일종의 병리적인 증상인 것이다.

반면에 프로이트는 성적 욕동의 건강한 대체 만족을 '승화sublimation'에서 찾았다. 그의 정신분석에서 욕동의 승화는 정신분석의 성격과 그 방향을 이해하기 위한 중요한 개념이다. 이는 정신분석 치료에 대한 그의 다음과 같은 언급에서도 잘 나타난다. "정신분석의 영구적인 성공은 두 가지 주제가 동시에 일어나는지 그렇지 않은지에 달려 있다. 그 두 가지는 긴장의 방출에 의해 만족을 얻는 것과 순전한 본능적 충동에 대한 승화를 말한다." 즉 프로이트는 문명 세계에서 인간이 선천적인 본능적 충동을 억압하지 않고 만족시킬 수 있는 적절한 방법은 승화에 달려 있고, 정신분석 치료는 본능의 적절한 만족을 추구한다는 점에서 승화의 측면으로 이해할 수 있다고 본 것이다.

프로이트는 승화의 모범적인 사례로 예술을 들었다. 그에 따르면, 예술작품을 창조하는 행위는 자신의 성기를 노출하려는 성적 욕동의 승화와 깊은 관련이 있다. 그에게 있어 또 다른 승화의 예는 '지식 혹은 연구의 본능'이 될 수 있다. 이와 같은 지적인 탐구는 다른 사람의 성기를 보려는 성적 본능과 지배의 본능이 승화의 방식을 거쳐 변형된 형태이다. 과학적 탐구 또한 승화된 성적 행위이다. 그는 과학을 "인류의 정신활동이 할 수 있는, 쾌락 원칙의 가장 완벽한 포기"라고 이야기했다. 그에게 예술이나 과학적 활동은 노출증이나 관음증, 지배하려는 본능적 충동보다 고상한 형태를 갖고 있으며, 문명 세계에 적합하고 유익하면서도 좌절된 욕망의 배출구가 된다는 점에서 승화의 적절한 사례이다.

그렇다면 소비 활동은 본능적 충동의 대체적인 만족으로서의 승화의 가능성이 있는가? 분명하게 언급할 수 있는 것은 인간의 소비 행위가 인간의 성적 욕동을 만족시키는 행위라는 사실이다. 하지만 소비 행위가 인간의 본능적 충동을 만족시키는 건강하고 유익한 대체적 수단인지에 대해서는 좀 더 진지하게 고려해볼 필요가 있을 것이다. 프로이트가 종교를 무작정 초기 어린 시절의 퇴행이라고 규정한 것처럼 인간의 본능적 충동을 만족시키는 소비 행위를 퇴행적 행위로 규정하기는 어렵다. 물론 과시적 소비라든가 비합리적인 소비 행위 속에 그런 퇴행적 요소가 있다는 것은 이미 앞에서 살펴본 바 있다. 하지만 소비는 인간이 생존하는 데 필요한 기본적 욕구를 충족시켜준다는 점에서 본능적 충동을 만족시키는 적절한 방법이 된다고 이해할 수도 있다.

6. 소비자 행동을 통한 인간의 이해

소비자가 특정 제품이나 서비스의 구매와 관련해 의사를 결정하는 데는 다양한 요인이 개입되기 마련이다. 소비자의 행동과 의사결정에 영향을 끼치는 소비자 행동의 요인은 내부적 영향 요인과 외부적 영향 요인으로 나누어 이해할 수 있다.

먼저, 소비자 행동의 '내부적 영향 요인'은 소비자의 개인적 특성과 깊은 관련을 맺고 있으며, 학습, 동기, 지각, 태도, 라이프스타일 등이 이에 해당한다. '학습'은 과거 행동의 결과로 야기되는 계속적인 지식의 축적 과정으로, 만족스러운 구매 행위는 제품에 대한 긍정적인 반응과 재구매를 유도한다. 반면 불만족스러운 경우 재방문의 가능성은 낮아진다. 물론 소비자의 학습은 직접적인 구매 행동을 통해 일어날 수 있지만, 타인의 행동을 관찰해서 제품 자체나 구매 행동의 결과를 학습하는 경우도 빈번하다. 즉 어떤 사람의 구매가 긍정적 강화로 이어지는 것을 보면, 동일한 상황에서 그 사람의 행동을 모방하게 되는 것이다. 그렇기에 구매나 서비스 이용의 후기는 소비자의 학습의 중요한 수단이 된다. '동기'는 소비자의 행동을 수행하도록 만드는 내적인 추진력을 일컫는다. 인간의 기본적인 욕구 충족과 관련된 동기를 본원적 구매 동기라고 이야기할 수 있다면, 본원적인 욕구를 충족시켜줄 수 있는 구체적 대상물에 대한 구매 동기는 선택적 구매 동기라 할 수 있다. 목마름의 욕구는 물을 구매함으로써 충족할 수 있지만, 그 본원적 욕구를 채워줄 특정 브랜드의 물을 소비자는 선호할 수 있다.

'지각'은 인간의 감각기관을 통해 받아들인 외부의 자극을 이해하고 그것에 의미를 부여하는 과정이다. 동일한 외부자극이 주어지더라도 그것을 받아들이는 인간의 감각기관이 보이는 차별성으로 인해 그 자극은 달리 해석될 수 있다. 소비자가 제품이라는 자극을 이해하고 의미를 부여하는 과정에서 얻는 만족감은 제품이 얼마나 기본적인 욕구를 충족시켜주는가(기능적 의미), 혹은 사회적으로 얼마나 높은 신용과 명성을 얻게 할 수 있는가(상징적 의미), 혹은 개인의 즐거움과 쾌락을 얼마나 만족시켜줄 수 있는가(경험적 의미)의 정도에 따라 결정된다. '태도'는 소비자가 특정 브랜드에 대해 갖는 지속적인 느낌으로서의 평가 및 반응 경향을 일컫는 개념이다. 태도는 주로 인간의 감정 혹은 심리와 깊은 관련이 있어서, 특정 상품과 브랜드에 대한 긍정적인 감정은 구매 행동을 강화시키는 요인이 된다. '라이프스타일'은 사람이 살아가는 일관성 있는 생활방식, 곧 시간과 돈을 소비하는 방식을 일컫는다.

다음으로, 소비자 행동의 '외부적 영향 요인'에는 가족, 준거집단, 사회계층, 문화 등이 있다. 인간이 속해 있는 가장 기본적인 단위는 '가족'으로, 구매 행동의 상당 부분이 가족 단위 내에서 이루어진다는 점에서 소비자 행동에 강력한 영향을 끼친다. 특히 자녀는 부모로부터 구매 행동의 유형을 학습하게 된다. 또한 가족 구조가 구매 유형과 패턴을 결정짓는데, 예를 들어 유아가 있는 가정에서는 유아용품의 구매가 증가한다. 또, 구매 행동은 직접적이든 간접적이든 '준거집단'의 영향을 받는다. 한 개인이 공식적·비공식적으로 속해 있는 회원집단인지, 소속되어 있지는 않지만 소속되기를 바라는 열망집단인지, 반대로 가급적 피하려고 하는 기피집단인지에 따라 구매 행동은 영향을 받는다. 또한 구매 행동은 한 개인이 속한 '사회계층', 곧 유사한 가치, 라이프스타일, 관심 및 행동을 공유한 집단의 영향을 받는다. 한편 세대별로 전승되어 온 관습이나 가치관 등을 포함하는 '문화'는 소비자의 욕구를 채워줄 구체적인 대상물의 형태를 결정해 구매 행동에 영향을 끼친다.

이와 같이 소비자 행동은 개인의 내부적 혹은 외부적 영향 요인에 의해 결정된다. 하지만 이 장에서는 소비자의 의사결정 과정에 영향을 끼치는 내적 요인을 정신분석적 관점에서 조명하려고 했다. 정신분석이 그 시작에서부터 강조했던 무의식의 존재는 이런 소비자 행동과 소비자가 구매에 이르는 의사결정의 과정을 이해하고 분석하기 위한 중요한 개념이 될 수 있다. 무엇보다 소비자 행동을 정신분석적으로 이해했을 때, 인간은 자신의 무의식적 요구와 기대를 소비를 통해 달성하는 존재임을 알 수 있다. 그것은 어떤 정신분석적 관점에 의해서든 설명될 수 있다. 심리내적 갈등을 해결하기 위한 수단으로, 또 내적 허기와 결핍을 메우고 채우기 위한 방법으로 소비자의 행동을 이해할 수 있는 것이다. 또한 소비는 불편하고 유쾌하지 못한 감정을 회피하고 방어하기 위한 수단이 될 수도 있으며, 내적 대상관계가 동일시의 과정을 통해 옮겨가는 과정이 될 수도 있다.

이는 소비 자체의 성격을 인간의 무의식적 과정을 보여주는 전형적인 인간의 활동으로 이해할 수 있음을 의미한다. 소비 자체는 인간의 무의식적 과정에 대한 이해가 그러하듯, 나쁘거나 옳지 않은 것으로 볼 수 없다. 그것은 인간의 삶, 그리고 인간이 존재하는 방식과 떼려야 뗄 수 없는 관계에 있다. 그것은 인간의 필수적인 활동으로 볼 수 있으며, 적절하고 사회적으로 용인되는 방향에서 인간의 무의식적 요구와 기대를 만족시켜주기만 한다면 유익한 것이라고 평가할 수 있다. 하지만 그것이 병리적인 기대와 요구를 만족시키기 위해 사용된다면 인간의 소비자 행동은 자칫 큰 폐해를 낳을 수 있다.

위니컷의 중간대상이라는 개념 역시 소비 활동의 성격을 정신분석적으로 설명할 수 있다. 위니컷에게 중간대상은 인간의 창조적인 사고 과정이 외부 현실의 대상으로 옮겨간 결과 생겨난 외부 대상이다. 그것은 온전히 자신을 돌보고 사랑하는 대상의 부재 현실에 직면해 유아가 그 부재와 상실을 극복하기 위해 고안해내는 창조적인 외부 대상으로, 유아가 부재와 상실을 직면하고, 현실적인 인간관계를 맺도록 도움을 준다. 하지만 그 부재의 현실이 주는 고통이 지나치게 과해서 심리내적 세계에 큰 좌절과 상실을 안겨준다면, 유아가 그 상실을 극복하기 위해 고안해내는 중간대상은 지나친 집착과 애착의 대상이 되어 '페티시즘Fetishism(성적인 대상을 물건으로 대체하는 것)'의 대상으로 변질된다. 그리고 이로 인해 과도하게 그 대상에게 몰두하고 의존하는 결과를 낳는다. 혹은 외부 대상이 지나치게 유아가 필요로 하는 것들을 채워주고 만족시켜주는 경우에도 유아는 정상적인 중간대상을 창조하기보다 자신의 요구와 기대를 비현실적으로 채워주는 외부 대상에 의존하게 된다.

정신분석학은 고착과 퇴행이론을 설명하면서 지나친 만족 혹은 지나친 결핍은 인간을 한 발달 시기에 고착시키는 결과를 만들어낸다고 이야기한다. 고착은 대상에 대한 지나친 기대와 요구에 의존하던 유아 시기의 발달단계에서 심리적 성장이 멈춰버린 상태를 의미하며, 퇴행은 성인의 시기에 스트레스 상황을 직면했을 때 그 고착된 시기의 방식으로 문제를 해결하려 하는 것을 의미한다. 소비는 인간의 존재 방식과 분리시켜서 이해할 수 없는 인간의 필수적 활동이다. 그렇기에 소비 활동은 인간의 무의식적 요구와 기대를 만족시키는 적절한 인간의 삶의 방식으로 기능할 수 있다. 하지만 소비 활동은 유아적 요구와 기대를 채우는 방식으로 사용될 수도 있으며, 기업 역시 그런 병리적 퇴행을 유도하는 방식으로 소비 활동을 부추길 수 있다. 하지만 소비자의 행동을 정신분석적으로 살펴본다면 인간을 보다 깊이 이해할 수 있는 길을 안내받을 수 있다. 곧, 소비자 행동의 정신분석적 이해를 통해 소비 활동의 적절하고 건강한 방식을 이해할 수 있으며, 이를 통해 건강한 인간의 존재 방식에 대한 이해와 묘사에 이를 수 있을 것이다.

◇ 생각해볼 문제 ◇

1. 소비자 행동을 이해하기 위한 다양한 모델 중 정신분석적 이해가 갖는 독특성과 유익은 무엇인지 생각해보자.
2. 인간의 무의식을 이해하고 그것에 접근하는 다양한 정신분석적 방식에는 무엇이 있으며, 그것은 어떻게 소비자 행동을 이해하도록 돕는지 생각해보자.
3. 불쾌하고 위협적인 감정과 느낌을 통제·조절하려는 심리적인 방어기제와 소비자 활동은 어떤 연관관계가 있는지 생각해보자.
4. 정신분석적 관점에서 건강하고 적절한 소비 활동은 무엇인지, 이를 통해 묘사할 수 있는 건강한 인간의 존재 방식은 무엇인지 생각해보자.
5. 소비자 행동의 이해는 인간의 이해와 어떻게 연결되어 있는지 생각해보자.

제4장

한류 문화와 글로벌 시장

1. 한류의 개념과 의의

전 세계가 인기 아이돌 그룹 '방탄소년단'(이하 BTS)에 열광하고 있다. BTS는 지난 2018년 5월 빌보드 메인 앨범 차트인 '빌보드 200' 1위에 등극한 것에 이어서 8월 또 다른 곡으로 두 번째 '빌보드 200' 1위에 올랐다. 이와 같은 K-Pop을 중심으로 한 한류의 선호 현상은 세계 곳곳으로 퍼져나가고 있다.

한류란 해외의 소비자들이 한국 문화를 선호하는 현상이라고 정의할 수 있다. 그 범위는 음악뿐 아니라 문화와 예술, 관광, 뷰티, 패션 등 다양한 분야에 걸쳐 나타나고 있다. 20년 전쯤 생겨난 한류라는 용어는 중국에서 먼저 사용하기 시작했는데, 한국의 문화가 중국으로 진출할 때 중국에서 발간된 신문에서 '한류韓流'라는 용어를 쓴 것이 그 시초이다.

한류는 1995년쯤 한국 대중문화가 중국으로 진출해 성공하면서 시작했고, 현재에 이르기까지 지속적으로 발전하고 있다. BTS의 경제 가치를 약 2조 5천억 원으로 추산하고 있을 정도로 한류 콘텐츠의 성공은 엄청난 경제적 이익을 창출한다. BTS의 놀랄 만한 성과는 인생을 깊이 있게 풀어내는 가사, 쉽게 기억나는 멜로디, 뛰어난 춤 실력, 그리고 팬들과 소통하는 멤버들 등이 그 요인이다. 특히 '유튜브'나 '넷플릭스'와 같은 동영상 스트리밍 플랫폼을 기반으로 BTS의 노래와 춤 등 관련된 콘텐츠들이 전 세계로 뻗어나가고 있다.

한류의 확산은 문화적인 영향력이 확대된다는 것에만 의미가 있는 것이 아니라 정치적·경제적 측면에서 더 중요한 의미를 갖는다. 문화가 우선적으로 자리를 잡으면 기업이나 국가의 브랜드 이미지 형성에도 긍정적인 영향을 미치기 때문에 한류의 지속적인 성공이 중요하다. 『2017 한류 파급효과연구』(전종근·김승년, 2017)에 따르면 한류로 인한 생산 유발 효과는 약 17조 8천억 원으로 전년 대비 4.0% 증가한 결과가 나타났고, 한류로 인한 문화콘텐츠 상품 수출액은 4조 2천억 원으로 추정되는 것으로 나타났다. 그렇다면 현재의 성공적인 결과는 만족할 만한 수준이며, 한류 진출의 문제점은 없는 것인가? 향후 한류의 미래 전략은 필요 없는 것인가?

오랜 기간에 걸쳐서 발전해온 한류 문화를 문화적인 관점에서만 다룰 것이 아니라 경영적 관점에서 생각해보고, 한류 문화가 글로벌 시장에 성공적으로 진출하고 발전하기 위한 여러 가지 방법을 생각해본 후 실천하는 것은 중요하다. 특히 인문학을 전공하는 학생들과 경영학을 전공하지 않는 학생들에게, 한류 문화를 경영학적인 시각에서 바라보고 실제로 여러 경영 기법과 지식을 습득해서 한류 문화에 적용해보도록 하는 것은 학문 간 융합의 관점에서 유익한 작업이 될 것이다.

2. 한류의 과거

한류라는 용어가 처음으로 사용된 것은 1990년경인데, 본격적으로 주목을 받게 된 것은 2011년으로 알려져 있다. 한류가 많은 나라들에서 사람들의 주목을 받게 된 이유는 K Pop이 유튜브 또는 소셜 네트워크 서비스social network service: SNS와 같은 디지털 미디어를 통해 유럽의 여러 나라로 확산되었기 때문이다. 그렇다면 언제 무엇을 통해 한류가 시작된 것일까?

『한류로드』(최광식, 2013)는 한류의 전개 양상을 3개의 시대로 구분하고 있다. 한류 1.0시대, 한류 2.0시대, 그리고 한류 3.0시대이다. 먼저 한류 1.0시대는 드라마와 같은 콘텐츠를 대상으로 아시아 국가의 소수 마니아층에게 한류가 주목을 받았던 시기이다. 이 시기에는 케이블 TV, 위성 TV, 인터넷과 같은 매체를 통해 한류가 전파되었다. 다음으로 한류 2.0시대는 2006년부터 2011년까지로, K-Pop을 중심으로 한류가 주목을 받던 시기이다. 이 시기에는 아시아뿐만 아니라 유럽과 미국 지역에까지 한류가 퍼져나갔다. K-Pop이 주축이 되어 20대 이하의 여성 소비자를 중심으로 유튜브나 소셜 네트워크 서비스를 통해 한류가 전파된 기간이다. 그다음으로 한류 3.0시대는 전통문화와 대중문화 등 다양한 문화를 대상으로 전 세계에 K-Culture를 전파한 시기이다. 이 시기에는 다양한 다수의 매체를 통해 많은 세계의 시민들에게 한류를 전달하고자 했다.

마지막은 저자가 새롭게 추가한 한류 4.0시대로, 2018년 이후부터 아이돌을 중심으로 전 세계가 K-Pop을 향해 보인 관심이 바탕이 되어 K-Style을 전달하고 있는 지금의 시기를 말한다. 이 시기에는 드라마,

예능 프로그램, 영화, K-Pop, 애니메이션, 온라인 모바일 게임, 패션과 뷰티 제품, 음식, 도서(출판물) 등 다양한 장르를 대상으로 한류가 퍼져 나가고 있다. 그중 가장 활발하게 해외 시장으로 진출하고 있는 것은 K-Pop이다. 단, 한류 2.0시대의 K-Pop은 단순한 음악의 성격이었지만, 지금의 K-Pop은 세계를 이어주는 연결고리의 역할을 하는 문화적 통로라고 보는 것이 적절한 분석일 것이다. 이 내용을 정리하면 〈표 4-1〉과 같다.

흔히 한류의 출발점으로 보는 드라마가 있다. 그것은 1997년 중국 CCTV에서 방영되어 약 1억 5천만 명이 시청한 것으로 알려진 〈사랑이

〈표 4-1〉 한류의 시대별 구분

시대 구분	한류 1.0 (1995~2005)	한류 2.0 (2006~2011)	한류 3.0 (2012~2017)	한류 4.0 (2018~)
핵심 장르	드라마	K-Pop	K-Culture	K-Style
대상 장르	드라마, 영화, 가요	K-Pop, 대중문화, 일부 문화예술	전통문화, 문화예술, 대중문화	드라마, 예능 프로그램, 영화, K-Pop, 애니메이션, 온라인 · 모바일 게임, 패션 · 뷰티 제품, 음식, 도서(출판물)
대상 국가	아시아	아시아, 유럽 일부, 아프리카, 중동, 중남미, 미국 일부	전 세계	전 세계
대상 소비자	소수의 매니아	20대 이하 여성	세계 시민	전 세계 국가의 소비자
대상 매체	케이블 TV, 위성 TV, 인터넷	유튜브, SNS	모든 매체	다양한 다수의 매체

출처: 최광식(2013)을 바탕으로 내용을 추가·재정리함.

뭐길래〉이다. 이 드라마의 성공을 시작으로 2003년에 일본의 NHK에서 〈겨울연가〉를 방영했는데, 최고 시청률이 24%로 집계되어 본격적인 한류 전파의 신호탄이 된 것으로 분석하고 있다. 그 당시 주인공을 연기한 배우 배용준과 최지우의 인기는 폭발적이었으며, 많은 일본의 중년 여성이 한국어를 배우고 한국을 방문하게 하는 계기를 만들었다. 일본의 영향력 있는 공영방송국 NHK에서 한국의 드라마를 방영했다는 점이 시청률 24%의 결과를 도출하고, 일본의 중년여성들을 중심으로 한국에 대한 관심이 커질 수 있도록 한 것이다. 그 결과 중국에서 시작된 한류가 다른 아시아의 국가로 이전되어 확대되는 결과를 얻을 수 있었다.

한편 중국과 일본을 넘어 다른 아시아 지역과 중동, 아프리카 지역에까지 한류의 영향력을 넓힐 수 있었던 것은 드라마 〈대장금〉의 공이 컸다. 그 당시 〈대장금〉은 국내 시청률이 57.1%가 나올 정도로 시청자들의 사랑을 받은 사극이다. 〈대장금〉은 홍콩, 대만, 이란 등 62개국에서 방영되었는데, 그 인기가 대단했다. 이 드라마의 주제가 한국 음식이고, 자연스럽게 드라마에서 한옥, 한복, 한식, 궁궐과 같은 한국의 전통문화가 노출되다 보니 외국인들이 하나의 드라마를 통해 여러 한국의 문화를 접할 수 있었다는 측면에서 큰 파급·연결 효과가 있었다고 볼 수 있다.

한류의 대상 소비자층을 넓히게 만든 드라마는 〈주몽〉이다. 〈주몽〉은 고구려 동명성왕의 건국설화를 바탕으로 제작된 사극인데, 아시아의 여러 나라에서 방영되었다는 점에서 의의를 갖는다. 특히 회식 문화가 없는 중앙아시아의 많은 남성이 퇴근 후 가족과 함께 TV로 〈주몽〉을 시청하면서, 이 드라마는 남성 소비자까지 한류의 대상 소비자가 되도록 만들었다.

한류는 서양으로도 진출하게 되었는데, 이번에는 드라마가 아니라 아이돌을 중심으로 한 K-Pop이 그 주역이었다. 이전의 한류는 아시아를 중심으로 퍼져 있어서 협소한 파급력을 가지고 있었다. 아시아권에서는 한류가 통하지만, 미주나 유럽과 같은 서양 지역에서는 통하지 않을 것이라는 우려도 있었다. 또한 드라마가 성공해서 한류가 어느 정도 사람들의 미음속에 자리 잡고 있는 경우에는 다른 한류 콘텐츠들이 진입하기가 비교적 쉽지만, 아직 한류가 진출하지 않은 미개척국의 경우 다른 한류 콘텐츠들이 진출해서 성공할 확률은 높지 않았고, 때문에 쉽게 도전해보려고도 하지 않았다.

그러나 걸그룹 '원더걸스'가 미국 빌보드 차트에서 한국 가수로는 처음으로 100위권에 들어간 것을 계기로 한류가 서양 세계에서 퍼져나가기 시작했다. 이후 2011년 6월 프랑스 파리에서 열린 'SM타운 콘서트'를 시작으로 한류는 새로운 2막을 열었다. 이날의 공연을 계기로 K-Pop 하면 댄스 음악을 위주로 한 한국 아이돌 그룹의 음악이라는 개념이 생겨났고, 그 의미는 지금도 지속되고 있는 것으로 보인다. 물론 그저 하나의 콘서트가 성공을 거둔 것이라고 생각할 수도 있지만, 그 이면에는 여러 가지 어려움이 많았다. 한류의 기반이 잘 닦여 있지 않은 유럽에서 대규모의 콘서트를 기획한다는 것이 기획사의 입장에서는 도박과 같은 일이었을 것이다. 그래서 2011년 파리 공연은 전방에서는 SM엔터테인먼트가 기획하고 후방에서는 문화체육관광부가 후원해 성공시킨 우여곡절이 많은 콘서트였다. 이러한 성공에도 불구하고, 몇몇 가수의 활약이 있었지만 많은 사람이 한국의 K-Pop이 지속적인 성공을 거둘 수 있을 것이라고는 예상하지 못했다.

예상을 깨고 K-Pop의 역사에 큰 획을 그은 것은 가수 '싸이'였다. 그는 '강남스타일'이라는 곡으로 2012년 미국 빌보드 메인 싱글차트인 'HOT 100'에서 7주간 2위를 기록하며 세계적인 신드롬을 이끌었다. 다수의 미국 예능 프로그램이나 시사 프로그램에서 싸이를 초청해 사회자와 같이 '강남스타일' 춤을 추고 노래를 부르는 모습은 굉장히 인상적이었고, 그 순간 K-Pop의 성공이 노정되기 시작했다. 한류 3.0시대에는 '강남스타일'의 성공을 기반으로 한국과 관련된 다양한 문화와 생활양식에 외국의 소비자들이 관심을 갖게 되었고, 그 관심은 지금까지도 지속되고 있다.

저자는 BTS 신드롬이 전 세계를 강타하고 있는 지금 이 시점을 한류 4.0시대라고 생각한다. 다음 절에서도 다루겠지만, 지금이야말로 다양한 한류 콘텐츠가 BTS의 성공을 기반으로 쉽게 전 세계로 진출할 수 있는 기회이다. 앞서 보았듯이, 한류 콘텐츠가 전혀 진출해 있지 않은 지역으로 다른 콘텐츠들이 진입하기란 굉장히 어려운 반면, 하나의 한류 콘텐츠가 성공하면 이어 진입하는 콘텐츠들이 성공을 거두기는 더 쉽기 때문이다. 따라서 BTS의 진출로 전 세계가 한류를 주목하고 있는 2018년 이 시점이 한류의 4.0시대로의 성공적 진입의 계기가 될 것이다.

3. 한류의 현재

오늘날의 한류는 양적으로, 그리고 질적으로 매우 발전한 모습을 보이고 있다. 1997년 한 드라마의 성공으로 시작해 한 아이돌 그룹이 세계적인 성공을 거두기까지 다양한 콘텐츠가 확산되면서 발전해왔다.

세계의 많은 사람들이 한류를 통해 한국에 관심을 기울이게 되었고, 한국의 제품과 브랜드 등이 해외 소비자들의 선택을 받고 있으며, 자연스럽게 관광과 한국어 학습 등 직접적으로 한국의 다양한 문화에 많은 관심을 갖는 해외 소비자들이 늘기 시작했다. 그럼에도 불구하고 한류의 현재 상황은 많은 위기와 문제점을 안고 있다. 즉 K-Pop 위주로 인기를 끌고 있는 것, 그리고 일본이나 중국과 같이 한류가 초기에 성공했던 나라들과는 여러 정치적이고 외교적인 문제로 어려움을 겪고 있는 것이 현실이다. 그러므로 지금은 한류의 범위와 가치에 대해 냉철하고 객관적인 판단을 해서 경영적인 시각에서 한류를 발전시킬 수 있는 방향을 제안하는 것이 필요한 시점이다.

전종근과 김승년(2017)에 의하면 현재의 한류는 고성장에서 중간성장으로 성장이 둔화되고 있으며, 한류의 대중화도 중간 수준에 머물러 있다. 좀 더 구체적으로 국가별 '한류 지수'를 살펴보자(전종근·김승년, 2017). 한류 지수는 국가별로 한류의 대중화가 어느 정도 이루어져 있는지를 의미하는 한류 현황 지수와 한류의 인기 변화 정도를 나타내는 한류 심리 지수로 구분할 수 있다. '한류 현황 지수'를 살펴보면, 말레이시아와 대만은 한류 대중화 단계에 위치하고 있는 것으로 나타난 반면, 태국, 인도네시아, 중국, 인도, 아랍에미리트, 러시아, 브라질, 호주, 미국, 프랑스, 터키, 영국, 일본 등 13개 국가는 한류 확산 단계로 나타났다. 또 '한류 심리 지수'를 살펴보면, 영국과 일본을 제외한 나머지 국가들은 한류 중간 성장 그룹으로 한류의 인기가 상승하는 것으로 나타난 반면, 영국은 한류의 인기가 낮은 국가이며 일본은 한류 쇠퇴 국가로 나타났다. 이와 같은 결과는 한류 문화가 글로벌 시장에 진출할 때 국가별로 어떤 전략을 선택할 것인지 결정하는 데 많은 도움을 준다. 따라서 한류 확산 단계의 국가들과 한류 대중화 단계의 국가들을 같은 전략으로 공략하기보다는 각각에 맞는 다른 마케팅 전략으로 공략하는 것이 더 효과적일 것이다.

한충민(2017)은 한류 브랜드의 세계화를 성공적으로 달성하기 위해 여섯 가지의 과제를 제시했다. 적절한 글로벌 시장 전략, 한국의 정체성을 효과적으로 표현하는 브랜드 전략, 한류 브랜드로서의 효율적인 커뮤니케이션 전략, 진정한 고객 가치 창출 전략, 한류 브랜드를 지원하는 전략적 마케팅 전략, 그리고 한류 브랜드 전략의 집행에 필요한 세계화 역량 개발 전략이 그것으로, 각 내용은 다음과 같다.

첫째, '글로벌 시장 전략'은 브랜드 세계화의 기회 요인을 국가 또는 지역별로 분석하고, 브랜드 세계화를 위해 진출해야 하는 시장을 선정하는 시장 포트폴리오를 기획하는 것이다. 이를 위해 글로벌 시장에서 한류 브랜드가 어떤 시장 기회 요인이 있는지를 알아보아야 한다. 우선은 한국 제품의 이미지가 좋은 국가에서 한류 브랜드의 성공 가능성이 높으며, 아시아의 저소득 지역에서도 한류 브랜드의 시장 기회가 크다. 다음으로 평균 연령이 낮은 국가, 그리고 중산층 규모가 크고 성장률이 높은 국가에서 한류 브랜드의 성공 가능성이 높다. 둘째, '브랜드 전략'은 브랜드 세계화 비전을 설정하고 한류 브랜드에 필요한 브랜딩을 수행하는 것이다. 셋째, '커뮤니케이션 전략'은 한류 스타를 광고에 활용하고, PPLProduct Placement을 통한 한류 스타 마케팅을 기획하며, 온라인 및 모바일 커뮤니케이션 수단을 활용하여 전략을 실행하는 것이다. 넷째, '고객 가치 창출 전략'은 한국적 가치 창출의 필요성에 따라 전략을 기획하고 제품 현지화의 정도 및 방법을 모색하는 것이다. 다섯째, '전략적 마케팅 전략'은 뒤에서 살펴볼 시장 세분화, 표적 시장 선택, 그리고 포지서닝 전략을 제시하고, 현지 시장 진입 및 시장 확대 전략과 현지 유통 개발 및 관리 전략을 수행하는 것이다. 여섯째, '세계화 역량 개발 전략'은 역량 요인을 개발하고 전략적 제휴 및 파트너 자산 활용의 방법을 찾는 것이다.

이 절에서는 학생들에게 경영적인 시각에서 한류 문화를 이해하고 성공적인 글로벌 시장 진출을 위해 어떤 경영 기법들을 적용할 수 있는지 소개하려고 한다. 한류를 통해 한국을 알게 되고 한국의 문화에 관심을 갖고 공감하는 여러 나라의 사람들이 날로 증가하고 있다. 이러한 한류의 확산 내용을 볼 때, 앞으로 한류 문화가 나아가야 할 방향을 생각해보고 더욱 전략적인 진출을 준비해야 할 것이다. 이와 같은 취지에서 '한류 문화와 글로벌 시장'은 시기적으로, 그리고 학문적으로 매우 적절한 주제이다. 특히 학생들은 한류 문화를 경영학적인 관점에서 분석해보고 접근해봄으로써 졸업 후 진로와 취업 선택에 있어서도 확장된 시야로 다양한 응용 능력을 발휘할 수 있을 것으로 기대된다.

1) 한류 콘텐츠의 종류

한류 콘텐츠의 종류는 K-Pop부터 K-관광까지 다양한 분야로 확대되고 있으며, 각각의 콘텐츠에서도 그 범위가 넓어지고 있다. 콘텐츠별로 변화의 내용을 살펴보면 다음과 같다(남상현 · 김지연, 2018).

K-Pop

K-Pop은 한국 콘텐츠 소비 비중 중 증가값이 9.1%나 될 정도로 모든 콘텐츠에서 가장 많이 상승한 것으로 나타났다. 이러한 결과는 BTS

와 같은 차세대 K-Pop 주자인 아이돌 그룹의 폭발적인 인기가 반영된 결과로 분석된다. 특히 2017년은 K-Pop이 미주 지역에서 뚜렷한 인기를 보인 것으로 나타났다. 최근의 신문기사나 인터넷 기사들을 보면 BTS의 세계적인 인기를 실감할 수 있는데, 그와 더불어 향후에는 유럽 선역에서 K-Pop의 인기기 높을 것으로 예측할 수 있다. 이런 결과의 원인은 무엇일까?

기술의 발전으로 네트워크 속도가 빨라짐에 따라 한류 콘텐츠 이용이 스트리밍 서비스로 이루어지고 있다. 특히 소비자들의 62.3%가 K-Pop을 무료 온라인과 모바일 스트리밍을 통해 접하고 있는 것으로 나타났다. 이는 온라인과 모바일 스트리밍 서비스가 주요 한류 콘텐츠의 유통 경로가 될 것이라는 예측을 가능하게 한다.

K-콘

K-콘은 K-Pop 콘서트와 전시 컨벤션을 결합한 형태로 한류를 기업의 제품 및 서비스와 연계시켜 보여주는 종합적인 한류 행사이다. 2012년에 시작된 K-콘은 K-Pop 콘서트를 비롯하여, 드라마, 영화, 뷰티, 패션, 음식 등 한국의 다양한 라이프스타일 콘텐츠를 해외 팬들에게 전파해왔으며, 북미, 아시아, 중동, 유럽, 중남미, 오세아니아 등지에서 2017년까지 총 56.6만 명의 누적 관람객을 기록한 큰 행사이다. 또한 2018년에는 일본, 태국, 미국 뉴욕에서 행사를 개최했다. 이렇듯 K-콘은 여러 국가들에서 다양한 아티스트가 참여하는 공연과 더불어 컨벤션장에서는 한류와 관련된 프로그램들이 열리는 등 한국의 문화를 더욱 효과적으로 알릴 수 있는 행사로 자리매김하고 있다. 매년 참가하는 외국인의 수도 증가하고 있으며, 해외 거주 한국인들에게도 한국 문화에 대한

자부심과 뿌듯함을 느낄 수 있게 한다는 점에서 매우 의미가 있는 행사라고 할 수 있다.

태권도

태권도는 전 세계 209개국에서 1억 명 이상이 수련하고 있는 세계적인 스포츠이며, 2000년 시드니 올림픽에서 정식 메달 종목으로 채택되어 전 세계의 주목을 받고 있는 한국의 대표 브랜드 콘텐츠이다. 즉 태권도는 해외의 사람들이 한국의 존재조차 모르던 시절 전 세계에 한국을 알린 '원조 한류'인 셈이다. 태권도는 무형문화재로서 가치가 있는 전통무예이며, 우리 민족의 얼과 정신을 대표하는 심신 연마 수단이다. 또한 태권도는 철학적·정신적 의미를 갖고 있으며, 한류 콘텐츠로서 문화적 가치 또한 지니고 있다.

그러나 이러한 위상에도 불구하고 오늘날 태권도는 위기에 직면해 있다. 경기가 지루하다는 평가로 올림픽 정식 종목에서 제외될 처지인데다, 그 틈을 타 세계 여러 다른 나라들에선 태권도를 견제하고 경쟁적으로 자국의 무술을 알리기 위해 노력하고 있다. 게다가 국내에서는 다른 한류 콘텐츠의 인기에 밀려 태권도가 사람들의 기억 속에서 점차 사라져가고 있는 실정이다. 최근에는 이러한 위기를 극복하기 위해 태권도를 K-Pop이나 K-관광 등 다른 한류 콘텐츠와 결합하는 글로벌 콘텐츠 육성 사업을 적극 실행하고 지속적인 성장을 위해 노력하고 있다.

K-뷰티

한류 콘텐츠 중 K-Pop과 더불어 해외 소비자들의 많은 관심을 받고 있는 것은 K-뷰티이다. K-뷰티란 한국의 미용 산업이 해외에서 각광을 받으며 생겨난 신조어로, K-뷰티 시장은 최근 몇 년 동안 엄청난 성장세를 보여주고 있다. 관세청이 분석한 자료에 따르면 2017년 우리나라의 화장품 수출액은 39억 2천 400만 달러로 급격한 증가세를 보인다. K-뷰티는 아시아를 중심으로 성장해왔는데, 최근에는 유럽 시장에서도 한류의 인기와 더불어 점점 인기를 얻고 있다. 향후에도 K-Pop의 인기와 함께 K-뷰티의 인기는 더욱 증가할 것으로 예상된다.

그러나 중국에서 K-뷰티가 위기를 맞고 있다는 소식도 들린다. 성화선(2018. 10. 25)에 따르면 2016년 사드THAAS(고고도미사일방어) 위기로 중국 진출이 힘든 시기를 틈타 글로벌 브랜드와 중국의 로컬 브랜드가 한류의 자리를 대체하고 있다고 한다. 실제로 2018년 5월에는 LG생활건강의 '더페이스샵' 매장들이 중국에서 모두 철수했다.

이러한 위기를 극복하기 위해 정부에서는 천연·유기농 화장품 인증제를 통해 소비자들이 더 다양한 제품을 선택할 수 있게 하고 있으며, 또한 중국으로 수출하는 화장품의 허가 절차를 간소화하여 시판하는 데 소요되는 시간과 비용을 절약하려는 노력을 기울이고 있다.

K-패션

K-패션은 한류 패션을 의미하는 용어로, 중국 소비자들이 드라마에서 한국 여배우들이 입고 나오는 스타일을 따라하고 한국에 관심을 갖는 것에서 시작했다. K-패션은 다양한 패션 브랜드가 다양한 문화적·예술적 방법으로 발전되어왔다. 한국 패션이 단순히 옷을 만들고 파는 콘텐츠가 아니라 그 배경에 있는 한국 문화의 본질을 알리는 통로가 된다는 점에서 이 콘텐츠에 관심을 기울이고 발전시킬 필요가 있다.

특히 현대적인 K-패션도 많이 알려져 있고 관심을 받고 있지만, 여기서 우리가 잊지 않고 주목해야 할 것은 바로 한복이다. 경복궁 일대를 가보면 많은 외국인과 젊은이들이 한복을 입고 궁 주변을 관광하고 체험하면서 다니는 것을 자주 볼 수 있다. 이러한 인기에 힘입어 문화체육관광부는 2018년 10월에 처음으로 서울에서만 개최하던 행사를 전국 10개 지자체로 확대해 '한복문화 주간'을 정하고 전주 한옥마을에서의 개막식과 전통 한복 체험, 한복 패션쇼 등의 다채로운 행사를 열었다.

K-드라마

K-드라마는 1997년 중국에서 〈사랑이 뭐길래〉가 큰 인기를 얻은 후 본격적으로 해외 진출을 시작했다. 그 이후 〈겨울연가〉와 〈대장금〉이 인기를 끌면서 더욱 많은 해외 소비자의 주목을 받았다. 또한 〈주몽〉, 〈내 이름은 김삼순〉, 〈커피프린스 1호점〉, 〈별에서 온 그대〉 등의 드라마가 그 인기를 이어갔다.

그러나 K-드라마는 지난 몇 년 동안 여러 정치적 이슈와 사드 문제 때문에 고전을 면치 못해왔다. 우리나라 방송 영상 콘텐츠 매출의 많은 부분을 차지하고 있는 중국 시장에 장벽이 생긴 것이다. 하지만 이후 2016년 2월 한국과 중국에서 한 드라마가 동시에 방영되기 시작했다. 바로 〈태양의 후예〉이다. 〈태양의 후예〉는 사전제작 드라마의 첫 번째 성공 사례로 평가받고 있다. 결과 역시 한국과 중국에서 폭발적인 인기와 사랑을 받으며 미래 한류 드라마의 성공적인 모델을 제시했다.

K-푸드

저자는 10년 전쯤 광화문에 있는 남다른 한식당을 방문한 적이 있다. 바로 CJ푸드의 '비비고'였다. 그곳은 다른 한식당과는 다른 느낌을 가지고 있었고, 많은 외국인 사이에서 식사를 하며 한국 속의 작은 외국을 느낄 수 있었던 경험이었다. '비비고'는 일반 비빔밥을 파는 한식당과 다르게 샐러드 스타일의 비빔밥을 판매했으며, 동양과 서양의 조화를 자아내는 식기, 인테리어와 운영 방식 같은 것이 독특한 인상을 주었다.

우리나라는 정부가 바뀔 때마다 '한류의 세계화'를 외치며 한식을 글로벌 시장으로 진출시키려는 노력을 해왔다. 그러나 그동안은 별로 좋은 결과를 얻지 못한 것으로 평가된다. 여전히 해외에서 중국 음식에 비하면 한국 음식은 대중화가 덜 이루어져 있으며, 비싼 음식으로 알려져 있다. 그러나 전 세계가 BTS에 열광하는 이때에 한류의 인기와 더불어 한식의 세계화를 위해 한발 더 앞으로 나갈 수 있는 기회가 생겼다. CJ그룹도 2018년 10월에 국내 최초 PGA 투어 정규대회를 통해 CJ그룹의 다른 브랜드를 홍보하며, 한식 브랜드 '비비고' 부스를 만드는 등 한식을 알리기 위한 노력을 하고 있다.

K-게임

2017년 12월 '배틀그라운드', '리니지M'과 같은 게임 소프트웨어를 만든 국내 게임 업체들이 사상 최대 규모인 6조원에 가까운 수출 성과를 냈다. 이 같은 결과는 대표 한류 제품인 K-뷰티 수출액(5조 3천억 원 추정)보다 큰 성과이다. K-게임은 1990년대 말에 '넥슨'과 같은 일부 회사가 미국으로 진출해 '리니지' 같은 게임 서비스를 시작했지만 성과는 부진했다. 이후 2001년 '엔씨소프트'가 미국 시장에 다시 진출했고, 여러 성공 사례를 바탕으로 2000년대 중반 여러 온라인 게임 회사가 본격적으로 진출하기 시작했다.

그러나 2010년쯤 다시 한번 K-게임에 위기가 닥쳐왔다. 대다수의 사람들이 스마트폰을 소지하면서 모바일 게임 시장이 급격하게 성장했으나, 게임 회사들의 모바일 게임에 대한 대응이 늦어지면서 중국산 게임이 시장의 점유율을 높여갔기 때문이었다. 게다가 '블레스', '서든어택2' 등 온라인 게임의 신제품들이 시장에서 실패하며 분위기는 더욱 침체되었다. 하지만 2017년 '배틀그라운드'가 성공하고 중국의 게임 회사가 '배틀그라운드' 중국 서비스 권리를 인수하면서 분위기는 반전되었다. 모바일 게임의 전망도 좋아졌다. 지금도 '넷마블게임즈'의 '리니지2 레볼루션', '리니지M'과 같은 제품들이 개발되면서 K-게임 시장의 성공을 이어가려고 고군분투하고 있다.

한국어

BTS의 인기가 한국어 열풍에도 강한 영향력을 행사하고 있다. BTS의 팬들은 그들의 노래 가사와 그들이 구사하는 한국어에 대해 알고 싶어 한다. 과거 1990년대만 해도 한국말을 잘하는 외국인들은 설날이나 추석 명절에 하는 TV 예능 프로그램에 출연하여 한국어 실력을 뽐내는 것이 전부였다. 그러나 최근에는 대학 캠퍼스를 잠시 돌아다녀 봐도 외국 학생들이 한국어를 제대로 잘 구사하는 모습을 종종 볼 수 있다. 심지어 저자의 수업에는 한국인보다 더 한국어를 잘 구사하는 외국 학생들도 있다.

전 세계적인 한류 열풍으로 인해 해외에서 한국어를 가르치는 세종학당은 2007년에 3개국 13개소 수강생 740명으로 시작해 2018년 9월 기준 56개국 172개소까지 그 규모가 폭발적으로 증가했다(이윤정, 2018. 10. 26). 이는 한국 문화에 대한 외국인들의 관심을 보여주는 단적인 사례라고 볼 수 있다. 여러 다양한 이유에서 한국어를 배우겠지만, 우선은 한국 또는 한국 문화에 대한 관심이 없다면 한국어를 배우려고 마음먹기가 어려울 것이다. 따라서 한국어를 해외 소비자들에게 많이 알리기 위해서는 그들이 더욱더 한류 문화에 관심을 가지고 관련 콘텐츠들을 선택할 수 있도록 해야 한다. 특히 젊은 해외 소비자들이 열광하는 K-Pop과 드라마 같은 한류 콘텐츠를 한국어 교육과 연계함으로써 더욱 관심을 갖도록 할 수도 있다.

K-관광

중국 관광객들이 다시 한국을 찾기 시작했다. 한류 제한령이 풀리면서 다시 주요 관광지는 중국인 관광객들로 활기를 띠고 있다. 그러나 이전과는 다른 모습을 목격할 수 있다. 많은 중국인 관광객이 단체로 다니던 과거와 달리 2~3명 정도의 젊은 사람들이 개별적으로 관광을 하는 모습이 종종 보인다. 이들은 진부한 관광지가 아니라 일반 관광객들이 가지 않는 관광지를 방문하고, 한류 문화를 체험할 수 있는 장소나 프로그램을 선호한다. 경복궁 주변에서 한복을 입고 걷거나 사진을 찍는 젊은 관광객들이 이런 현황을 잘 보여주는 사례이다.

하지만 K-관광은 지나치게 중국인 관광객에 편중되어 있다. 물론 많은 중국인 관광객이 한국을 방문하는 것은 환영할 일이지만, 지나치게 한쪽으로 쏠리는 것은 좋지 않다. 다행히 국가가 주도하여 지자체를 중심으로 해서 동남아시아나 중동 지역 국가의 관광객들을 유치하기 위한 맞춤 전략을 시행하고자 노력하고 있다. 따라서 한류의 주된 소비층인 20대 여성 및 가족 단위 관광객을 대상으로 다양한 한류 관광 상품을 개발하고, 지역, 나이, 성별과 같은 요인들을 고려해 관광 콘텐츠를 개발하는 등의 노력이 수반되어야 할 것이다. 이는 방한 시장을 다변화하는 전략에도 큰 영향을 줄 것이다.

2) 한류의 문화권별 선호 콘텐츠

남상현과 김지연(2018)은 국가별로 한류 콘텐츠의 장르에 따라 소비자의 선호 현상이 다르게 나타난다고 했다. 그 결과를 문화권별로 요약하면 다음과 같다.

아시아

아시아 국가들이 한국 TV 드라마에서 선호하는 장르들을 살펴보자. 우선, 중국 소비자들은 가장 선호하는 장르를 '멜로/로맨스'로 꼽았으며, 2위로 '로맨틱 코미디'를 선택한 것으로 나타났다. 반면 중국을 제외한 나머지 국가들(일본, 대만, 태국, 말레이시아, 인도네시아, 인도, 호주)은 가장 선호하는 장르로 '로맨틱 코미디'를 압도적인 1위로 선택했다.

아시아 국가들이 한국 영화에서 선호하는 장르들을 살펴보면, 중국과 인도네시아는 '멜로/로맨스'가 1위를 한 반면, 일본, 대만, 태국, 말레이시아에서는 '로맨틱 코미디' 장르를 가장 선호했으며, 인도와 호주에서는 '액션/모험' 영화 장르를 가장 선호하는 것으로 나타났다.

아시아 국가들의 K-Pop 선호 장르를 살펴보면, 중국, 일본, 대만, 인도네시아에서는 '댄스' 장르가 1위를 차지한 반면 말레이시아와 인도에서는 '랩/힙합' 장르를 가장 선호하는 것으로 나타났으며, 태국에서는 'R&B' 장르를 가장 선호하는 것으로 나타났다.

이는 같은 아시아라도 국가별로 선호하는 장르가 다르다는 것으로 해석할 수 있다. 따라서 드라마, 영화, 음악 콘텐츠를 글로벌 시장에 진출시킬 때는 아시아 지역 전체를 대상으로 마케팅 전략을 수립하는 것이 아니라 비슷한 장르를 선호하는 지역별로 다른 마케팅 전략을 펼쳐야 효과적인 결과를 얻을 수 있다는 것을 추론해볼 수 있다.

미주

미주 지역 국가들의 한국 TV 드라마 선호 장르를 살펴보면, 미국에서는 한국 TV 드라마 장르(코미디, 액션/모험, 로맨틱 코미디, 가족/드라마, 멜로/로맨스)에 대해 특별한 선호 현상을 보이지 않는 것으로 나타났다. 반면 브라질에서는 가장 선호하는 TV 드라마 장르로 '로맨틱 코미디'를 선택했으며, 그다음으로 '멜로/로맨스'를 선택해 아시아의 대다수 국가와 같은 결과가 나타났다.

미주 지역 국가들의 한국 영화와 K-Pop 선호 장르를 살펴보면, 미국과 브라질에서 비슷한 결과가 나타났다. 영화에서는 1위가 '액션/모험', 2위가 '호러'의 순으로 나타났으며, K-Pop에서는 1위가 '일렉트로닉', 2위가 '댄스' 장르로 나타났다. 그러나 영화와 K-Pop 장르의 3위는 국가 간 차이가 있었다. 영화 장르에 있어서 미국에서 3위는 '코미디'였으며, 브라질에서는 '공상과학/판타지'였다. K-Pop 장르에서 미국의 3위는 '랩/힙합'인 반면 브라질은 '락'이 선택되었다.

유럽

유럽 지역 국가들이 한국 TV 드라마에서 선호하는 장르는 국가별 차이를 보였다. 프랑스와 영국은 '액션/모험' 장르가 1위를 차지했고, 러시아에서는 '코미디'였으며, 터키에서는 '로맨틱 코미디'로 나타났다.

유럽 지역 국가들의 한국 영화 선호 장르를 살펴보면, 모든 국가에서 '액션/모험' 장르가 1위로 똑같이 나타났다. 다만 영국에서는 공동 1위로 '호러' 장르가 선택된 것으로 나타났다. K-Pop 선호 장르에 있어서는 프랑스와 터키에서는 '랩/힙합' 장르가 1위로 나타난 반면 영국과 러시아에서는 '댄스'를 선호하는 것으로 나타났다.

중동 및 아프리카

중동 및 아프리카 지역의 국가들은 한국 TV 드라마, 영화, K-Pop의 선호 장르에 있어서 국가 간 차이가 존재하는 것으로 나타났다. 한국 TV 드라마의 선호 장르를 살펴보면, 중동에서는 '로맨틱 코미디'를 1위로 선택한 반면, 남아공에서는 '코미디'가 1위를 차지했다. 그리고 한국 영화의 선호 장르를 살펴보면, 중동에서는 '로맨틱 코미디'가 1위였으며 남아공에서는 '액션/모험' 장르가 1위로 선택되었다. K-Pop 장르에서는 중동이 '랩/힙합'을, 그리고 남아공이 '댄스'를 각각 1위로 선정했다.

3) 한류 콘텐츠의 전체적 문제점

BTS의 인기로 한류는 다시 상승세를 타고 있는 추세이다. 그러나 본질적으로 자세하게 살펴보면 한류 문화는 위기에 봉착해 있다. 남상현과 김지연(2018)이 밝힌 한류의 여러 가지 문제점은 다음과 같다.

첫 번째 문제점은 해외의 소비자가 한류 콘텐츠를 이용할 때 자국어/공용어로 된 다국어 정보가 부족하다는 점이다. 한류 콘텐츠를 소비하고 싶어도 언어의 장벽 때문에 이용할 수 없다는 것은 매우 기본적인 것조차 해결하지 못하는 원초적인 문제가 아닐 수 없다. 두 번째로 한류 대중문화 관련 상품을 구매할 수 있는 곳이 부족하다는 점도 지적되었다. 세 번째는 한류 콘텐츠가 인기를 끄는 현상에 대해 부정적인 인식을 갖고 있는 사람들이 증가한 것으로 나타났다는 것이다. 그 이유는 북한의 국제적인 위협과 관련된 쟁점 및 한류 콘텐츠가 지나치게 상업적이라는 인식, 그리고 한국의 국민성이 좋지 않다는 인식 등인 것으로 나타났다.

결과적으로 한류의 타깃 소비자가 원하는 것이 무엇인지를 파악하고 소비자의 필요와 욕구에 맞추어 한류 콘텐츠 서비스와 관련 제품들을 기획하고 관리하는 것이 필요하다. 또한 한류 브랜드 이미지를 제대로 관리할 필요가 있다. 한류 콘텐츠와, 그와 관련된 것들에 대한 부정적인 인식을 해소하고 긍정적인 이미지를 쌓을 수 있도록 마케팅적 접근이 필요한 시점이다. 그러나 한류와 관련된 많은 서적과 연구보고서에서 한류의 현상 및 문제점들을 분석하고 나름대로의 문제 해결 방안을 내놓고는 있지만, 한류가 나아가야 할 방향에 대해 구체적인 전략들을 제시하지는 못하고 있다. 저자는 한류 문화가 봉착한 문제점들을 보완하고 성공적으로 글로벌 시장에 진출하기 위해 필요한 것은 마케팅적 시각에서 구체적인 전략들을 도출하는 것이라고 확신한다.

4. 한류의 미래

우리는 한류의 과거와 현재를 지나 어떤 미래를 맞이할 것인가? 인기 있는 몇몇의 아이돌 그룹이 성공적인 한류의 미래를 만들어가는 것을 멀리 떨어져서 그저 지켜만 볼 것인가? 어떻게 하면 한류가 지속적으로 발전하고 전 세계로 성공적인 진출을 할 수 있을 것인가?

정답은 마케팅에 있다. 한류와 관련된 여러 서적과 자료들이 존재하지만, 마케팅의 시각에서 한류에 제대로 접근한 서적이나 자료는 몇몇을 제외하고는 거의 전무한 실정이다. 따라서 이 절에서는 한류를 마케팅적 시각에서 살펴보고 구체적인 전략들을 제시하고자 한다.

1) 한류 문화를 마케팅하라

마케팅의 핵심 개념으로는 소비자의 필요need, 욕구want, 만족satisfaction, 가치value, 교환exchange, 시장market이 있는데, 우리는 한류를 마케팅하기 위해 이 여섯 가지의 핵심 개념에 주목할 필요가 있다. 한류 콘텐츠를 이용할 때 자국어/공용어로 된 다국어 정보가 부족하다는 점과 한류 콘텐츠가 지나치게 상업적이라는 연구 보고서의 결과는 소비자들이 느끼기에 현재의 한류는 소비자들에게 만족과 가치를 주지 못하고 있음을 보여준다. 따라서 한류 문화가 당연히 상업적인 이윤도 추구해야 하지만, 동시에 한류 타깃 소비자들을 만족시킬 수 있는 범위를 정할 필요가 있다. [그림 4-1]이 이를 나타낸다.

한류 문화는 지금 여러 콘텐츠들이 각각의 역량에 따라 중구난방으로 변화하고 있다. 한류 문화가 글로벌 시장에 진출하기 위한 방법이나 목표 없이 각각의 콘텐츠와 그 콘텐츠 안에서의 또 다른 세부 콘텐츠들이 모두 다른 방향으로 진출하고 있는 형국이다. 따라서 한류의 목표와 자원을 시시각각 변화하고 있는 환경에 적응시키고 한류의 발전을 계속해서 유지하고 성장시키기 위해서는 전략적 마케팅 계획이 필요하다. 또한 콘텐츠별로 각 제품 수준의 구체적인 마케팅 계획도 필요하다. 이를 위해 한류 문화의 사명을 정의하고 목표를 정하는 일이 우선

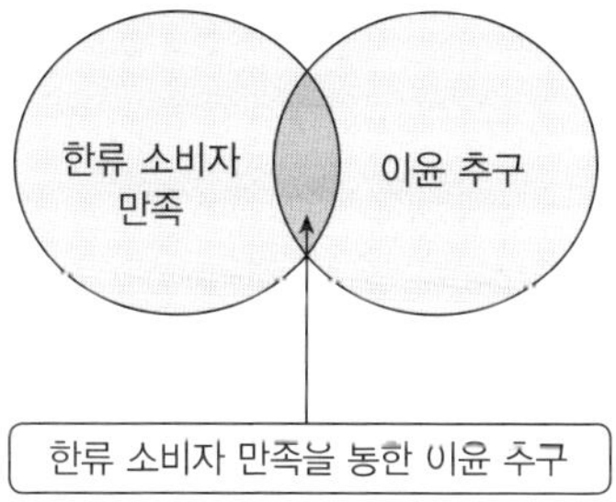

[그림 4-1] 한류 문화의 마케팅 범위

되어야 할 것이다. 한류 문화의 사명을 정의하기 위해서는 한류 문화의 소비자는 누구인지, 한류 문화가 어떤 가치를 제공해야 하는지, 한류 문화가 어떻게 나아가야 할 것인지 등에 관련된 근본적인 질문에 답하는 것이 중요하다.

한류 콘텐츠가 글로벌 시장에 진출해서 성공을 거두기 위해서는 콘텐츠별로 경쟁자가 모방하기 어려운 차별적인 경쟁 우위를 개발해야 한다. 한류 콘텐츠가 지니고 있는 제품으로서의 가치, 브랜드, 가격, 유통 채널, 마케팅 노하우 등이 이에 해당될 것이다. 특별한 차별적 경쟁 우위 없이 글로벌 시장에 진출한다는 것은 군인이 무기 없이 전쟁에 나가는 것과 같은 이치일 것이다. 이를 위해 '마케팅 믹스marketing mix'를 고려할 필요가 있다. 마케팅 믹스란 일반적으로 4P라고도 하는데, 제품product, 가격price, 유통place, 촉진promotion을 말한다. 즉 마케팅 믹스는 마케팅 목표를 달성하기 위해 이 4P를 조정하고 결합하는 것을 의미한다. 즉 한류 콘텐츠에 있어서도 이와 같은 마케팅 믹스를 구성하고, 각 구성 요소가 균형을 맞추어 마케팅 목표를 달성하도록 조정할 수 있을 것이다.

한류 콘텐츠별로 한국에서의 전략을 그대로 글로벌 시장으로 진출시키는 표준화 전략을 선택할 것인지, 아니면 국가별로 지역에 맞는 현지화 전략을 선택할 것인지 면밀하게 분석해보아야 한다. 한충민(2017)은 한국의 기업이 글로벌 시장에 진출할 때 선진국에서는 현지화 전략을 실행하고 개발도상국에서는 표준화 전략을 적용하는 것이 적합할 것이라고 제안하고 있다. 그러나 이러한 원칙보다는 국가별로, 그리고 한류 콘텐츠별로 각 전략을 융통성 있게 적용하는 것을 보다 추천한다.

2) 한류 문화의 환경 분석을 하라

한류 문화가 처해 있는 상황은 콘텐츠별로 상이하다. 그럼에도 불구하고 한류의 콘텐츠별 환경 분석은 거의 이루어지지 않고 있다. 환경 분석을 하기 위해서는 환경 요인을 살펴봐야 하는데, 환경 요인에는 통제 가능한 요인과 통제 불가능한 요인이 존재한다. 비교적 통제가 가능한 요인은 한류 콘텐츠를 제공하는 기업의 사업 영역이나 기업 목표와 문화 같은 것이다. 또한 한류 콘텐츠의 표적 시장과 목표, 마케팅 계획과 같은 요인 또한 상대적으로 통제가 가능하다.

그러나 한류 문화 주체의 입장에서 통제 불가능한 요인이 더 많이 존재한다. 소비자, 경쟁자, 공급업자, 기술적 환경, 경제적 환경, 사회문화적 환경, 법적·정치적 환경, 매체 환경 등은 통제가 불가능한 요인이다. 특히 한류 콘텐츠 측면에서 살펴보고 고려해야 하는 통제 불가능한 요인은 소비자, 사회문화적 환경, 법적·정치적 환경이다. 첫 번째로 통제할 수 없는 환경 요인은 소비자이다. 한류 문화의 주체가 표적 소비자를 선택할 수는 있으나, 선택된 표적 소비자들의 특성을 통제하는 것은 불가능하다. 따라서 효과적인 한류 콘텐츠의 전달을 위해 표적 소비자가 무엇을 원하고 어떤 욕구를 갖고 있는지에 관련된 충분한 이해가 선행되어야만 한다.

두 번째로 사회문화적 환경 역시 통제 불가능한 환경 요인이다. 한류 콘텐츠는 세계 각국으로 진출하고 있다. 이렇게 한류 문화가 진출하고 있는 세계 여러 나라들은 다양한 인종, 종교, 관습, 가치관을 가지고 있으며, 이와 같은 사회문화적 환경은 소비자의 소비 행태의 상당 부분을 결정하기 때문에 통제 불가능한 환경 요인이다. 하지만 한류 문화가 진출하는 국가별 분석을 통해 이러한 환경 요인을 예측하고 그에 대비하는 것이 필요하다.

세 번째 통제 불가능한 요인은 법적·정치적 환경이다. 사드의 문제 때문에 어려움을 경험해보았기 때문에 어느 정도는 알고 있지만, 국가별 법적·정치적 환경에 따라 한류 문화의 진출 방향을 잡아야 관련 쟁점에 대해 적절한 대처를 할 수 있다. 예를 들어 유럽에서는 우리나라와 달리 제품에 효능과 효과를 강조하는 라벨링을 하지 않는다. 문화적인 차이 때문이기도 하지만, 주된 이유는 EU에서 정확하게 증명할 수 없는 효능에 대한 표기를 금지하고 있기 때문이다. 따라서 소비자에게 정보를 전달하기 위해 부착하는 라벨에는 실제로 증명할 수 있는 사실만 정확하게 표기하고, 그 외의 광고 문구는 쓸 수 없다. 이에 따라 우리나라 화장품에서 '미백 효과', '주름 개선 효과', '탄력 증가 효과' 등의 광고 문구는 흔하게 볼 수 있는 것인 반면, EU에서는 임상실험을 통해 정확한 원인과 결과가 증명된 것이 아니라면 이와 같은 광고 문구를 작성할 수 없다. 이러한 사례에서 알 수 있듯이, 국내 기업들은 글로벌 시장 진출 시 국가별 법적·정치적 환경을 면밀하게 살펴보고 계획해서 진출해야 할 것이다.

3) 한류 문화의 타깃 소비자가 누구인지 기억하라

한류 문화에는 다양한 문화 콘텐츠가 있고, 전 세계 여러 국가들로 진출하기 때문에 다양한 소비자층을 가지고 있다. 하지만 현재는 각각의 소비자에 대한 구체적이고 논리적인 분석 없이 국가별 또는 콘텐츠별로 진출을 계획하고 실행하고 있다. 최근에 BTS가 처음부터 유튜브라는 매체를 이용해 타깃 소비자 집단과 자신들의 노래, 춤, 일상생활, 생각들을 소통하고 공유하면서 성공을 거둔 사례가 있긴 하지만, 많은 한류 콘텐츠가 각각에 맞는 전략을 수행하고 있지는 못한 실정이다.

한류 문화는 관련 제품이나 서비스들을 소비하는 행동이 그 특성상 소비자들에게 매우 중요하고 많은 관심을 가지고 있는 고관여 구매 행동 상황인 경우가 많다. 또한 소비자들의 한류 문화 관련 소비 행동에는 소비자의 개인적 요인, 심리적 요인, 사회적 요인, 문화적 요인 등이 영향을 미친다. 따라서 한류 콘텐츠별로 타깃 소비자의 행동 특성들을 예측하고 그들의 소비 행동에 영향을 미치는 요인들에 관한 분석이 선행된 후에 판매 전략을 수립하는 것이 효과적일 것이다.

4) 한류 문화를 STPSegmentation Targeting Positioning하라

한류 문화는 전 세계로 퍼져나가고 있다. 특히 최근에 K-Pop의 인기는 대단하다. 하지만 다양한 국가에서 인기를 얻고 있는 K-Pop을 더욱더 발전시키기 위해 인기가 있는 모든 지역에서 하나의 전략으로만 대비할 수는 없다. 모든 소비자를 만족시킬 수 있는 한류 콘텐츠 제품이나 서비스를 제공한다는 것은 사실상 불가능하다. 따라서 우리는 각각의 한류 콘텐츠가 성공적으로 공략할 수 있는 세분 시장을 선택해야 한다. 선택된 소비자들을 대상으로, 집단 내에서는 한류 콘텐츠에 대한 욕구와 구매 행동이 서로 비슷하고, 집단 간에는 상이하도록 몇 개의 소비자 집단을 군집화하는 과정이 필요한 것이다. 이것을 '시장 세분화market segmentation'라고 한다. 시장 세분화는 각각의 시장에 차별적인 마케팅 전략을 사용할 수 있다는 점에서 효과적이다. 예를 들어 BTS가 전 세계적으로 인기를 얻고 있다고 하더라도 시장 세분화 과정을 거치면 유럽 시장과 북미 시장에서 각각 다른 차별적인 마케팅 전략을 적용할 수 있다는 것이다.

그다음 단계는 '표적 시장 선택market targeting'이다. 표적 시장 선택은 시장을 세분화하고 각 세분 시장을 평가한 후, 어떤 시장을 표적 시장으로 선택하고 몇 개의 세분 시장을 공략할지 결정하는 것이다. 한류 콘텐츠를 원하는 소비자가 있는 곳에 수동적으로 진출하는 것이 아니라 적극적이고 능동적으로 표적 시장을 공략하는 것이 효과적이다. 특히 표적 시장을 공략하는 방법 중 한류 콘텐츠에는 '차별적 마케팅 전략differentiated marketing strategy'이 적합하다. 차별적 마케팅 전략은 여러 개의 표적 시장을 선택하고 각각에 적합한 마케팅 전략을 개발하는 것으로, 다양한 지역에서 다양한 소비자를 대상으로 하는 한류 콘텐츠에 매우 적합한 전략이다.

마지막 단계는 '포지셔닝Positioning'이다. 포지셔닝이란 소비자들의 인식 속에 제품이나 서비스의 포지션을 기억시키는 과정이다. 즉 한류 문화 소비자들의 인식 속에서 한류 콘텐츠가 경쟁 문화의 콘텐츠에 비해 경쟁적 우위를 확보할 수 있도록 포지셔닝 전략을 기획하고 마케팅 전략을 개발해야 한다.

5) 한류 문화를 브랜드화하라

한류 문화를 지속적으로 발전시키기 위해서는 문화 콘텐츠별로 브랜드화하는 작업이 필요하다. 지금의 한류 문화는 브랜드화 단계까지는 이루어져 있지 않다. 여기서 말하는 '브랜드brand'란 개개인이 지니고 있는 이름처럼 기업이 지니고 있는 이름을 의미한다. 많은 기업들이 소비자들에게 쉽게 기억되면서 개성이 드러나는 브랜드를 소유하고 싶어 한다. 한류 브랜드 역시 타깃 소비자들이 그 브랜드에 대해 잘 알고 있고, 그 브랜드와 관련된 긍정적이고, 강력하면서, 독특한 이미지들을 기억 속에 가질 수 있도록 하는 브랜드 전략이 필요하다. 이때 한류 문화가 브랜드 파워를 가지려면 높은 브랜드 인지도와 긍정적인 브랜드 이미지를 가져야 한다.

브랜드 인지도를 증대시키기 위한 첫 번째 방법은 반복 광고를 지속적으로 실행하는 것이다. 반복 광고는 한류 콘텐츠에 대한 메시지를 소비자의 기억 속에 장기간 유지시킬 수 있는 효과적인 방법이기 때문이다. 그러나 반복 광고를 지나치게 하다 보면 광고 효과가 감퇴될 수 있기 때문에 소비자가 싫증을 느끼지 않도록 조절해야 한다.

브랜드 인지도를 증대시키기 위한 두 번째 방법은 시각적인 정보 및 청각적인 정보를 한류 콘텐츠 정보와 함께 제공하는 것이다. 앞서 한류 문화의 문제점으로도 지적했지만, 한류 콘텐츠들이 자국어/공용어로 된 다국어 정보가 부족하다는 문제점이 있기 때문에 시각적인 정보와 청각적인 정보를 같이 제공함으로써 언어적 정보의 부족함을 채워줄 수 있어야 한다. 특히 사람들은 단어보다 그림을 더 잘 기억하는 경향이 있기 때문에 특정 메시지를 이미지와 함께 제공하는 것이 기억을 증대시키는 데 효과적이다. 또한 브랜드 이름이나 한류 콘텐츠와 관련된 정보가 소리의 형태로도 기억된다면 더욱 효과적일 것이다.

브랜드 인지도 증대의 세 번째 방법은 국가 차원에서 한국이라는 브랜드가 소비자들의 기억 속에 긍정적인 이미지로 연상되도록 국가 브랜드를 관리하는 것이다. 다시 말해 한국이라는 브랜드가 가지고 있는 부정적인 이미지(북한과 핵, 급한 국민성, 정치적·도덕적 문제 등)가 가려지고, 강력하고 긍정적인 이미지가 한류 브랜드에 긍정적 연상을 전이할 수 있도록 국가적인 차원에서 한국이라는 브랜드를 관리해야 한다.

6) 한류 문화를 마케팅 커뮤니케이션하라

우리는 연일 보도되는 뉴스와 신문 기사를 통해 BTS가 전 세계 소비자의 마음을 사로잡는 과정을 목격했다. 저자가 2017년 2학기에 '한류 문화와 글로벌 시장' 강의를 처음 시작했을 때만 해도 BTS는 전 세계로 나아가기 위해 노력 중인 아이돌 그룹에 불과했다. 그 후로 1년여 만에 BTS는 뉴스나 신문의 일면 기사를 장식하는, 한국을 대표하는 아이돌 그룹이 되었다. BTS가 소비자의 마음을 사로잡은 성공 전략은 많이 알려진 것처럼 유튜브를 통한 마케팅 커뮤니케이션 전략이다.

BTS의 성공을 통해 볼 때, 한류 콘텐츠를 발전시키기 위해서는 스트리밍 플랫폼 활용 전략이나 다양한 스트리밍 관련 정책 마련이 중요하다. 이러한 경로의 중심에는 유튜브가 있다. BTS는 여기에 뮤직비디오나 실제 공연 모습만 올리는 것이 아니라 사전 리허설 영상이나 공연 비하인드 스토리, 인터뷰, 개인 관련 영상 등 다양한 동영상을 업로드하여 전 세계 소비자와 실시간으로 커뮤니케이션했다. 실제로 이와 같이 활발한 커뮤니케이션이 지금의 BTS를 만들었다고 해도 과언이 아니다. 2018년 5월을 기준으로 BTS 공식 유튜브 계정의 구독자는 천만 명이 넘었으며, 현재도 관련 콘텐츠가 25억 뷰가 넘을 정도로 전 세계적인 인기를 끌고 있다. 그러므로 한류 문화가 일관된 메시지를 소비자들에게 전달하고 그 메시지가 효과적으로 소비자들 사이에서 작동하려면 한류 문화를 위해 실행되는 수많은 촉진 활동이 단편적으로 흩어지지 않고 서로 보완함으로써 시너지 효과를 낼 수 있는 통합적 마케팅 커뮤니케이션을 실행해야 한다.

◇ 생각해볼 문제 ◇

1. 인기 아이돌 그룹 방탄소년단의 성공 요인은 무엇일지 생각해보자.
2. 한류의 미래를 경영학적 시각으로 생각해보자.
3. 과거 어떤 요인들이 한류의 성공을 이끌었는지 생각해보자.
4. 과거의 성공을 바탕으로 한류가 나아가야 할 방향에 대해 생각해보자.
5. 각각의 한류의 콘텐츠는 현재 어떤 문제점을 지니고 있는지 생각해보자.
6. 자신이 생각하는 한류의 문제점을 생각해보자.

| 참고문헌 |

가재산·신광철(2017). 『경영한류: 4차 산업혁명에 맞는 경영기법』. 파주: 학현사.

김문주·정예지(2013). 「정서적 리더십과 진성 리더십에 대한 이론적 비교」. 『리더십연구』, 4(2), 27-49.

김문주·정예지(2016). 「공유 리더십의 선행요인과 그 효과성에 관한 연구」. 『기업경영연구』, 23(6), 145-168.

김남국(2018. 5. 15). 「겸손과 꼰대」. 『동아비즈니스리뷰』, 249호(dbr.donga.com/article/view/1206/article_no/8634).

김영종(1999). 『사회복지 조사방법론』, 학지사.

김응숙(2014). 『소비문화와 이데올로기 분석』. 서울: 커뮤니케이션북스.

글렌 개버드(2007). 『장기 역동정신치료의 이해』[Long-Term Psychodynamic Psychotherapy: A Basic Text]. 노경선·김창기 옮김. 서울: 학지사. (원저는 2004년에 출간).

남상현·김지연(2018), 『2018 글로벌 한류 트렌드』, 서울: 한국국제문화교류진흥원.

낸시 맥윌리엄스(2008). 『정신분석적 진단: 성격구조의 이해』[Psychoanalytic Diagnosis: Understanding Personality Structure in The Clinical Process]. 정남운·이기련 옮김. 서울: 학지사. (원저는 1994년에 출간).

범상규(2015). 『멍청한 소비자들』. 서울: 매경출판.

성태제(2014). 『현대 기초통계학: 이해와 적용(7판)』. 서울: 학지사.

신동희(2014). 『창조경제와 융합』. 서울: 커뮤니케이션북스.

신현규(2018. 9. 21). "왜 가난한 사람도 아이폰을 사는가?". 매경미디어(https://mirakle.mk.co.kr/view.php?year=2018&no=582801).

스티븐 미첼·마거릿 블랙(2002). 『프로이트 이후』[Freud and Beyond: A History of

Modern Psychoanalytic Thought]. 이재훈·이해리 옮김. 서울: 한국심리치료연구소. (원저는 1995년에 출간).
안광호·하영원·유시진(2018). 『마케팅원론(7판)』. 파주: 학현사.
양윤(2014). 『소비자 심리학』. 서울: 학지사.
윤정구(2012). 『소크라테스가 세상의 리더들에게 묻다: 진정성이란 무엇인가』. 서울: 한언.
이윤정(2018. 10. 26). "[K-Invasion]⑤ 강현화 '해외 한국어 수요 75배 급증 … BTS 가사 한글로 쓰고 싶어 해'". 이데일리(http://www.edaily.co.kr/news/read?newsId=01092246619376856&mediaCodeNo=258).
이학식·안광호·하영원(2015). 『소비자 행동: 마케팅전략적 접근』. 서울: 집현재.
장정은(2015). 「승화, 대양적 느낌, 그리고 자기대상: 종교의 승화가능성에 대한 연구」. 『장신논단』, 47(2), 243-268.
전종규·김보람(2015). 『요유커 천만 시대, 당신은 무엇을 보았는가』. 서울: 미래의창.
전종근·김승년(2017). 『2017 한류 파급효과연구』. 서울: 한국국제문화교류진흥원.
정예지(2014). 「변혁적 리더십과 진성 리더십이 팀 성과에 미치는 차별적 효과에 관한 연구」. 『경영학연구』, 43(3), 704-743.
정예지·김문주(2014). 「팀 내 공유 리더십이 팀 효능감과 팀 혁신 성향에 미치는 영향에 관한 연구」. 『대한경영학회지』, 27(5), 635-655.
정예지·김문주·이수정(2012). 「윤리적 리더십과 진성 리더십에 대한 이론적 고찰」. 『리더십연구』, 3(3), 85-110.
정예지·윤정구(2013). 「팀 자본인가, 팀 동적 역량인가?」. 『경영학연구』, 42(1), 53-83.
정예지·윤정구·김세은(2016). 「일과 삶의 균형이 직무 성과와 혁신 행동에 미치는 영향: 직무 만족과 생활 만족 간 긍정적 교호작용효과를 중심으로」. 『경영학연구』, 45(5), 1471-1499.
정예지·이수정·김문주(2012). 「변혁적 리더 대 진성 리더: 변혁적 리더십의 재조명」. 『경영학연구』, 41(3), 539-573.
제이 그린버그·스티븐 미첼(1999). 『정신분석적 대상관계이론』[Object Relations in Psychoanalytic Theory]. 이재훈 옮김. 서울: 한국심리치료연구소. (원저는 1983년에 출간).
조윤희·홍계훈(2017). 「How does organizational justice affect job engagment?」. 『조직과 인사관리연구』, 41(2), 21-43.
최광식(2013). 『한류로드 전통과 현대의 창조적 융화』. 파주: 나남.
최창현·임선희(2018). 『문화력으로서 한류 이야기』. 서울: 박영사.

한충민(2017). 『한류 브랜드 세계화: 이론과 실행전략』. 서울: 한경사.

홍계훈(2018). 「인지된 팀 특성이 조직시민행동과 일탈행동에 미치는 영향: 긍정심리자본을 매개로 하여」. 『경영학연구』, 47(3), 523-548.

황은영·임채원(2017), 『문화콘텐츠와 한류』. 서울: 북앤스토리.

Babbie, E. R. (2015). *The Practice of Social Research* (14th Ed.). Boston, MA: Cengage Learning.

Balint, M. (1968). *Basic Fault: Therapeutic Aspects of Regression*. London: Tavistock.

Birkinshaw, J., & Gibson, C. (2004). Building ambidexterity into an organization. *MIT Sloan Management Review*, *45*(4), 47-55.

Brown, M. E., Trevino, L. K., & Harrison, D. A. (2005). Ethical leadership: A social learning theory perspective for construct development. *Organizational Behavior and Human Decision Processes*, *97*, 117-134.

Chasseguet-Smirgel, J. (1984). *Creativity and perversion*. New York: Norton.

Cullen, J. B., Victor, B., & Bronson, J. W. (1993). The ethical climate questionnaire: An assessment of its development and validity. *Psychological Reports*, *73*(2), 667-674.

De Hoogh, A. H. B., & Den Hartog, D. N. (2008). Ethical and despotic leadership, relationships with leader's social responsibility, top management team effectiveness and subordinates'optimism: A multi-method study. *Leadership Quarterly*, *19*, 297-311.

Drucker P. F. (2003). *The New Realities*. New York: Routledge.

Erikson, E. (1962). *Young man Luther*. New York: W. W. Norton.

Fairbairn, W. R. D. (1944). Endopsychic structure considered in terms of object relationships. *International Journal of Psychoanalysis*, *25*, 70-92.

Forsyth, D. R. (1980). A taxonomy of ethical ideologies. Journal of Personality and Social Psychology, *39*(1), 175.

Freud, A. (1936). *The Ego and The Mechanisms of Defense*. New York: International Universities Press.

Freud, S. (1896). Further remarks on the Euro-psychoses of defense. In J. Strachey (trans. & ed.), *The Standard Edition of The Complete Psychological Works of*

Sigmund Freud (Vol. 2) (pp. 41-61). London: The Hogarth Press.

______ (1905). Three essays on the theory of sexuality. In J. Strachey (trans. & ed.), *The Standard Edition of The Complete Psychological Works of Sigmund Freud* (Vol. 7) (pp. 125-245). London: The Hogarth Press.

______ (1907). Obsessive actions and religious practices. In J. Strachey (trans. & ed.), *The Standard Edition of The Complete Psychological Works of Sigmund Freud* (Vol. 9) (pp. 117-129). London: The Hogarth Press.

______ (1913). Totem and taboo. In J. Strachey (Tr. & Ed.), *TThe Standard Edition of The Complete Psychological Works of Sigmund Freud* (Vol. 13) (pp. 1-161). London: The Hogarth Press.

______ (1915). Instincts and their vicissitudes. In J. Strachey (trans. & ed.), *The Standard Edition of The Complete Psychological Works of Sigmund Freud* (Vol. 14) (pp. 117-140). London: The Hogarth Press.

______ (1917). Mourning and melancholia. *International Journal for Medical Psychoanalysis*, 4(6), 288-301.

______ (1920). Beyond the pleasure principle. In J. Strachey (trans. & ed.), *The Standard Edition of The Complete Psychological Works of Sigmund Freud* (Vol. 18) (pp. 213-226). London: The Hogarth Press.

______ (1923). The ego and the id. In J. Strachey (trans. & ed.), *The Standard Edition of The Complete Psychological Works of Sigmund Freud* (Vol. 19) (pp. 1-66). London: The Hogarth Press.

______ (1927). The future of an illusion. In J. Strachey (trans. & ed.), *The Standard Edition of The Complete Psychological Works of Sigmund Freud* (Vol. 21) (pp. 3-56). London: The Hogarth Press.

______ (1930). Civilization and its discontents. In J. Strachey (trans. & ed.), *The Standard Edition of The Complete Psychological Works of Sigmund Freud* (Vol. 21) (pp. 59-145). London: The Hogarth Press.

______ (1933). New introductory lectures on psycho-analysis. In J. Strachey (trans. & ed.), *The Standard Edition of The Complete Psychological Works of Sigmund Freud* (Vol. 22) (pp. 3-182). London: The Hogarth Press.

Hartmann, H. (1958). *Ego Psychology and The Problem of Adaptation*. New York: International Universities Press.

Kaletsky, A. (2010). *Capitalism 4.0*. London: Bloomsbury.

Keller, K. L. (2012). *Strategic Brand Management* (4th ed). Essex: Pearson.

Klein, K. J., & Kozlowski, S. W. J. (2000). From micro to meso: Critical steps in conceptualizing and conducting multilevel research, *Organizational Research Method*, *3*(3), 211-236.

Klein, M. (1946). Notes on some schizoid mechanisms. In R. Money-Kyrle (Ed.), *Melanie Klein: Envy and Gratitude and Other Works, 1946-1963* (pp. 1-24). New York: Free Press.

_____ (1975). *The Psycho-Analysis of Children*. London: Hogarth Press.

Kohut, H. (1968). The psychoanalytic treatment of narcissistic personality disorder. In P. H. Ornstein (Ed.), *The Search for The Self* (Vol. 1) (pp. 477-509). Madison, CT: International Universities Press.

_____ (1971). *The Analysis of The Self: A Systematic Approach to The Psychoanalytic Treatment of Narcissistic Personality Disorders*. New York: International Universities Press.

_____ (1972). Thoughts on narcissism and narcissistic rage. In P. H. Ornstein (Ed.), *The Search for The Self: Selected Writings of Heinz Kohut, 1950-1978*. (Vol. 2) (pp. 615-658). Madison, CT: International Universities Press.

_____ (1977). *The Restoration of The Self*. Chicago, IL: University of Chicago Press.

Kotler, P. T., & Keller, K. L. (2017). *Marketing Management* (15th ed). Essex: Pearson Education.

Leider, R. (1996). The psychology of the self. In E. Nersessian & R. Kopff Jr. (Eds.), *Textbook of Psychoanalysis* (pp. 127-164). Washington, DC: American Psychiatric Association Press.

Levinthal, D. A., & March, J. G. (1993). The myopia of learning. *Strategic Management Journal*, *14*(S2), 95-112.

Mahler, M. (1974). Symbiosis and individuation: The Psychological birth of the human infant. *The Psychoanalytic Study of the Child*, 29, 89-106.

McLuhan, M., & Nevitt, B. (1972). *Take Today: The Executive as Dropout*. New York: Harcourt Brace Jovanovich.

Meissner, W. W. (1984). *Psychoanalysis and religious Experience*. New Haven, CT: Yale University.

Miller, G. (2009). *Spent: Sex, Evolution, and Consumer Behavior*. New York: Penguin Books.

Nicolaides, V. C., LaPort, K. A., Chen, T. R., Tomassetti, A. J., Weis, E. J., Zaccaro, S. J., & Cortina, J. M. (2014). The shared leadership of teams: A meta-analysis of proximal, distal, and moderating relationships. *The Leadership Quarterly*, *25*(5), 923-942.

Pine, F. (2006). The four psychologies of psychoanalysis and their place in clinical work. In A. M. Cooper (Ed.), *Contemporary Psychoanalysis in America: Leading Analysts Present Their Work* (pp. 489-513). Arlington, VA: American Psychiatric Publishing.

Podsakoff, P. M., MacKenzie, S. B., & Podsakoff, N. P. (2012). Sources of method bias in social science research and recommendations on how to control it, *Annual Review of Psychology*, *63*, 539-569.

Pruyser, P. W. (1974). *Between Belief and Unbelief*. New York: Harper & Row.

Ryan, J. (2005). *How Does Psychotherapy Work?* London: Karnac.

Shiv, B., & Fedorikhin, A. (1999). Heart and mind in conflict: Interplay of affect and cognition in consumer decision-making. *Journal of Consumer Research*, 26(December), 278-282.

Son, A. (2006). Relationality in Kohut's psychology of the Self. *Pastoral Psychology*, *55*(1), 81-92.

Spitzeck, H., Pirson, M., Amann, W., Khan, S., & von Kimakowitz, E. (2009). *Humanism in Business*. Cambridge: Cambridge University Press.

Strozier, C. B. (2001). *Heinz Kohut: The Making of a Psychoanalyst*. New York: Farrar, Straus & Giroux.

Toffler, A. (1980). *The Third Wave*. New York: Bantam Books.

Trevino, L. K., Hartman, L. P., & Brown, M. (2000). Moral person and moral manager: How executives develop a reputation for ethical leadership. *California Management Review*, *42*(4), 128-142.

Wallerstein, R. S. (1983). Self psychology and 'classical' psychoanalytical psychology. In A. D. Goldberg (Ed.). *The Future of Psychoanalysis: Essays in Honor of Heinz Kohut*. New York: International Universities Press.

Winnicott, D. W. (1953). Transitional objects and transitional phenomena. In D. W.

Winnicott, *Playing and Reality* (pp. 1-34). London: Routledge.

_____ (1965). From dependence towards independence in the development of the individual. In D. W. Winnicott, *The Maturational Processes and The Facilitating Environment: Studies in The Theory of Emotional Development* (pp. 83-92) Madison, CT: International Universities Press.

Wolf, E. S. (2002) *Treating the Self: Elements of Clinical Self Psychology*. New York: The Guilford Press.

Zaleznik, A. (2004). Managers and leaders: Are they different? *Clinical Leadership & Management Review*, *18*(3). 171-177.

[참고자료]

다양한 소비자의 형태 〈컨슈머의 변신〉: https://blog.naver.com/gico12/220930185067

로봇이 당신의 일자리를 빼앗을까요?: http://event.imbc.com/2025myjob/

박상욱(2011. 4. 5). 과학자 vs. 과학자의 가상토론 (5): 융합의 시대 … 융합학문, 융합형 인간이란 무엇인가? 사이언스온: http://scienceon.hani.co.kr/34158

사우스웨스트 미디어 홈페이지 사진첩: https://www.swamedia.com/photos/

성화선(2018. 10. 25). "사드 2년 … K뷰티 5년 호황 끝, 중국 화장품에 밀려났다". 중앙일보: https://news.joins.com/article/23066010

| 찾아보기 |

루체테인문학사업단 인문융합 시리즈

인문경영의 이해

펴낸날 1판 1쇄 2019년 2월 15일
지은이 이현주 · 장정은 · 정예지 · 홍계훈
펴낸이 김헌민
펴낸곳 이화여자대학교출판문화원
주소 서울특별시 서대문구 이화여대길 52(우03760)
등록 1954년 7월 6일 제9-61호
전화 02) 3277-2965(편집), 362-6076(마케팅)
팩스 02) 312-4312
전자우편 press@ewha.ac.kr
홈페이지 www.ewhapress.com
책임편집 이지예
디자인 신성기획
찍은곳 한영문화사

ISBN 979-11-5890-301-5 94300
979-11-5890-300-8 (세트)

값 18,000원

* 잘못된 책은 구입처에서 바꾸어 드립니다.

이 도서의 국립중앙도서관 출판예정도서목록(CIP)은 서지정보유통지원시스템 홈페이지(http://seoji.nl.go.kr)와 국가자료공동목록시스템(http://www.nl.go.kr/kolisnet)에서 이용하실 수 있습니다. (CIP제어번호: CIP2019001220)